rowohlt

Wolfgang Schmidbauer

Der Mensch als Bombe

Eine Psychologie des neuen Terrorismus

Rowohlt

1. Auflage September 2003

Satz aus der Janson PostScript
von hanseatenSatz-bremen, Bremen
Druck und Bindung Clausen & Bosse, Leck
Printed in Germany
ISBN 3 498 06357 x

Die Schreibweise entspricht den Regeln
der neuen Rechtschreibung.

Inhalt

Einleitung: Die Spitze des Eisbergs

Da Eis nur ein wenig leichter ist als Wasser, sehen wir neun Zehntel eines Eisberges nicht. Die Spitze des Eisbergs ist ein Bild für die erdrückende Übermacht des Unsichtbaren gegenüber dem Sichtbaren. Sie ist ein Hinweis auf die trügerischen Gewissheiten unserer Wahrnehmung, auf die Illusion, wir hätten mit unserem Blick auf das treibende weiße Gebilde das Wesentliche bereits erfasst und könnten nun darangehen, ihm auszuweichen. Die Spitze des Eisbergs ist auch ein Bild für unsere Psyche: Nur ein Bruchteil dessen, was sich in ihr abspielt, wird uns bewusst. Wir wissen wenig, ahnen so manches, müssen uns öfter, als es uns lieb ist, mit dem Wissen um unser Nichtwissen zufrieden geben, das uns seit Sokrates mehr befriedigt als die fromme Illusion.

Die Ereignisse am 11. September 2001 sind für mich nach und nach ebenfalls zur Spitze einer viel umfassenderen und auch bedrohlicheren Erscheinung geworden. Ich nenne sie den explosiven Narzissmus. Unter Bedingungen, die sicher nicht leicht zu erforschen sind, die im Dunkeln liegen und deren Formen mit ihrer Umgebung verschmelzen, kann der Mensch explodieren. Er verliert jede Struktur, wird unberechenbar, vernichtet andere oder sich selbst. Erfindungen, die in den letzten Jahrhunderten unser Leben mehr und mehr bestimmen, treten mit unserer Psyche in eine verhängnisvolle Wechselwirkung. Wir haben Explosionsmotoren konstruiert, die Wissens-, Kosten- oder Bevölkerungsexplosion zur Metapher unserer Krise gemacht.

So geht es darum, wachsamer zu werden für die seelischen Veränderungen, welche die Dinge anrichten, die uns umgeben. Sie sind nicht nur außen, sondern formen auch unsere innere, seelische Struktur. Die dem Menschen durch die Technik geschenkten Möglichkeiten, durch kleine Bewegungen immense Wirkungen zu erzielen, haben wir in ihrem Gefährdungspotenzial noch kaum erkannt. Es beginnt mit der faszinierenden Macht über die Bilder, welche jedem Kind der Konsumgesellschaft durch die TV-Fernsteuerung geschenkt wird, führt zur Macht über Leben und Tod, die jeder hat, der «am Drücker» einer Waffe ist, steigert sich noch in der Möglichkeit, selbst zur Bombe zu werden. Meine Hypothese ist, dass diese technischen Qualitäten in die Strukturen unseres Selbstgefühls eingebettet werden und auf diesem Weg Gefahren entstehen, welche sich die Lobredner der Machtsteigerung durch unsere explosiven und regressionsfördernden Technologien nicht träumen lassen. Wer von der Konsumgesellschaft so sehr sozialisiert ist, dass sie auch seine geistigen Strukturen prägt, der wird jetzt schnell sagen: Aha, wieder ein Autor, der uns in die Steinzeit zurückzappen will!

Ernster gesagt: Die heute so beliebte Neigung, dem Kritiker entgegenzuhalten, er müsse entweder eine bessere Welt bieten oder den Mund halten, ist ein Kind jener Knopfdruck-Lösungen, in der wir sogleich ein neues Programm brauchen, wenn das alte nicht mehr befriedigt. Es ist leicht, einen Menschen – und damit eine Welt – durch einen explosiven Akt zu vernichten, jedoch unendlich schwer, einen Menschen zu erziehen, ihn zu bilden, ihn – wenn er krank ist – zu heilen. Wenn mir also jemand vorwirft, ich hätte keine schnell wirksame Lösung, dann sage ich aufatmend: Genau so soll es auch sein.

Der explosive Narzissmus bedroht unser Selbstgefühl. Die unmittelbaren Gefahren durch einen Amoklauf oder ein Selbstmordattentat sind geringer als die Gefahren, welche dadurch heraufbeschworen werden, dass wir ihn nicht verstehen, sondern blindlings bekämpfen. Damit werden Prozesse in Gang gesetzt, welche die Übel erzeugen, die sie heilen sollen. Beispielsweise wurde nach dem Amoklauf von Erfurt die Szene der Counter-Strike-Spieler ganz ähnlich dämonisiert wie nach dem Attentat vom 11. September die islamische Kultur. Ginge es um den rationalen Kampf gegen eine äußere Gefahr, müssten wir zunächst untersuchen, welchen Platz von Mordphantasien geprägte Schüler in der Kultur der Computerspieler haben und welchen Platz die Fanatiker des Terrors im Islam. Erst durch die Einsicht in die Abwehrqualität der politischen Reaktionen auf solche Ereignisse wird deutlich, dass wir uns weniger vor äußeren als vor inneren Gefahren schützen wollen. Der Kampf gegen die Disposition zur eigenen Entgleisung in unserem Inneren schreit nach Zeichen, die uns salvieren und andere verdächtigen. Daher entlastet es die Menschen, wenn Computerspiele dämonisiert werden oder eine große, komplexe Glaubensgemeinschaft in Verdacht gerät. Kampf und Flucht, die menschlichen Ur-Affekte, stehen den Primitivreaktionen zum Schutz des Selbstgefühls nahe. Wie ängstliche Spaziergänger, die einen Platz im Inneren der Gruppe suchen, wenn von außen ein bellender Hund herbeiläuft, entlasten wir uns, indem wir möglichst viele andere zwischen den Angreifer und uns selbst bringen. Wir sind keine Counter-Strike-Spieler, wir sind Christen, wir sind sicher vor solchen Entgleisungen, viele andere sind viel näher dran.

Eine vernünftige und forschende Haltung wird die Kulturen, aus denen die entgleisten Täter kommen oder zu kommen scheinen, nicht dämonisieren, sondern befragen. Sie wird versuchen, herauszufinden, ob diese nicht von sich aus wirkungsvolle Maßnahmen gegen solche Extreme in den eigenen Reihen kennen. Denn wenn sofort eine ganze Gruppe für die Tat eines Mitglieds dämonisiert wird, berauben wir uns einer zentralen Möglichkeit, solchen Taten vorzubeugen.

Die Gruppe wird sich als ganze entwertet, verachtet und

nicht verstanden fühlen. Sie wird daher keinerlei Interesse mehr aufbringen, mit anderen Gruppen zusammenzuarbeiten, um eine Wiederholung zu verhindern. Auf diese Weise können die Täter in der sich defensiv schließenden Gruppe untertauchen, während die Entwertung der Kultur, aus der sie gekommen sind und deren Werte sie missbrauchen, sie scheinbar ins Recht setzt.

Die Rückkehr zum menschlichen Hass

> «Der Verkehr dröhnte. Aber während des ganzen hektisch scheinenden Tages hatten sich die Kräne auf den unvollendeten Gebäuden kein einziges Mal gerührt.
> Technologie ist von Übel. Das hatte E. F. Schuhmacher in *Rückkehr zum menschlichen Hass* gesagt: Die Botschaft des Friedens zitierte ihn oft, geißelte den Westen mit seinen eigenen Worten. Aber in Teheran umgab uns die Technologie, und einiges daran war so islamisiert oder in den Dienst des Islam gestellt worden, dass seine westliche Herkunft bedeutungslos erschien.»*

Der hartnäckige «Druckfehler» des Übersetzers – Schuhmachers Buch *«Small is beautiful»* handelt von der Rückkehr zum menschlichen Maß – verdichtet einen Punkt der islamischen Revolution. Die Kritiker der kapitalistischen Konsumgesellschaft, ihrer Mammutkonzerne und ihres technischen Perfektionismus werden als Zeugen gegen die «Teufel des Westens» zitiert.

«Der Westen, oder die Weltzivilisation, die er anführt, wird

* V. S. Naipaul: Eine islamische Reise. München [dtv] 2001, S. 56, Erstausgabe 1981

emotional zurückgewiesen. Er unterminiert, er ist bedrohlich. Gleichzeitig wird er gebraucht, wegen seiner Maschinen, Waren, Medikamente … Die ganze Zurückweisung des Westens ist gebunden an die Annahme, dass es dort draußen immer eine lebendige, schöpferische, seltsam neutrale Zivilisation geben wird, offen für alle, die sich an sie wenden … Schmarotzertum ist eine der uneingestandenen Früchte des Fundamentalismus.»*

Wer sich mit kulturellen Entwicklungen beschäftigt, muss sich mit der traurigen Wahrheit auseinander setzen, dass die Menschen immer wieder das Gute, das sie kennen, gegen ein Ideal tauschen, dessen Übel sie oft nicht anders bekämpfen können als durch ein noch höheres Ideal.

«Der Staat verfiel. Aber der Glaube nicht. Das Scheitern führte nur wieder zum Glauben zurück. Der Staat war als Heimat für die Moslems gegründet worden. Wenn der Staat scheiterte, dann nicht, weil der Traum falsch war: Es konnte nur daran liegen, dass die Menschen vom Glauben abgefallen waren. Man begann, nach einem immer reineren Glauben zu rufen.»**

Kurz nach dem 11. September 2001 wurden in New York neue Witze erzählt:

«Kennen Sie den neuen Werbeslogan von American Airlines?»

«??»

«Wir fliegen Sie direkt zu Ihrem Arbeitsplatz.»

«Ein Amerikaner und ein Araber spielen Schach. Wer gewinnt?»

«??»

«Natürlich der Araber. Dem Amerikaner fehlen die Türme.»

* Ebd. S. 249

** Ebd. S. 139

Solche Witze erzählen ganz gewiss nicht die Islamisten; in der arabischen Welt wird niemand über sie lachen. Der Scherz über American Airlines ist ein gutes Beispiel für ein klassisches Mittel der Trauma-Abwehr: die Identifizierung mit dem Aggressor. Der Witz greift die bekannten, bis zum Überdruss gehörten Werbesprüche auf und richtet sie gegen die Urheber. Es waren nicht die todessüchtigen Mörder, welche den Jet und seine Passagiere entführten. Es war nicht die Naivität, die Sorglosigkeit der Airline, die das ermöglicht hat. Wir müssen unseren technischen Größenwahn nicht aufgeben. Wir deuten das Attentat in einen Versuch um, unseren Service noch zu steigern. Zufällig hat es beim ersten Mal noch nicht geklappt, aber wir arbeiten daran. Wir sind nicht Opfer eines zu allem entschlossenen Angreifers geworden, der die sorglose Gier unserer Konsumgesellschaft gnadenlos ausnützte. Unser energischer Wille, unsere unvergleichliche Tatkraft ist auch für dieses Ereignis verantwortlich.

Schon immer lag im Zynismus eine radikale Weisheit verborgen. Die Identifizierung mit dem Angreifer wirkt auch in den Tätern. Viele der bekannt gewordenen Biographien wie auch die Struktur der Taten drücken aus, dass die Täter in hohem Maß von ebenden technischen Errungenschaften des Westens fasziniert sind, die sie jetzt gegen ihn gerichtet haben. Die Aktion vom 11. September ist ein Verbrechen, aber wir können auch ein Verbrechen unter einem ästhetischen Aspekt betrachten, ohne es damit zu einem rein ästhetischen Ereignis zu machen – wir fügen seinen Dimensionen nur eine weitere hinzu, die uns helfen kann, es besser zu verstehen und künftig wirksamer zu bekämpfen. Unter diesem Aspekt lässt sich nicht leugnen, dass dieses Verbrechen ein hohes Maß an Eleganz und Kreativität enthält: Es ist «gut gemacht» in dem Sinn, dass mit wenigen Mitteln ein Höchstmaß an Wirkung erzielt wurde. Verglichen mit dem wirtschaftlichen Aufwand, mit dem die Amerikaner in Afghanistan und im Irak kämpften, wirkt die terroristische Aktion erst einmal so elegant wie der Kampf Davids gegen Goliath.

Aber dieser Schein trügt. Er vernachlässigt die enorme Leichtigkeit der Zerstörung, gemessen an der großen Mühe von Entwicklung und Aufbau. Die Zivilgesellschaft ist verwundbar, weil sie allen, welche genügend Geld haben, ihre Mittel zur Verfügung stellt – auch ihre Mittel, die Spenderin zu zerstören.

Die waghalsige Verwendung der modernen Technik gegen die Begründer und Produzenten dieser Technik greift eine Tradition der orientalischen Kampfkunst auf, in der es als Ausdruck der höchsten Geschicklichkeit eines Kämpfers gilt, die Stärke eines Gegners auszunützen, um diesen zu besiegen. Der Schlag, mit dem der Schwergewichtsboxer den schmächtigen Aikido-Meister erledigen will, wird von diesem in ein Bewegungsmuster verwandelt, welches schließlich dazu führt, dass der Boxer mit dem Kopf gegen den Türpfosten prallt. Die mögliche Hochschätzung als Husarenstreich, die im Hintergrund der offiziellen Empörung über die Attentate gedieh, verdeckt die massive Selbstbestrafung, welche die Täter an sich vollziehen. Weder sie selbst noch ihre Anhänger können das entkräften. Die so häufig wiederholten Beteuerungen ihres Märtyrertums können diesen Aspekt nur verleugnen, aber nicht widerlegen. Selbstmordtäter fallen ein für alle Male aus der Welt der militärischen Aktionen heraus und betreten einen ganz eigenen Bereich. Das erste Urteil nennt ihn Wahnsinn. Aber wir können in jedem Wahnsinn Eigenheiten entdecken, die sehr viel über die Qualitäten der Vernunft und der Anpassung verraten, welche diesen Wahnsinn geboren haben. Die Beziehung der Fundamentalisten zu der Realität, die sie angreifen, ist selbstquälerisch: Sie lehnen ab, was sie beneiden, sie bekämpfen, worauf sie hoffen, sie sehnen sich nach dem, das sie zerstören. Sie hassen Boeing, weil dort wirkliche Flugzeuge gebaut werden, die unendlich überzeugender sind als alles Reden über den wahren Fortschritt. Und sie hassen sich selbst, weil sie Boeing beneiden.

In dieser Verschmelzung von Neid und Wut wurzelt die absurde Tat. Das Flugzeug wird gekapert, um es in den Racheengel einer mittelalterlichen Welt zu verwandeln. Aber dieses Spitzenprodukt der modernen Technologie für einen solchen Akt zu benötigen zeigt das Elend und Parasitentum der Täter. Die Aktion ist Gottesdienst und Ketzerei in einem. Sie enthält folgerichtig für den Täter Erlösung und Vernichtung, Lohn und Strafe. In dieser Rache vernichten sich die Rächer. Sie bestrafen sich dafür, dass sie zu Schmarotzern an einer Technik geworden sind, die jenen Geisteshaltungen entspringt, die sie verachten. Was auf den ersten Blick schockierend neu ist, wurzelt doch in der Geschichte des Terrorismus, die immer auch eine Geschichte der Auseinandersetzung mit technischen Veränderungen ist.

Seit ich als Therapeut arbeite, haben mich die Hinter- und Abgründe jener menschlichen Eigenschaft beschäftigt, die wir «Idealismus» nennen. Eine der Folgen war die Beschäftigung mit dem Helfer-Syndrom, eine andere die mit der Destruktivität von Idealen, dem Alles-oder-nichts-Prinzip.

Im Gegensatz zu den «orthodoxen» Narzissmustheoretikern war ich immer daran interessiert, wie sich narzisstische Bedürfnisse Einzelner in Gruppen, Institutionen und Organisationen niederschlagen. In diesen Arbeiten entwickelte ich einige spezifische Vorstellungen über soziale Ausdrucksformen des Narzissmus: den pharisäischen, den kannibalischen, den parasitären Narzissmus.

Der pharisäische Narzissmus gewinnt Sicherheit und Selbst-Aufwertung aus der Abwertung anderer («Ich danke dir, Gott, dass ich nicht bin wie die andern Leute, Räuber, Betrüger, Ehebrecher oder auch wie dieser Zöllner», Lukas 18, 11). Der kannibalische Narzissmus richtet diese Entwertungen mit einem hohen Risiko der Selbstzerstörung gegen jene Personen, von deren Anerkennung sich die oder der Betroffene abhängig fühlen, zum Beispiel gegen einen Elternteil, einen Liebespartner, einen Arbeitskollegen, Mitarbeiter oder Vorgesetzten («Mobbing»). Der parasitäre Narzissmus führt zu Erscheinungen wie Klatsch, Starkult, Denunziation. Eine gegenwärtig aktuelle Form sind die so genannten «Trittbrettfahrer», die behaupten, eine Bombe gelegt oder einen Brief vergiftet zu haben. In diesem Buch will ich eine weitere soziale Form der narzisstischen Störung untersuchen: den explosiven Narzissmus der «menschlichen Bombe».

Wer sich so lange wie der Autor mit der öffentlichen Rolle der Psychologie beschäftigt hat, wird sich auch der Risiken jenes Vorgangs bewusst, den wir «Psychologisieren» nennen. Dabei geht es nicht um Aufklärung mit Hilfe einer rationalen Untersuchung, sondern um Verschleierung von Interessen mit Hilfe psychologischer Phrasen.

Angesichts einer Arbeit über politisch so brisante Fragen wie die Selbstmordattentate ist ständige Wachsamkeit gegenüber einem derartigen Missbrauch der Psychologie angezeigt. Denn wenn es nachweisbar wäre, dass alle Selbstmordattentäter aus völlig irrationalen Motiven handeln, erübrigt sich jede Verhandlung, jedes Nachdenken über einen Prozess der politischen Versöhnung in Palästina. Wenn wir davon ausgingen, dass hier verrückte Fanatiker handeln, die an nichts anderes denken können als an den Mord an möglichst vielen Juden, wäre es unsinnig, über eine gerechte Verteilung von Macht, Land und Wasser in der umkämpften Heimat so vieler unterschiedlicher Gruppen nachzudenken.

Umgekehrt stützt die These, dass Selbstmordattentäter entschlossene, seelisch normale Personen sind, die Ideologie der arabischen Seite, welche allein in den Juden die Wurzel aller Konflikte sieht.

Wer psychologisiert, hat von Psychologie im Grunde nichts verstanden. Er missbraucht sein Wissen, um genau jene Rolle zu spielen, die es ihm, zu Ende gedacht, nehmen würde. Es ist die Rolle des Propheten, des Vereinfachers, der über Geschichte, Politik und Kultur nichts mehr wissen muss, weil er «die Seele kennt» – als ob es eine Seele gäbe, die er ohne Wissen um diese äußeren Strukturen erforschen kann.

Respekt gegen Respekt: Auch die politische Analyse greift zu kurz, wenn sie menschliches Verhalten bruchlos aus den Kräften abzuleiten sucht, welche das Handeln von Staaten bestimmen. Gerade in den Berichten über die Selbstmordattentäter in Palästina taucht immer wieder das Motiv der Eltern auf, die nicht verstehen, warum gerade ihr Kind zu einer solchen Aktion fähig war. Geschwister distanzieren sich fassungslos von der Tat eines Bruders, Eltern können nicht glauben, was sie doch wissen, und greifen – wie der Vater Mohammed Attas in Kairo – zu abstrusen Verschwörungstheorien, um sich nicht mit der Tatsache auseinander setzen zu müssen, dass ein nahe stehender Mensch sich in diese Richtung entwickelt hat, die für die meisten Betrachter eine unheimliche Qualität hat.

Wenn eine solche Explosion stattgefunden hat, heißt es oft, Amokläufe und Attentate seien nicht voraussehbar. Die Täter handelten aus Motiven, die dem gesunden Menschen völlig fremd sind. Solche Thesen werden sogar von Forschern vertreten, die beispielsweise behaupten, es gebe keine wissenschaftlich exakten Beweise für einen Zusammenhang zwischen Mediengewalt und Amoklauf, zwischen emotionaler Entwicklungsstörung und der Neigung zur grandiosen terroristischen Tat.

Solche Einwände erinnern mich an die pseudowissenschaftlichen Argumente, mit denen lange Zeit die Unschädlichkeit von Radioaktivität oder DDT in unserer Umwelt begründet wurde. Überall, wo es auch nur das kleinste Interesse gibt, einen Zusammenhang zu bagatellisieren und Warnungen in den Wind zu schlagen, sollte es sich jeder seriöse Forscher verbieten, Harmlosigkeitsbescheinigungen auszustellen.

Der explosive Narzissmus, dessen dramatischer Ausdruck gegenwärtig die menschlichen Bomben sind, speist sich, so paradox es klingt, aus dem Sicherheitsbedürfnis traumatisierter Menschen. Es gibt Kränkungen, die wir ertragen können, und andere, die unsere Psyche überfordern. Dann setzen Verarbeitungsmöglichkeiten ein, die mit dem «Leben aus der Substanz» verglichen werden können, das eine Notsituation auf prekäre Weise stabilisiert. Wenn wir hungern, baut der Organismus erst Fettreserven ab; das schadet ihm kaum, kann sogar den Körper entlasten. Wenn aber diese Reserven aufgebraucht sind, beginnt der Organismus sich selbst zu verzehren; auch innere Organe werden angetastet. Jetzt wird ein langfristiger Schaden in Kauf genommen, um die kurzfristige Überlebenszeit zu verlängern. Stabilisierende Mittel, unser narzisstisches Gleichgewicht zu erhalten, bieten die aktive Bewältigung der Realität, die tröstende Phantasie, die liebevolle Beziehung zu anderen. Aber unter größeren Belastungen reichen solche Mittel nicht aus. Es kommen andere hinzu, die uns nicht so positiv erscheinen, obschon wir doch merken, wie hilfreich sie waren, wenn auch sie versagen. Es sind die Beweise eigener Überlegenheit und Dominanz, der erkämpfte Sieg, die Erniedrigung der Feinde, die Verleugnung und Verdrängung eigener Schwäche. Wir geben dann nicht mehr, um im Austausch etwas zu erhalten, sondern wir rauben, beuten aus, gewinnen Überlegenheit durch Unterdrückung oder Entwertung von anderen. Wird durch eine einzelne oder öfter durch eine ganze Kette von Traumatisierungen die Möglichkeit zerstört, das seelische Gleichgewicht wieder zu finden und das Selbstgefühl zu stabilisieren, entsteht jenes Krankheitsbild, das heute als posttraumatisches Stresssyndrom diagnostiziert wird und früher als Granatenschock oder Kriegsneurose Nervenärzte ebenso beschäftigte wie Literaten, die eine «verlorene Generation» beschrieben. Dieser Zustand ist durch den Verlust der Kontrolle über die eigene Vorstellungswelt charakterisierbar. Zwangserinnerungen (Flashbacks) an die verletzende Situation tauchen auf, ohne dass sich das Opfer wehren kann, das weit lieber seine Peiniger vergessen möchte. Die Reizbarkeit ist erhöht, die Fähigkeit geschwunden, störende Signale auszublenden: Es gibt Traumatisierte, für die selbst das Ticken einer Uhr zu einem derart unerträglichen Lärm wird, dass sie in sinnloser Abwehr den Zeitmesser von der Wand reißen und zertreten.

Eine solche Reaktion zeigt einen Teil der Dynamik einer narzisstischen Explosion: der Reizschutz und die Reizverarbeitung sind geschwächt; parallel dazu ist auch die Fähigkeit der inneren Abwehr reduziert, mit deren Hilfe Primitivreaktionen in Schach gehalten werden. Dieser Aspekt der Traumareaktion ist als Zentralisation beschrieben worden.

Ein Teil opfern, um das Ganze zu erhalten

Aus der Unfallmedizin ist der Begriff der Zentralisation bekannt. Wenn der Kreislauf eines Menschen gefährdet ist, werden nur mehr die Organe durchblutet, welche für ein Fortbestehen des Lebens absolut unentbehrlich sind: Gehirn, Herz und Lunge. Gliedmaßen, Verdauung, Nieren, Genitalien werden nicht mehr ausreichend versorgt. Der Nutzen dieser vom unwillkürlichen Nervensystem eingeleiteten Umschaltung ist es, den Tod aufzuhalten. Der Preis dafür sind Schäden der vernachlässigten Organe, die – je nach

Dauer der Zentralisation – umkehrbar sind oder bestehen bleiben.*

Wird eine Blutmenge von über einem drei viertel Liter entzogen, dann wird diese Kompensation allmählich überfordert. Die Zentralisation charakterisiert den Zustand zwischen einer gerade noch ausreichenden Regulation und dem vollständigen Zusammenbruch, der in kurzer Zeit zum Tode führt.

Als psychische Zentralisation lässt sich eine Reaktion auf extreme Belastungen erwachsener Menschen definieren. Sie tritt ein, wenn über längere Zeit der normale Reizschutz überfordert wird. Es handelt sich um einen Vorgang, der von einer bewussten Konzentration unterschieden werden kann. Die Phantasie- und Gefühlstätigkeit wird eingeschränkt auf das lebensnotwendige Minimum. Die Anstrengungsbereitschaft und das Interesse für alles, was nicht mit dem unmittelbaren, physischen Überleben zu tun hat, nehmen ab. Vergangenheit und Zukunft sind belanglos geworden. Die Gegenwart reduziert sich auf wenige, aber überlebenswichtige Fragestellungen.

Ausdrücke wie nervöses Erschöpfungssyndrom oder Erschöpfungsdepression treffen nur einen Teil dessen, was mit Zentralisation gemeint ist. Vor allem wird von solchen Ausdrücken der spezifische Vertrauens- und Phantasieverlust nicht erfasst, der mit gut erhaltener, möglicherweise sogar überdurchschnittlicher beruflicher Leistungsfähigkeit der Traumatisierten einhergeht.

Eine spezifische Qualität der Zentralisation liegt in der Schädigung der Aggressionsverarbeitung. Eigene seelische Strukturen, die einen gezielten und kontrollierten Einsatz von Aggressionen ermöglichen, sind anscheinend abgebaut

* Vgl. W. Schmidbauer: «Ich wusste nie, was mit Vater ist!» Das Trauma des Krieges. Reinbek [Rowohlt] 1998

worden. Die traumatisierten Kriegsheimkehrer können sich oft nicht vorstellen, dass ihre Frau oder ihre Kinder verletzt reagieren und sich von ihnen zurückziehen, wenn sie sie mit Grobheiten oder Zynismen behandeln, die unter ihren Kameraden als harmlose Scherze gegolten hätten. Die Zentralisation führt dazu, dass die eigene Aggressivität nicht mehr durch Einfühlung in die Verletzung des anderen, sondern durch Angst vor dem gemeinsamen Feind oder vor dem Vorgesetzten reguliert wird.

Der Traumatisierte ist immer ein Vereinfacher, der danach strebt, die Erschütterung seiner Fähigkeiten zur Reizverarbeitung dadurch zu kompensieren, dass er die Probleme, auf die er stößt, zu einem einfachen Muster von Schwarz und Weiß reduziert. Die Extremtraumatisierten zeigen das auf die gröbste Weise, indem sie vor jedem neuen Reiz erschrecken und die kleinste Veränderung des Erwarteten mit einem Wutausbruch beantworten. Aber mildere Formen der Traumatisierung führen ebenfalls dazu, in einer im Prinzip ähnlichen Weise alles abzuwehren, was doppeldeutig ist, eine Ambivalenz enthält, eine eigene Beteiligung an einem Konflikt nahe legt. Alles Erträgliche ist auf der eigenen Seite, alles Unerträgliche dort, wo die eigene Sicht auf die Welt beunruhigt wird. Das Erträgliche ist das einzig Gute, das Unerträgliche das rein Böse, das nichts anderes verdient als Vernichtung.

Warum sollen wir uns mit solchen Mechanismen beschäftigen? Weil wir in guten Zeiten der kulturellen Entwicklung die Traumatisierten erkennen, behandeln, zum Teil heilen, zum Teil doch in ihren zerstörerischen Reaktionen zügeln können. In schlechten Zeiten aber beginnen sie, uns zu regieren. Aus ihrer Mitte entstehen Propheten und Politiker, die fähig sind, ihre eigenen Verletzungen zu kompensieren, indem sie Macht gewinnen. Dann beschäftigen sich demokratisch gewonnene Mehrheiten mit ihrer Selbstauflösung. Es geht zum Beispiel nicht mehr um die komplexen Konflikte zwischen Deutschen und Juden, zwischen Christen und Muslimen, sondern nur darum, die eine Seite als das Unglück der anderen darzustellen. Vertreibung des Gegners aus dem eigenen Bereich und – wenn dies nicht möglich ist – seine physische Vernichtung erscheinen plötzlich als die einzige und eben deshalb auch als gerechte Lösung. Das Schlagwort ist die erste Waffe des Terrors. Traumatisierte entfalten ihn, um ihre geistige Welt vor den Überforderungen einer offenen und toleranten Wahrnehmung zu schützen. Die Welt wird einfachgeredet. Die Vergleiche verlieren ihre Metaphorik. Eine ganze, fremde Kultur ist «der Satan», «unser Unglück», «der Erbfeind».

Ein neues Schlagwort ist «die Globalisierung». Wenn die vielen Verflechtungen der Moderne auf diese Formel gebracht werden, wird oft sehr deutlich, wie sich die Anforderungen an unsere Reizverarbeitung und die konkreten Möglichkeiten von Bevölkerungsmehrheiten gleich einer Schere öffnen. Das öffentliche Unbewusste ist von Bildern dominiert, in denen schier unverwundbare Helden die Welt wieder und wieder gegen alle Wahrscheinlichkeit vor Superbösewichten oder Angreifern aus dem Weltraum retten, die zunächst alle Trümpfe in der Hand haben.

Mir scheint, dass kein nachdenklicher Mensch heute die seelische Belastung abweisen kann, die dadurch entsteht, dass wir in einer Welt leben, deren Unübersichtlichkeit, ja Undurchschaubarkeit uns mit jedem Schritt bewusster wird, den wir erkennend in sie eindringen. Dieser Belastung standzuhalten, ihr nicht durch den Rückgriff auf Gewissheiten einer tradierten Offenbarung auszuweichen oder sie mit Schlagworten niederzuknüppeln ist mühevoll. Es wird nie zu einer guten Lösung und ist doch die beste, die wir haben. Camus hat diese Situation mit der Metapher von Sisyphos beschrieben: eines Menschen, welcher der Last des nicht Erreichbaren standhält, ohne zu verzagen.

Wer sich die forschende Haltung bewahren kann und daher allen Lösungsvorschlägen eine provisorische Qualität zuschreibt, ist sicher besser als der Rechtgläubige jedes Evangeliums davor geschützt, den Gefahren des explosiven Narzissmus zu erliegen. Aber er muss sich mit der bitteren Einsicht auseinander setzen, dass die Verführungskraft der Vereinfacher parallel mit der latenten Verletzung unserer Sicherheitsbedürfnisse durch eine stärker vernetzte und technisch wie organisatorisch immer reichere Welt zunimmt.

Besonders unheilvoll an den gegenwärtigen Problemen scheint die Verbindung von verletzter Sicherheit, Neid und explosivem Narzissmus. Ein Modell bieten die vielen Millionen von Vertriebenen und Flüchtlingen. Wer immer aus seiner Heimat verjagt wurde, und wie auch immer dieses Schicksal politisch zustande kam, er wird nicht nur in seiner, sondern auch in der Lebenszeit seiner Kinder und Enkel diese Verletzung spüren und günstige Umstände brauchen, um sie zu überwinden. Er muss unendlich viel Neues verarbeiten und ist dazu schlechter fähig als die Menschen, denen sein Schicksal erspart blieb. Kein Wunder, dass er sie um ihre Ruhe beneidet und ihrem Glück noch eine Gegenprojektion seines eigenen Unglücks hinzufügt: Sie haben alles, was ihm fehlt. So ist es eigentlich eher staunenswert, wie friedfertig und dankbar viele Vertriebene sind.

Die Rachephantasie gehört zum Inventar der Kränkung. Je schwerer das Trauma wiegt, desto weniger ist es auch möglich, die Destruktivität dieser Phantasie zu erkennen. Sie erscheint gerecht, sie macht die Welt überschaubarer und einfacher, sie ebnet den Unterschied zwischen den Vertriebenen und den Beheimateten ein, indem sie auch den Beheimateten ihre Heimat zerstört. Dann sind alle wieder gleich, und aus den Trümmern wird eine neue Welt wachsen.

1 Zur Geschichte des Terrorismus

Wie so viele soziale Neuerungen verdanken wir den Begriff des Terrorismus der Französischen Revolution, und wie andere Begriffe hat auch das Regime des Terrors (régime de la terreur) der Jahre 1793 und 1794 seine Bedeutung gewandelt. Ursprünglich war es durchaus positiv gemeint, als energische Wiederherstellung staatlicher Ordnung und Bekämpfung aller Feinde der bürgerlichen Revolution mit öffentlichen Tribunalen und Hinrichtungen. Maximilien Robespierre verkündete, dass der Terror ein Ausdruck der Tugend sei, wenn er beabsichtige, sie auf kürzestem Weg herzustellen. Sein Terrorismus trug durchaus Züge, die wir bis in die Gegenwart finden: Er war organisiert, zielbewusst, eindrucksvoll, absolut rücksichtslos und rechthaberisch; indem sich Robespierre mit der absoluten Moral identifizierte, maßte er sich auch das Recht an, für eine nur ihm sichtbare Zukunft alles zu zerstören, was ihm gegenwärtig im Weg stand.

Robespierres Terrorregime spiegelt bereits einen Zug, der spätere Terroristen immer wieder geprägt hat: die Eskalation der Gewalt. Der Terror wird gesteigert, um die Einsicht abzuwehren, dass er nicht bewirkt, was von ihm erwartet wird. Immer mehr Menschen wurden als Verräter abgeschlachtet, bis Robespierre den Fehler beging, von einer neuen Liste von Todeskandidaten zu sprechen, ohne genau zu sagen, wen er meinte. Alle fühlten sich bedroht. Deshalb einigten sich Extremisten und Gemäßigte darauf, Robespierre und seine engsten Gefolgsleute hinzurichten.

Das Dynamit und die Rotationspresse

Im späten 19. Jahrhundert machten sich zwei neue soziale Phänomene bemerkbar: die Massenpresse und der aufrührerische Terrorismus. Beide verdankten einen großen Teil ihrer Existenz jüngsten technischen Entwicklungen: dem Dynamit, das 1866 erfunden worden war, und der Rotationspresse, die 1848 eingeführt und 1881 vervollkommnet wurde. Beide Erfindungen traten bald in Wechselwirkung. «Wahrheit kostet zwei Cent die Kopie, Dynamit vierzig Cent das Pfund. Kaufe beide, lies die eine, nutze das andere!» So erklärte das Anarchistenblatt «Wahrheit» (Truth) in San Francisco.*

Terrorismus ist «Propaganda der Tat», ein Begriff, der dem italienischen Revolutionär und Kämpfer gegen die Bourbonenherrschaft, Carlo Pisacane zugeschrieben wird. «Die Propaganda der Idee ist ein Gespenst», behauptete der Garibaldi-Vorläufer. «Ideen gehen aus Taten hervor und nicht umgekehrt, das Volk wird nicht frei durch Bildung, sondern gebildet in der Freiheit.»**

Auch beim politischen Terrorismus aus dem Untergrund, der das Bild unserer gegenwärtigen Auseinandersetzung mit dem Thema prägt, macht sich die Spirale der Gewalt bemerkbar. Die wohl erste wichtige Organisation, welche die Propaganda der Tat umsetzte, war der «Volkswille», Narodnaya Wolya, eine 1878 in Russland gegründete Gruppe, die vom Zaren eine Verfassung verlangte und angesichts der Apathie ihrer Zeitgenossen und der Macht despotischer Traditionen schließlich die Aufmerksamkeit durch Gewalttaten

* Alex P. Schmid, Janny de Graaf: Violence as Communication. Insurgent Terrorism and the Westen News Media, London [Sage] 1982

** George Woodcock (Hg.): The Anarchist Reader, Glasgow [Fontana], S. 43f.

von jenem Typus herausforderte, die man später «anarchistisch» nannte. Damals machten sich die Täter noch Skrupel, die angesichts der gegenwärtigen Selbstmordattentate altmodisch wirken, brachen beispielsweise das vorbereitete Attentat ab, sobald sie sahen, dass ihr Ziel von seinen Kindern begleitet war. Der größte Erfolg der Narodnaya Wolya – der Mord an Zar Alexander am 1. März 1881 – durch vier voneinander unabhängig arbeitende, zum Äußersten entschlossene Täter führte auch zum Untergang der Gruppe: Ein Täter überlebte und verriet die Organisation an den Staatsapparat. Das Attentat selbst brachte, wie es bis heute gelungene Attentate tun, den anarchistischen Gruppen großen Zulauf; sie versuchten, in London eine Art Internationale zu gründen, die freilich mehr auf Willensbekundungen beruhte und keine straffe Organisation aufwies – das hätte auch zum Konzept des Anarchismus nicht gepasst, machte ihn aber für die autoritären Polizeiapparate umso bedrohlicher und schwerer zu fassen.

Die nächsten prominenten Opfer waren Kaiserin Elisabeth von Österreich und der amerikanische Präsident William McKinley, der 1901 von dem Anarchisten Leon Czolgosz getötet wurde. Diese Tat an der Schwelle zum 20. Jahrhundert beleuchtet besonders nachdrücklich die intellektuelle und narzisstische Qualität des Terrors. Der Aufstieg des Präsidenten wurde durch die Entwicklung der modernen Massenpresse gefördert; während des Wahlkampfs druckten zwei Zeitungen – herausgegeben von Pulitzer und Hearst – zum ersten Mal Auflagen in Millionenhöhe.

Das bedeutete eine dramatische Veränderung der Kommunikationsmöglichkeiten und dessen, was wir heute Informationslandschaft nennen. Bei Aristoteles ist die Größe eines (Stadt-)Staates durch die Reichweite der menschlichen Stimme bestimmt, die bei günstiger Anordnung des Publikums (etwa in einem Amphitheater) höchstens von zwanzigtausend Personen gehört werden kann. Diese Reichweite der einzelnen Stimme wird durch die Rotationspresse auf das Mehrhundertfache gesteigert, durch die elektronischen Medien auf das Mehrtausendfache – die stürzenden Türme des World Trade Center haben sicher mehr als zwei Milliarden Menschen gesehen.

Parallel dazu werden aber immer mehr Menschen von der Möglichkeit ausgeschlossen, die Hürde zu überspringen, welche den Zugang zu dieser enorm gesteigerten Multiplikation des Ego abriegelt. Pressefreiheit im Kapitalismus gilt nur für einen: für den Besitzer der Zeitung. Während die Redefreiheit für alle galt, half die Pressefreiheit vor allem dem Unternehmer, der ein Massenblatt gründete, und denen, die an seiner Macht und seinem Reichtum auf verschiedene Weise teilhaben konnten. Die Macht, Aufmerksamkeit, Geltung, Bedeutung und Prestige zu verteilen, kann nicht ausgeübt werden, ohne Hass und Neid zu erregen. Je mehr diese Macht wächst, desto stärker werden auch diese Affekte. Der Terrorismus ist ein wichtiges Mittel, sie auszudrücken.

Leon Czolgosz, der 1901 den amerikanischen Präsidenten William McKinley tötete, erklärte seine Tat so: «Ein Mann sollte nicht so viel Aufmerksamkeit für sich beanspruchen, während andere keine erhalten!» Im Anarchismus berühren sich die Extreme: «Keine Macht für niemand!» weckt als Schatten «Alle Macht für mich!». Luchini, der Mann, der die österreichische Kaiserin Elisabeth 1898 erdolchte, sammelte Zeitungsausschnitte und wollte jemand töten, der wichtig war, um endlich die Aufmerksamkeit zu haben, auf die er nicht verzichten konnte.

Nationalismus, Freiheitskampf und Terror

Die Entwicklung der Massenmedien hängt nicht nur eng mit der des Terrorismus, sondern auch eng mit der des Nationalismus zusammen. Beiden steht eine Form (halb-)intellektueller und theatralischer Gewalt nahe, die man bis heute in gemilderter Form in der Sportberichterstattung beobachten kann, in der ein aggressiver Nationalismus der Reporter die Entgleisungen der Hooligans im ersten Schritt verbal vorwegnimmt und im zweiten dann empört als «unsportlich» verurteilt. Die Massenmedien erzeugen Spracheinheiten; die latente Gewalt der Spracheinheit wird zu einem zentralen Thema des Massenmediums.

Unter dem Druck dieser Entwicklungen gärte es seit dem 19. Jahrhundert in den klassischen Vielvölkerstaaten Europas und Kleinasiens: in der Donaumonarchie und im Osmanischen Reich. Überall gewannen «Freiheitskämpfer» an Einfluss, und auf vielen Bühnen wurde mit den verschiedensten Rollenbezeichnungen das klassische Stück gespielt: «Vom Räuber zum Staatsmann!», «Vom Verräter zum Nationalhelden!», «Vom Terroristen zum Diplomaten!» «Erfolgreiche» Rechtsbrecher und Gewalttäter verwischten in den Geschichtsbüchern ihre blutigen Anfänge und richteten später mit energischer Gewalt über jene, die nichts anders getan hatten als sie selbst.

Selbst ausführliche Darstellungen der Geschichte des Terrorismus tun sich schwer, die Zahl der Legierungen aus aggressivem Nationalismus und anarchistischer Verschwörung aufzulisten, die im 19. Jahrhundert in den unterschiedlichsten Staaten und Gruppen entstanden, kämpften, in den meisten Fällen vergingen, in den seltensten etwas erreichten. Eine dieser Gruppen, die «Jungbosnier», löste den Ersten Weltkrieg durch das Attentat auf den österreichischen Thronfolger in Sarajewo aus. Hier wirkte die klassische Strategie des terroristischen Freiheitskampfes wie der Funke im Pulverfass. Diese Strategie sieht so aus: Der «Unterdrücker» wird durch terroristische Aktionen bewegt, sein «wahres Gesicht» zu zeigen. Sein Gegenterror wird dann propagandistisch benutzt, um Verbündete zu gewinnen. In diesem Ringen geben verschiedene Faktoren den Ausschlag über Erfolg oder Scheitern in einer Auseinandersetzung, die schließlich auch zum Urteil der Geschichte führen, ob es sich um (kriminelle) Terroristen oder um (heroische) Freiheitskämpfer handelte.

Wenn es den Tätern gelingt, mächtige Verbündete in dritten Ländern zu gewinnen oder die eigene Bevölkerung geschlossen gegen einen Feind zu mobilisieren, der seine Macht aus der Zersplitterung und Uneinigkeit der Beherrschten gewann, haben sie gute Chancen. Wenn es dritten Ländern nicht opportun scheint, sie zu unterstützen, und die Gruppe, die gewonnen werden soll, durch die Aktionen eher irritiert und abgeschreckt wird, werden die Terroristen scheitern. Von der Schlagkraft, Energie, heroischen Rücksichtslosigkeit der Gruppe selbst hängt einiges ab, aber es ist eine törichte Fiktion, die zu unendlich viel sinnlosem Blutvergießen geführt hat und wohl noch führen wird, davon auszugehen, dass es der radikale Wille und persönliche Todesmut sind, die aus dem verachteten Terroristen den glänzenden Freiheitshelden machen.

Die Bombe im King-David-Hotel

Ein Teil der gegenwärtig so unlösbar scheinenden politischen Spannungen hängt unmittelbar mit diesem Thema zusammen: Der Staat Israel ist von einer erfolgreichen terroristischen Organisation mitbegründet worden und fand später in einem ebenfalls zu diplomatischem Ansehen gekommenen Ex-Terroristen einen gefährlichen Gegner. Bis in die jüngste Zeit war der Anschlag auf das King-David-Hotel in Jerusalem am 22. 7. 1946, bei dem 91 Zivilisten getötet und 45 verwundet wurden – Araber und Juden, Männer, Frauen und Kinder –, einer der blutigsten, der je von Terroristen verübt wurde. Die Bombe im Erdgeschoss des Südflügels, in dem die britischen Militärbehörden zwei Etagen gemietet hatten, wurde von der Irgun gezündet, einer terroristischen Organisation, die damals von einem späteren Ministerpräsidenten Israels, Menachem Begin, geleitet wurde.

Begin hatte damals schon ein bewegtes Leben hinter sich. Er war 1913 in Brest-Litowsk (in Polen) geboren, wurde Mitglied in einer zionistischen Jugendgruppe und studierte in Warschau Recht. Als er 1935 sein Studium abschloss, hatte er eine führende Stellung im polnischen Zionismus. 1939 überfielen die Deutschen Polen und besetzten es; Begin floh nach Litauen.

Ein Jahr später verhaftete ihn die sowjetische Polizei. Begin wurde als «Agent des britischen Imperialismus» wegen seiner zionistischen Kontakte zu acht Jahren Haft in Sibirien verurteilt. Als 1941 Hitler Russland angriff, wurden die inhaftierten Polen vor die Wahl gestellt, statt der Haft in Sibirien in die polnische Exilarmee einzutreten. Begins Einheit wurde nach Palästina transportiert; damals waren Zionisten, Briten und Sowjets Verbündete gegen Hitler, dessen Feldmarschall Rommel die britischen Kolonien am südlichen Mittelmeer bedrohte.

Die Irgun war in ihrem Kampf gegen die Briten (welche die zionistische Einwanderung nach Palästina blockierten) in eine Krise geraten, seit der gemeinsame Kampf gegen Hitler Aktionen gegen die Briten verbot. 1943 übernahm Begin das Kommando der Gruppe und organisierte sie zu einer Terrororganisation, die als Stadtguerilla getarnt operieren sollte.

Ihr Ziel war es, das Prestige der britischen Besatzer zu schwächen; ihre spektakulärste Operation der Sprengstoffanschlag auf das King-David-Hotel.

Der Anschlag erreichte sein politisches Ziel. Die Aufmerksamkeit der Welt richtete sich auf Palästina, die Besatzungsmacht wusste sich nicht anders zu helfen als durch Straßensperren, ständige Haussuchungen, zusätzliche Sicherheitsmaßnahmen, mehr Personal und mehr Kosten für Polizisten und Militärs. Mit all diesen Mitteln gelang es aber nicht, die Terrorkampagne der Irgun zu stoppen; im Gegenteil, die Schwäche der Briten wurde immer deutlicher, die zwangsläufigen Störungen in Handel und Bewegungsfreiheit der Bürger machten die Regierung bei allen unbeliebt und vermittelten auch der Mehrheit der Juden, die gegen die terroristische Untergrundbewegung war, den Eindruck, dass die Besatzer sie mehr unterdrückten als beschützten.

Begin kalkulierte ein, dass die Briten – anders als die Deutschen, die während des Krieges mit barbarischen Vergeltungsschlägen gegen die Zivilbevölkerung vorgegangen waren – im großen Ganzen an rechtsstaatliche Maßnahmen gebunden blieben. Er spricht von einem «Glashaus Israel»: Weil die Weltöffentlichkeit aufmerksam geworden war, konnte der Zivilbevölkerung nichts geschehen; die Briten anderseits konnten mit ihren Mitteln den Terror nicht auslöschen.

Jede Besatzungsmacht lebt vom Mythos ihrer Unverwundbarkeit. Dieser war nach dem Zweiten Weltkrieg bei den bisher dominierenden Kolonialmächten England und Frankreich gebrochen. Die von Begin in der Irgun entwickelte Strategie wurde zum klassischen Modell der antikolonialistischen Kämpfe. Wem es gelingt, eine Besatzungsmacht herauszufordern, die durch Rechtssicherheit eine Kolonie wirtschaftlich nutzen will und auf Terror nicht mit stärkerem

Terror reagiert, der wird auf Dauer die Bevölkerung polarisieren und eine vorwiegend rational und ökonomisch orientierte Kolonialmacht zum Rückzug zwingen. Es gelang der Irgun, das Prestige Großbritanniens in Palästina zu schwächen und den Rückhalt der bisherigen Strategie in London zu untergraben.*

Voraussetzung dieser Entwicklung war der Rückhalt der Terroristen in Amerika und ihre Fähigkeit, die internationale Presse immer wieder einzubinden. Den Indianern Nordamerikas ist das in ihrem Kampf gegen die immer wieder vertragsbrüchige Regierung der Vereinigten Staaten ebenso wenig gelungen wie den Armeniern in ihrem Kampf gegen die türkischen Besatzer. Wie bereits gesagt: Das terroristische Spiel wird nur unter günstigen Umständen gewonnen, oft führt es in eine Spirale von Gewalt, die nur Verlierer zurücklässt. Die Lebensbedingungen werden durch den Terrorismus verschlechtert. Wenn es sich ungeschickter Terroristen nicht rechtzeitig entledigt, kann ein Volk unterdrückt oder ausgerottet werden, das doch befreit und gestärkt werden sollte.

Was die von der Irgun und Menachem Begin geschaffene Szene von 1947 angeht, so wäre sie weniger berichtenswert, wenn sie nicht so fatal der gegenwärtigen Situation im «siegreichen» Israel gleichen würde. In einem Brief an seine Regierung in Washington hat 1947 der amerikanische Generalkonsul die bemitleidenswerte Lage der Briten geschildert, die in ständiger Angst hinter Straßensperren und Stacheldrahtverhau versuchen, sich in «Sicherheitszonen» zu halten. Er schließt: «Man kann die Schlussfolgerung nicht vermeiden, dass die Regierung von Palästina eine gejagte Körperschaft ist, die wenig Aussicht hat, mit den Bedingun-

* Menachem Begin: The Revolt: Story of the Irgun. Jerusalem [Steimatzky] 1977

gen in diesem Lande, wie sie heute sind, jemals fertig zu werden.»*

Es fällt schwer, hier nicht an die Lage der israelischen Regierung in der Gegenwart zu denken. Allerdings hatten es die Briten vergleichsweise leicht, sich aus Palästina zurückzuziehen; nicht sie, sondern die Palästinenser zahlten einen hohen Preis. Gegenwärtig stehen sich zwei zum Äußersten entschlossene Gruppen gegenüber. Die verächtliche Schwäche der einstigen Kolonialmacht England spielt im geistigen Hintergrund dieser Szene ebenso eine Rolle wie die Erfahrung der Israelis mit dem rassistischen Staatsterror und dem Genozid der Nazipartei an den europäischen Juden. Weder Schwäche zu zeigen noch vor den wieder auf Palästina gerichteten Blicken der Welt als brutale Faschisten zu erscheinen bestimmt das Dilemma der Politik Israels im Umgang mit dem Terror der islamischen Fundamentalisten und der Revolte der Palästinenser.

Terrorismus, Pathologie und Kriminalität

Alex P. Schmid und seine Mitarbeiter haben in einer öfter zitierten Liste die bestimmenden Elemente aus 101 Terrorismus-Definitionen gesammelt und aufgelistet. Am häufigsten (85,7 Prozent) werden Gewalt und Zwang genannt, gefolgt von «politisch» (65 Prozent). «Furcht und Schrecken» (51 Prozent), «Drohung» (47,9 Prozent), Regelverletzung und Rücksichtslosigkeit (30 Prozent) und Publizitätsaspekten (21,5 Prozent).**

* Michael J. Cohen: Palestine and the Great Powers, 1945–1948. Princeton [University Press] 1982, S. 259

** Alex P. Schmid et al.: Political Terrorism: A New Guide. New Brunswick [Transaction Books] 1988, S. 5. Vgl. a. Bruce Hoffmann: Terrorismus – Der unerklärte Krieg. Frankfurt [S. Fischer] 2001

Wenn wir versuchen, über solche Aufzählungen hinaus einen grundlegenden Mechanismus aufzufinden, müssen wir den Terrorismus mit einer Regression verknüpfen. Regression ist die Rückkehr zu Entwicklungsstadien, die an sich bereits überholt sind.

Wenn ein Mensch den Eindruck hat, dass ihm Unrecht geschieht und andere, die sich weniger bemühen, ihm vorgezogen werden, dann werden Wut- und Racheimpulse in ihm geweckt. Ob er sie in seinem Erleben zulässt, ob und wie er sie ausdrückt, hängt davon ab, wie seine Struktur beschaffen ist und ob er regrediert. Kain hat in dieser Situation seinen Bruder Abel erschlagen. Diese Reaktion ist uns einfühlbar – Gott zog Abel vor, Kain sühnte diese Kränkung. Die Szene bildet ein Urmodell des Terrorismus ab: Das Ziel der Tat ist Gott, ihr Opfer Abel, sie enthält eine Botschaft (du darfst mein Opfer nicht ablehnen und das eines anderen vorziehen), sie setzt sich rechthaberisch über kulturelle Normen der Geschwisterliebe und der Schonung des Lebens eines Mitmenschen hinweg.

Jede terroristische Aktion im engeren Sinn ist insofern regressiv, als sie einen bereits erreichten Stand der Auseinandersetzung wieder auflöst und die eigene Rechthaberei über die Struktur des Rechtsstaates setzt. Die Mitglieder der terroristischen Vereinigung sind im typischen Fall Parasiten in einem System, das sie brauchen und ausbeuten, ohne es zu respektieren. Sie orientieren sich am Motto vom Zweck, der die Mittel heiligt. Ohne dieses grundlegende Merkmal ist es nicht sinnvoll, von Terrorismus zu sprechen. Er ist regressiv legitimierte Gewalt, intellektuelle Gewalt, inszenierte Gewalt, «Theater», wie es Brian M. Jenkins in seiner berühmt gewordenen Arbeit 1974 formuliert hat.* Angesichts der enormen

* B. M. Jenkins: International Terrorism: A New Mode of Conflict. In: Davir Carlton und Carlo Schaerf (Hg.): International Terrorism and World Security. London [Croom Helm] 1975, S. 16

sozialen Unterschiede zwischen fanatischem Einzeltäter und in einer Gruppe agierendem Spezialisten, zwischen Mitläufer und politischem Kopf, zwischen abenteuerlustigem Jugendlichen und fanatisiertem Politiker ist es unmöglich, eine «Terroristenpersönlichkeit» zu finden. Daher neigen die Terrorismusforscher dazu, die psychische Disposition eher zu ignorieren und Terrorismus als eine Art Beruf anzusprechen. Doch wird durch diesen Einwand nicht nur die konventionelle psychologische Perspektive abgewiesen. Er ignoriert auch die Beobachtungen, dass «Beruf» keine rationale, sondern eine unbewusst motivierte Kategorie ist. Berufswahl und berufliche Karriere können durchaus zum Forschungsgegenstand der Psychologie werden. Dabei sind die von den Berufstätigen selbst angegebenen Motive zu hinterfragen. Sie klammern alle Aspekte aus, welche die Legitimität oder Geltung des Berufs infrage stellen könnten. Hinter diesen rechtfertigend vorgetragenen Motiven finden sich andere, die für ein Verständnis der Situation wesentlicher sind.

Erste Schritte in dieser Richtung liegen speziell für die helfenden Berufe vor.* Insgesamt scheint das Bedürfnis der Täter und Organisatoren, den von ihnen ausgeübten Terrorismus zu verleugnen, im Lauf der Zeit gewachsen zu sein. Es hängt mit der Notwendigkeit zur Selbstdarstellung in den Medien als zentralem Aspekt der terroristischen «Arbeit» zusammen. Robespierre sah in seinem Terrorregime einen Ausdruck seines entschiedenen Kampfes für die Tugend; die Anarchisten der Narodnaya Wolya hatten keine Hemmungen, sich selbst als Terroristen zu beschreiben. Die so genannte «Sternbande» (Lehi = Lohamei Herut Yisrael, gegründet von Abraham Stern), die in den 1940er-Jahren

* W. Schmidbauer: Die hilflosen Helfer. Reinbek [Rowohlt] 1977, 1997. Ders.: Helfen als Beruf. Die Ware Nächstenliebe. Reinbek [Rowohlt] 1983, 1996

neben der Irgun gegen das britische Protektorat kämpfte, ist die letzte Gruppe gewesen, deren Mitglieder sich selbst als Terroristen und nicht als Freiheitskämpfer oder Gotteskrieger bezeichnet haben. Seither ist «Terrorist» eine feindselige Zuschreibung von außen geworden, während sich die Gruppen nicht nach ihren Methoden, sondern nach ihren (selbstverständlich erhabenen) Zielen benennen. Carlos Marighela, dessen Handbuch der Stadtguerilla (Minihandbuch) diese Entwicklung zusammenfasst, befürwortet terroristische Aktionen, schreibt aber alles Ehrenrührige an dieser Bezeichnung dem Gegner zu – «In Brasilien als Aggressor oder Terrorist bezeichnet zu werden bedeutet heute für jeden Bürger eine Ehre, denn es heißt, dass er mit der Waffe in der Hand gegen die Ungeheuerlichkeit der gegenwärtigen Diktatur und die Leiden, die sie verursacht, kämpft.»*

Bruce Hoffmann hat in seiner historischen Übersicht** behauptet, dass Terroristen – anders als revolutionäre Politiker oder Kriminelle – besonders viel Anstrengung darauf verwenden, sich selbst zu verleugnen und als schuldlose Opfer darzustellen, die durch äußere Gewalt gezwungen wurden, sich mit allen Mitteln zu verteidigen. Aber wer die Verteidigungsreden von Straftätern, Gewalttätern und dissozialen Persönlichkeitsstörungen ein wenig kennt, wird darin nichts Besonderes mehr erkennen. Fast alle (Gewalt-)Verbrecher stellen sich selbst als Opfer dar, die nur deshalb bis zum Äußersten gehen, weil ihnen ein übermächtiger Gegner keine andere Wahl lässt. In ihren Analysen der Nazi-Rhetorik hat

* C. Marighela, Pensamiento Critico, Nr. 37, Feb. 1970

** Bruce Hoffmann: Terrorismus – Der unerklärte Krieg. Frankfurt [S. Fischer] 2001. Der Autor verrät wenig Kenntnis von Kriminellen, wenn er behauptet, dass diese ihre «unehrenhaften oder vollkommen selbstsüchtigen Gewaltaktivitäten» problemlos zugeben können.

Gudrun Brockhaus nachgewiesen, wie stark das Opfer-Pathos und die Selbstdarstellung als Verfolgte von den Sprechern der Hitler-Partei selbst nach ihrem Sieg und der «Gleichschaltung» aller Gegner gepflegt wurde. Längst im Besitz einer unangefochtenen Machtfülle, liebten es Hitler und seine Paladine nach wie vor, sich selbst als Opfer von Verfolgung darzustellen, die notgedrungen zum Gewaltexzess greifen.*

In ihrer Neigung zur beschönigenden Rhetorik und zur Rechtfertigung des eigenen Gesetzesbruchs mit dem erlittenen fremden unterscheiden sich Terroristen kaum von Politikern, Kriminellen, kurz: von anderen Menschen, die etwas Auffälliges tun und unbedingt wollen, dass ihre Umwelt diese Taten für gut und notwendig hält. Das erste Opfer in jedem Krieg ist die Wahrheit.

Die narzisstische Regression stellt immer einen geistigen Zustand her, in dem nur die eigenen Argumente zählen. Daher ist es oft unmöglich, mit Terroristen zu argumentieren. Sie haben immer Recht. Wenn im Koran steht, dass der Selbstmord verboten ist, dann ist es eben eine «heilige Sprengung», wenn ein Achtzehnjähriger von islamistischen Kadern zum Selbstmordattentat vorbereitet wird. Wenn ich überzeugt bin, dass in der Bibel steht, Abtreibungsärzte verdienten die Todesstrafe, dann ist jeder ein Teufel, der mir widerspricht. Narzisstische Störung und selektive Wahrnehmung sind zwei Seiten einer Sache.

Wer seine eigene Position absolut setzt, macht entscheidende historische Schritte wieder rückgängig. Seit den Diskussionen in der UNO nach dem Attentat während der Olympiade in München 1972 ist deutlich geworden, dass es über diese Frage keine «Weltmeinung» gibt.

Damals tötete der «Schwarze September», eine Organisa-

* G. Brockhaus: Schauder und Idylle. München [Kunstmann] 1998

tion palästinensischer Terroristen, zwei israelische Athleten und nahm neun als Geiseln, um gefangene Terroristen (unter anderem der Baader-Meinhof-Gruppe) freizupressen. Während einer dilettantischen «Befreiungsaktion» durch die bayerische Polizei kamen alle weiteren Geiseln und fünf der acht Terroristen ums Leben.

Diese Aktion gilt vielfach als die Geburtsstunde des internationalen Terrorismus. Sie war ein ungeheurer publizistischer Erfolg. Die Terroristen erreichten keines ihrer taktischen Ziele, kein Gefangener kam frei. Aber die ganze Welt, die sich an den Spielen des Friedens hatte erfreuen wollen, wusste von der mörderischen Entschlossenheit der Palästinenser. Anderthalb Jahre später wurde Jassir Arafat eingeladen, vor der Vollversammlung der UN zu sprechen. In der UN-Debatte nach dem Anschlag war es nicht möglich, zu einer Resolution zu kommen, welche den Terrorismus verurteilte. Es blieb bei einer Vertiefung des Dilemmas, dass dem Sympathisanten ein Freiheitskämpfer ist, wer dem Gegner als Terrorist erscheint. Sobald Kurt Waldheim, der damalige Generalsekretär, die UNO aus der Rolle des «stummen Zuschauers» terroristischer Taten herausführen und praktische Schritte erarbeiten wollte, brachte eine Gruppe arabischer Staaten, unterstützt durch afrikanische und asiatische Länder, ein Minderheitenvotum vor, das Gewaltanwendung im Befreiungskampf unterdrückter Völker ganz klar befürwortete.

Alle Unterdrücker würden Freiheitsbewegungen als Terroristen abstempeln; ein UNO-Votum würde nur die Macht der Starken über die Schwachen, der Etablierten über die Erniedrigten festschreiben. Die UNO, sagte etwa der stellvertretende Delegierte der Volksrepublik China, dürfe nicht den unterdrückten Völkern die einzig wirksame Waffe gegen «Imperialismus, Kolonialismus, Neokolonialismus, Rassismus und israelischen Zionismus» nehmen. Relevant sei nicht die Gewalt, sondern ihre Ursachen – die Erniedrigung, das Elend, die Enttäuschung, das Leid und die Verzweiflung der Unterdrückten.

Seither hat sich die Situation in zwei Richtungen entwickelt: Die offene Unterstützung von Terrorismus durch anerkannte Regierungen ist geschwunden. Solche offiziellen Stellungnahmen haben wir nach den Anschlägen des 11. September 2001 nicht mehr gehört. Auf der anderen Seite werden terroristische Aktionen häufiger und blutiger. Die Täter scheinen in Konkurrenz zu treten, wem denn nun der spektakulärste Anschlag gelingt. Während eine erschütterte Welt hofft, mit dem Einsturz der Twin Towers sei das Ärgste überstanden, legt die immense Reaktion auf diese selbstmörderische Tat den Keim zum nächsten, größeren Plan.

Terroristen lassen sich oft, ebenso wie «gewöhnliche» Kriminelle einerseits, persönlichkeitsgestörte Amokläufer andrerseits, durch die Analyse einer narzisstischen Regression verstehen. Aber es wird auch von der Führung einer terroristischen Organisation abhängen, inwieweit sie ihre Anziehungskraft für kriminelle und/oder persönlichkeitsgestörte Personen entfaltet. Und in jedem Fall wird jede solche Organisation größten Wert darauf legen, psychische Anomalien zu verschleiern und ihre Mitglieder vom Verdacht einer psychischen Störung freizusprechen. Die Medien folgen häufig dieser Linie. In der Vorphase ihrer eigenen Entwicklung zur Terroristin hat Ulrike Meinhof ausdrücklich festgestellt, dass eine Kaufhausbrandstiftung deshalb ein revolutionärer Akt sei, weil sie kriminell ist. Kriminelle waren in den Augen der deutschen Terroristen eine sich selbst verborgene Elite, die den bewaffneten Kampf gegen ein Unterdrückungssystem bereits führte, als linke Gruppen sich noch in sinnlosen Debatten erschöpften.

«Der Terrorist ist prinzipiell ein Altruist» – diese Aussage von Hoffmann* muss differenziert werden. «Egoismus» und «Altruismus» sind Begriffe der Alltagssprache und in den meisten Fällen subjektive Zuschreibungen, die eine soziale Perspektive ausdrücken. «Ich hätte nie gedacht, dass du so egoistisch bist», sagt zum Beispiel der verlassene Liebhaber. Hier wird deutlich, dass das naive psychologische Modell von Egoismus und Altruismus nutzlos wird, wenn wir versuchen, extreme menschliche Reaktionen zu verstehen. Denn beide Begriffe erfassen die narzisstische Dimension nicht, in denen ein Mensch nicht ich-, sondern selbstbezogen handelt. Er ist mit etwas verschmolzen, das größer ist als sein Ego. Das bedeutet aber keineswegs, dass er sich einfühlend oder vernünftig auf ein Du bezieht, wie wir das von altruistischem Handeln erwarten.

Wer narzisstisch motiviert ist, kann größten Wert auf den Anschein legen, einer Sache oder einer anderen Person zu dienen, aber er trennt nicht zwischen dieser Sache oder dieser Person und sich selbst. Die narzisstisch gestörte, verzweifelte Mutter glaubt, sich auf das Schicksal ihrer Kinder zu beziehen, wenn sie diese in einem erweiterten Suizid mit in den Tod nimmt. Hier würde kaum jemand von einem «altruistischen» Motiv sprechen.

Der Terrorist hat in der Regel das Empfinden, einer guten Sache zu dienen und eine Gruppe zu repräsentieren, der er helfen will. Er möchte eine Position durchsetzen, die bisher nicht genügend respektiert wird. Er scheint sein eigenes Leben gering zu achten; seine Sache wird wichtiger als er. Aber da er von dieser Sache in seinem Erleben nicht getrennt ist, ist es auch falsch, ihn mit einem uneigennützigen Menschen gleichzusetzen. Er ist eher ein Mensch, auf den sich beide Kategorien – die des Egoismus und die des Altruismus –

* Bruce Hoffmann: Terrorismus – Der unerklärte Krieg. Frankfurt [S. Fischer], S. 55

nicht sinnvoll anwenden lassen. Denn diese Kategorien funktionieren dann, wenn sich vernünftige Menschen in einem Rechtssystem bewegen, in dem sie ihre egoistischen Interessen durchsetzen oder aus Liebe zu einem Mitmenschen auf diese Durchsetzung verzichten können.

Der Terrorist hingegen kennt kein Rechtssystem im Sinne der modernen Auffassung, sondern nur von ihm selbst oder seinen Führern für absolut gesetzte Werte, die sich über alle anderen Gesetze hinwegsetzen und ihn ebenso total legitimieren, wie sie seine Feinde ihrer Menschenrechte berauben. Der Terrorist ist das in die Welt entlassene, in ihr agierende, in ihr explodierende Größenselbst.

Strukturverlust und Durchschlagskraft

Ein Minderheitsanliegen zu vertreten macht keinen Terroristen. Wohl aber kann jemand, der sich für ein Minderheitsanliegen engagiert, den Terroristen besser verstehen. Er weiß, was es bedeutet, sich in einer Position als Außenseiter zu fühlen und zu empfinden, dass eine gleichgültige, selbstzufriedene Mehrheit nicht im Geringsten von dem angerührt wird, was ihm auf den Nägeln brennt.

Terroristen sind im Grunde nicht schwer zu verstehen. Die Unverständlichkeitsbeteuerungen (denen wir auch bei den Amoktätern begegnen und die auch dort unglaubwürdig sind, vgl. S. 98) hängen damit zusammen, dass «normale» Personen einige Anstrengung darauf verwenden müssen, ihre Größenvorstellungen zu zähmen. Sich zu sehr in einen Terroristen (oder auch in einen Verbrecher) einzufühlen gefährdet die eigene Abwehr, verwischt die Grenze zwischen Maß und Übermaß. Wem es gelungen ist, seine Grandiosität zu reflektieren und zu zähmen, der kann gelassen von «Bruder Hitler» sprechen, wie Thomas Mann, oder nachdenklich gestehen, auch er sei zu jedem Verbrechen fähig, wie Goethe.

Was einen Terroristen von Menschen mit radikalen oder extremen Überzeugungen unterscheidet, ist seine Bereitschaft, Gewalt anzuwenden und auch Menschen zu verletzen, ja zu töten, die nicht unmittelbar für die von ihm für unerträglich gehaltene Situation verantwortlich sind.

Subjektiv erlebt der Terrorist seine Bereitschaft, mit der Waffe in der Faust und unter Einsatz seines Lebens für seine Ideale zu kämpfen, als Progression, nicht als Regression. Er geht weiter, er ist stärker, radikaler, überzeugender als andere Vertreter seiner politischen oder religiösen Überzeugung.

Ein sehr wesentlicher Schritt zum Verständnis des Terrorismus ist dann vollzogen, wenn deutlich geworden ist, dass es sich um eine Pseudoprogression handelt, die eine Regression verbirgt. Gewalt ist deshalb so faszinierend, weil sie so schnell, einfach und «wirksam» ist. Im Lauf der kulturellen Entwicklung ist jedoch klar geworden, dass die menschlichen Gewaltpotenziale nicht gut sind. Sie müssen überwacht werden. Die Übel des menschlichen Zusammenlebens, die sich aus unserer Gewaltneigung ergeben, können am besten durch einen sozialen Prozess gezügelt werden, den wir die Gewaltenteilung nennen.

Wer Gewalt anwenden will, darf es nicht spontan aus seiner Wut heraus tun, sondern er muss sich an Regeln halten. Eine der ältesten Regeln ist das Gesetz «Ein Auge für ein Auge, ein Zahn für einen Zahn». Es schreibt vor, den Gegner nicht radikaler zu beschädigen, als er mich beschädigt hat – ihm also nicht das Leben zu nehmen, weil er mir einen Zahn ausgeschlagen hat, sondern ihm nur einen Zahn auszuschlagen.

Der Terrorist gibt diese Differenzierungen auf. Er orientiert sich an einem Racherecht, das unsere Welt in ein Chaos verwandeln würde, wenn sich alle an ihm orientierten. Insofern ist der Terrorist kein Altruist, sondern das Opfer einer narzisstischen Regression mit einem altruistischen Selbstmissverständnis.

Die narzisstische Regression ist eine Gefährdung unserer seelischen Struktur, von der wahrscheinlich kein Mensch verschont bleibt, wenn seine Lebensumstände belastend genug werden. In dieser Regression werden schrittweise höhere menschliche Fähigkeiten, wie die Bereitschaft, sich in andere Positionen einzufühlen und sie potenziell als gleichwertig zu erkennen, durch primitivere Haltungen ersetzt, die darauf hinauslaufen, alle Wahrheit bereits zu besitzen und dank dieser grandiosen Überlegenheit auch das Recht zu haben, sich rücksichtslos über die Bedürfnisse anderer Menschen und die Gesetze des Zusammenlebens in einer entwickelten Gesellschaft hinwegzusetzen. Der Terrorist ist Richter und Henker, Ankläger und Geschworener in Personalunion.

Wer narzisstisch regrediert ist, hat viele normale Hemmungen verloren. Er kann beträchtliche Überzeugungskraft entfalten, weil allen Personen in seiner Umgebung schnell klar wird, dass sie es mit einem Menschen zu tun haben, der im Konfliktfall aufs äußerste gehen muss. Er kann gar nicht anders. Er ist so. Er wird die Beziehung abbrechen und sich mit allen ihm verfügbaren Mitteln rächen, wenn sein Größenanspruch nicht erfüllt wird. Das macht ihn, wenn er einigermaßen begabt ist, zu einem charismatischen Führer, zur Zuflucht für unsichere, ängstliche, in der Sehnsucht nach einer starken Elterngestalt lebende Menschen. Diese wünschen sich, in der Identifizierung mit ihm ebenso stark zu werden, wie er ihnen erscheint.

Ohne die Hintergründe dieser sozialen Dynamik zu erkennen, hat sie ein deutscher Psychiater doch beschrieben, der während des «Dritten Reichs» in einer Vorlesung über Psychopathen sagte: «In ruhigen Zeiten diagnostizieren wir sie; in unruhigen regieren sie uns!»

2 Ein Modell der narzisstischen Störung

Wer kleine Kinder beobachtet, erkennt deutlich, wie sehr sie die periodische Annäherung an einen einfühlenden, auf sie bezogenen Erwachsenen (das «Objekt») benötigen. Das kindliche System entwickelt sich optimal, wenn es sich in Krisensituationen an ein erwachsenes System annähern und mit ihm kommunizieren kann. Unter diesen Bedingungen werden die inneren Reize in dem kindlichen System nicht so bedrohlich, dass sozusagen Notmechanismen entwickelt werden müssen, um sie unter Kontrolle zu bringen.

Biologisch ist der Mensch weder Nesthocker noch Nestflüchter, sondern ein Kontaktwesen; die Fähigkeit zur Kontaktaufnahme ist beim Säugling am weitesten entwickelt, und sein Angewiesensein auf Versorgung parallel zur relativ hohen Ausreifung des kindlichen Organismus (wenn wir ihn mit typischen «Nesthockern» vergleichen) scheint das eindrucksvollste Merkmal der Primaten.

Für den kindlichen Organismus geht es anfänglich sehr schnell um Leben oder Tod. Das Ich ist noch wenig entwickelt; es kann sehr viele Reize nicht einordnen. Der herzzerreißenden Not, welche wir aus dem Schreien des Säuglings herauszuhören meinen, entspricht mit hoher Wahrscheinlichkeit eine entsprechende innere Bedrohung. Das kleine Kind kann die eigenen Affekte, die eigenen Reaktionen von Wut, Angst, Trauer, Schmerz nicht einordnen und nicht bewältigen, wenn es nicht von jemandem begleitet und getröstet wird.

In der Zivilisation wachsen die Forderungen an die seelische Struktur. Wer als Jäger und Sammlerin in der Steppe lebt und jeden Tag nach Essen, Wasser und Schutz vor Raubtieren suchen muss, ist längst nicht so darauf angewiesen, emotionale Reize zu verarbeiten und zwischen unterschiedlichen Erlebnis- wie Reaktionsformen zu wählen. Er muss und darf immer sofort mit einer körperlichen Aktion reagieren, durch die seine affektiven Spannungen abgebaut werden.

Ich glaube nicht, dass die narzisstischen Störungen einst adaptiv waren. Aber ich bin überzeugt, dass sie in einer Gesellschaft ohne Gewaltenteilung und Bürokratie die von ihnen Betroffenen längst nicht so beeinträchtigt haben wie heute. Es war viel «normaler», sofort in Wut zu geraten und zuzuschlagen, sexuelle Impulse sofort in die Tat umzusetzen. Wo es auch im Alltag schnell um Leben oder Tod geht, ist nicht mehr psychisch auffällig, wer einen Streit mit dem Ehepartner, eine Kränkung beim Warten in der Supermarktschlange oder einen abweisenden Gesichtsausdruck des bewunderten Psychotherapeuten als eine Frage um Leben oder Tod auffasst und inszeniert.

Freud sagte über die Hysterie, dass sich hier älteres Menschtum darstelle. Ergänzend lässt sich über die Frühstörungen sagen, dass sie in ihrem Leben sehr oft daran scheitern, dass ihre psychische Organisation einer modernen Gesellschaft mit ihren Brechungen des unmittelbaren emotionalen Auslebens durch Vernunft, Disziplin, Höflichkeit, Ironie und Humor nicht standhalten kann. Manchmal helfen ihnen Drogen zu einer funktionierenden Fassade. Doch ist dieser Gewinn an Stabilität teuer erkauft.

Die Regression

Seelische Störungen sind ein notwendiger Begleiter der Kulturentwicklung, weil die Kulturfortschritte dafür sorgen, dass es immer mehr und immer wirkungsvollere erweiterte Systeme gibt, die ein Überleben von Säuglingen auch dann sicherstellen, wenn der primäre Schutz durch die Mutter versagt. So entsteht ein Mosaik von Entwicklungen, denen gemeinsam ist, dass die gesunde Neugieraktivität eines normalen Kindes mehr oder weniger blockiert wird. Die Folgen sind Defizite. Die Bereiche werden eingeschränkt, in denen das seelische System seine Aufgaben anpacken kann.

Normalerweise schreitet das seelische System von einfacheren zu komplexeren Formen fort. Wenn die komplexeren Formen nicht zustande kommen, kann die Psyche ihre Tätigkeit nicht einfach einstellen. In diesem Fall würden Betroffene in ein Koma fallen und sterben. Eine Lösung des Problems unserer hohen seelischen Organisationsmöglichkeiten und entsprechend zahlreichen Störungsrisiken ist die Regression. Das seelische System funktioniert wieder primitiver, als es seinem Alter angemessen ist.

Eine Form der Regression ist zum Beispiel die Klage über schlechte Versorgung durch Vorgesetzte, Ehepartner, Freunde. Das seelische System stellt seine Tätigkeit partiell ein, versinkt in einen komatösen Zustand und bejammert die damit verknüpften Ausfälle an Entwicklung und Befriedigung. «Immer muss ich meine Freunde anrufen, meine eigene Frau redet ja nicht mit mir!» «Wenn mich mein Mann lieben würde, hätte er doch nicht verlangt, dass ich meinen Beruf aufgebe.»

Die seelische Stabilität des Erwachsenen hängt damit zusammen, dass er seine Antriebe, die Umwelt neugierig zu erforschen und sie seinen Bedürfnissen entsprechend zu verändern, dank eines genügenden Reizschutzes durch ein hinreichend einfühlendes Objekt entwickeln konnte. Sie erfordert aber weiterhin, dass er eine Phantasie von Austausch verinnerlicht hat, durch den der Reizschutz eine stabile soziale Qualität gewinnt: Der Erwachsene ist von einem Netz von Freunden, Bekannten, Kollegen umgeben, die es ihm ermöglichen, in Krisen seines Selbstgefühls Hilfe zu finden, indem er anderen in deren Krisen Hilfe gibt.

Die Lösung der als Ödipuskomplex beschriebenen Situation findet nicht durch Identifizierung mit einem Elternteil statt, sondern durch Verinnerlichung einer Situation in einer Gruppe aus mindestens zwei Personen (den Eltern der Kleinfamilie), die sich konstruktiv austauschen. In der gelingenden Entwicklung fördert der Reizschutz durch den Austausch die Produktion von Triebwünschen und Neugieraktivität; diese wiederum fördern den Austausch mit anderen. Wer schon viele Freunde und ein gutes Beziehungsnetz hat, erwirbt leichter weitere Freunde als der Einsame, der beim ersten Kontakt seine gesamten Bedürfnisse an ein dann entsprechend überschätztes Objekt richtet und im Zusammenbruch seiner Erwartungen in eine Krise gerät, welche seine Rückzugsneigungen und regressiven Wünsche verstärkt. Das «hysterische» Verhalten, in dem Sexualpartner beziehungsweise die eigene sexuelle Bedeutung überschätzt und idealisiert beziehungsweise blockiert und entwertet werden, hängt damit zusammen, dass in der Kindheit kein Austausch verinnerlicht werden konnte, in dem Eltern einander stabil bestätigt haben.

Die regressive Entwicklungshemmung bedingt immer auch eine idealisierende Überschätzung eines möglichen Sexualpartners. Durch diese Entwicklungsstörung bildet sich kein stabiles Netz von Beziehungen aus, das durch verlässlichen Austausch zusammengehalten wird. So muss der Sexualpartner überschätzt werden. Da seine Idealisierung in der Realität nicht aufrechterhalten werden kann, ergibt sich ein periodischer Wechsel von Idealisierung und Entwertung, der entweder (Don-Juan-Typus) zu immer erneuten Beziehungsaufnahmen führt oder aber innerhalb ein und derselben Beziehung zu einem Wechsel von Entwertungstrennung und Annäherungskompromiss.

In der «modernen» seelischen Entwicklung sind beide Formen der Belastung meist verknüpft: Wenn Eltern keine stabile Beziehung haben, wenn die Mutter, die ein Kind versorgen soll, nicht ausreichend gut von ihrer Umwelt gestützt wird und mit ihr in stabilem Austausch steht, ist die Wahrscheinlichkeit groß, dass sie bereits zu Beginn der Entwicklung dem Kind keinen ausreichenden Reizschutz bieten kann. Die typischen, statistisch nachgewiesenen Risikofaktoren wie zum Beispiel Sucht eines Elternteils, Geschwistergeburt in einem Abstand von weniger als einem Jahr belegen diesen Einfluss ebenso wie die seit langem bekannte Verknüpfung zwischen Zufriedenheit der Eltern und seelischer Anfälligkeit der Kinder. «Zufriedenheit» ist eine seelische Folge angemessener Austauschsituationen. So haben «zufriedene Hauseltern» die günstigste Prognose für psychisch stabile Kinder, «zufriedene berufstätige Eltern» die zweitbeste, «unzufriedene berufstätige Eltern» die drittbeste und «unzufriedene Hauseltern» die schlechteste.

Formen der regressiven Störung

Das Versagen des frühen Reizschutzes führt in seinen extremen Formen zu autistischen Störungen. Bei den schwersten Fällen des kindlichen Autismus scheint eine organische Disposition vorzuliegen, welche es dem Kind erschwert, andere Menschen in ihren Potenzialen als Spender von Reizschutz zu nutzen. Die betreffenden Kinder nehmen keinen Kontakt auf und geraten sehr leicht in Panik, wenn zum Beispiel eine ihrer stereotypen Handlungen unterbrochen wird oder die Ordnung in ihrem Spielzimmer ein wenig verändert ist. Während solche extremen Fälle sehr selten sind, lassen sich mildere Formen dieser Verwendung der Ordnung bei den meisten Menschen beobachten.

Wenn sich in der Umwelt nichts ändert, wenn wir nach einer Trennung alles so wiederfinden, wie wir es verlassen haben, beruhigt und entlastet uns das. Wie sehr, das erkennen wir oft erst, wenn während unserer Abwesenheit ein Einbrecher unsere Wohnung durchwühlt oder ein Hagelsturm unseren Garten demoliert. Verletzungen der körperlichen Ordnung durch Krankheiten, Operationen sind noch belastender. Die Belastung steigt, je ausgeprägter das Trauma Grundbedürfnisse verletzt, je mehr Grundbedürfnisse verletzt werden und je nachlässiger sich die Umwelt nach dem Trauma um Wiedergutmachung bemüht. So wird der Einbruch belastender, wenn die Versicherung nicht zahlt und die Polizei dem Beraubten vermittelt, er sei durch eigene Nachlässigkeit an dem Geschehen beteiligt. Wenn eine Vergewaltigung ein extrem traumatisierendes Ereignis sein kann, liegt das auch daran, dass eine Frau von einem Mann, den sie sich als Beschützer wünschte, missbraucht worden ist und anschließend häufig aus ihrer Umwelt absurde Vorwürfe einer Mitverantwortung kommen.

Die so geschaffene Kluft zwischen dem Trauma und der ohnedies unserem Erleben eigenen Tendenz, Traumata vorauszusehen und zu vermeiden, verstärkt traumatische Erfahrungen massiv. Hier wurzelt ein sozialer Mechanismus, der für die Traumatisierten höchst verhängnisvoll sein kann: Um sich zu entlasten und eigene Phantasien abzuwehren, Wiedergutmachung leisten zu müssen, werden Traumatisierte durch Schuldzuweisungen erneut verletzt.

Um sich diesem Prozess zu entziehen, setzen nicht wenige Traumatisierte ihre seelischen Verletzungen, an denen sie sich schuldig fühlen, in körperliche um. Wenn die Spannung durch innere, unsichtbare Unordnung unerträglich wird und seelisches Leid mit Erfahrungen der Abwertung und Schuldzuschreibung verknüpft wird, beruhigt eine sichtbare Wunde. Daher die Neigung vieler in dieser Weise belasteter Menschen, sich selbst Verletzungen zuzufügen, sich mit scharfen Klingen zu schneiden, sich Haare auszureißen, Nägel abzubeißen. Die Regression auf archaische Ordnungsbedürfnisse bestimmt auch viele Symptome der Zwangskranken. Diese werden süchtig nach Handlungen, welche geeignet scheinen, auf einfache Weise einen unordentlichen Zustand (schmutzige Hände) in einen ordentlichen (saubere Hände) zu verwandeln. Die Sucht auf die Entlastung von der Angstspannung drückt sich dann in der Wiederholung der entspannenden Aktion aus – die Hände werden gewaschen, bis die strapazierte Haut schmerzt oder einfach keine Zeit mehr ist.

Bei den autistischen Regressionen wird die Abhängigkeit von einer Bezugsperson vermieden. Diese Kontaktverweigerung macht gerade das für den Beobachter Beunruhigende dieser Störungen aus. Unserem Alltagsverständnis näher sind die Formen der seelischen Störung, bei denen die Wechselwirkung mit der sozialen Umwelt eine wesentliche Rolle spielt.

Diese Störungen erscheinen im Verhalten als Ergebnis von Kompromissen. Das seelische System sucht sich selbst zu schützen und zu reparieren. Auch der Autismus ist ein Versuch, sich vor noch größeren und tiefgreifenderen Ausfällen im Reizschutz und in der Verarbeitung von Reizen zu bewahren. Die Idealisierung und die mit ihr verbundene Spaltung, welche als zentrale Störungen der «narzisstischen Persönlichkeit» oder des «Borderline-Syndroms» aufgefasst werden, sind ebenfalls solche Reparaturversuche.

Ein verletztes und überfordertes Regulationssystem sucht sich durch Anlehnung zu heilen. Das Objekt dieser Anlehnung wird bewundert und überschätzt. Sobald sich herausstellt, dass es zu diesem Zweck nicht taugt, sucht sich das seelische System durch Entwertung zu schützen. Besonders verwirrend ist diese Situation, wenn dasselbe Objekt sowohl überschätzt wie entwertet wird. So kann ein Mann seine Frau einerseits als völlig unattraktive Schlampe darstellen, die es nie wert war, dass er sie geheiratet hat, und gleichzeitig vor Angst zittern, dass ihn diese Schlampe verlässt. Der Entwertungsmechanismus wird in diesem Fall verwendet, um das seelische System vor der kränkenden Einsicht in die eigene Verletzlichkeit und Abhängigkeit zu bewahren.

Viele seelische Störungen verlaufen zyklisch, nach dem Modell «himmelhoch jauchzend – zu Tode betrübt». In diesem Zyklus steckt die Abfolge von Idealisierung (Überschätzung, Abhängigkeitsbildung) und Entwertung (Entidealisierung, Trennungsversuch, [Pseudo-]Autonomie). Das seelische System des Menschen kann sich auch selbst besetzen, idealisieren («ich bin der Größte», «der Starke ist am mächtigsten allein») und entwerten, ja im Selbstmord das eigene Entwertungsurteil auch vollstrecken.

Seine seelische Stabilität gewinnt der erwachsene Mensch durch Austauschbeziehungen mit anderen Menschen, in denen durch die eigene Fähigkeit zu lieben die Phantasie gefestigt wird, geliebt zu werden. Dieser Austausch führt in die Realität, wenn er in stabilen inneren Strukturen verankert ist; umgekehrt stabilisiert sein Vollzug diese inneren Strukturen. Wer liebt und sich geliebt fühlt, handelt spontan und denkt nicht darüber nach, ob er den Partner überfordert, ihm zu viel gibt, zu viel verlangt. Sobald die Liebe nach Beweisen sucht oder Beweise fordert, sind ihre Potenziale bereits geschmälert.

Die so genannte «Objektbeziehungstheorie» von Melanie Klein entwickelt eine Reihenfolge, wonach erst Teilobjekte (Muttermilch, Mutterbrust, Penis) und dann ganze Objekte «verinnerlicht» werden. Das scheint eine unnötige Begriffsvermehrung; Primaten lernen durch Identifizierung, aber sie lernen immer aus einer ganzheitlichen Wahrnehmung des Objekts und versuchen dann diese Identifizierungen einzusetzen, um die Verarbeitungsfähigkeit ihres eigenen seelischen Systems zu verbessern.

Nahrungsaufnahme, Grenzen zur Außenwelt und zu den Ausscheidungen, Eroberung der Außenwelt durch neugierige Erforschung und Austausch mit der Außenwelt sind Aufgaben, welche das seelische System bewältigen muss. Sie lassen sich situativ beschreiben. «Phasen» (oral, anal, phallisch, genital) gliedern einen kontinuierlichen Austauschprozess.

Die im 19. Jahrhundert entwickelte Theorie, dass die «Hysterie» der Frau ihr Gegenstück in der männlichen «Hypochondrie» hat, hängt damit zusammen, dass für Frauen aufgrund biologischer und kultureller Einflüsse sexuelle Beziehungen die zentralen Phantasien über den Gewinn von Austausch und Schutz prägen. Für Männer steht die körperliche Stärke und Dominanz im Mittelpunkt.

In der Hysterie drehen sich die Dramen um Frösche und Prinzen, um den idealisierten (aber unerreichbaren) und den erreichbaren (aber nicht genügend bewunderten) Mann; in der Hypochondrie geht es um die ängstliche Sorge um einen von naher Auflösung bedrohten Körper: Es gibt keine normalen Missempfindungen mehr, es gibt nur noch organische Katastrophen. Beide Leiden spiegeln das Versagen des Reizschutzes in der frühen Kindheit und die geschlechtsspezifischen Kompensationsversuche.

Dieses Modell seelischer Störungen lässt uns mit sparsamer Begriffsbildung die komplexen Strategien verstehen, welche den Hintergrund der Symptome bilden. Es geht davon aus, dass der Reizschutz durch traumatisierende Einflüsse durchbrochen und gefährdet wird, dass aber das seelische System über große, während des ganzen Lebens arbeitende Ausgleichsmöglichkeiten verfügt.

Symbiotische Bindung, steuernde Objekte

Das Trauma behindert die Autonomieentwicklung. Verängstigte, verletzte, unsichere Kinder klammern sich an ihre Eltern. Gut versorgte Kinder können ihre Eltern als Ausgangsbasis nutzen, um sich Interessanterem zuzuwenden. Bei einem sozialen Tier wird das Trauma immer auch Versuche in Gang setzen, durch Kontakt mit anderen und besonders intensive Beziehungen die Verletzungen zu heilen. Damit wird die Grenze zu anderen Personen durchlässig. Es fällt schwer, sich rechtzeitig von Personen zu trennen, von denen schützende und stützende Funktionen erwartet werden. Die Gefahr schwer wiegender Belastungen und ständiger Verletzungen in Beziehungen steigt.

Im Fall des Angstpatienten ist oft das ganze Leben darum organisiert, mit allen Mitteln eine andere Person zu kontrollieren. Heftige Symptome, Beschwörungen, alle Formen von sexueller Erniedrigung werden aufgebracht, um zu verhindern, dass sich diese Person entfernt. Sie erfüllt die Funktion einer Plombe, die das verletzte Ich stabilisiert. Nicht selten setzt ein Versagen dieser Funktion so heftige Reaktionen frei, dass die Betroffenen nicht mehr weiterleben wollen, einen Selbstmordversuch unternehmen, eine Nervenklinik aufsuchen, sich mit Drogen betäuben.

Die Angst entsteht zum Teil als Reaktion auf eine unbewusste narzisstische Wut, welche das Objekt zerstören könnte, von dem sich die Betroffenen derart abhängig fühlen. Der Teufelskreis der Angstneurose entfaltet sich so, dass die Abhängigkeit frustrierende Einschränkungen auferlegt. So entstehen Wutphantasien, das einschränkende Objekt zu zerstören, welche dann die Abhängigkeit steigern und dazu führen, dass es um jeden Preis kontrolliert werden muss, weil es sich sonst im Handumdrehen auflöst. Die Abhängigkeit führt in die Wut, und die Wut verstärkt die Abhängigkeit. Parallel dazu wird ein derart erpresster Partner unglaubwürdig. Wer beteuern muss, er sei verlässlich, ist es nicht mehr.

Ich und Selbst

«Ich» und «Selbst» sind Metaphern, die es uns erlauben, von einem erlebenden Subjekt zu einem anderen zu sprechen und unser Verständnis für diese Beziehung zu vertiefen. In der Methodik dieses Vorgehens gibt es keinen Grund, eine Selbst- und eine Ich-Psychologie zu trennen.

Manche Helfer streben danach, die wichtigste Person im seelischen Feld ihrer Patienten zu sein. Es ist jedoch eine ideologische Verzerrung der Psychotherapie, dass allein die Neubelebung traumatischer Beziehungsmuster Menschen tief greifend verändert. Das tut im Modell Freuds nicht die Übertragung, sondern das Durcharbeiten und damit das Verständnis der Übertragung. Da Beziehungen an vielen Orten belebt werden, kann eine Psychotherapie oder Gruppentherapie, in der die professionelle Klärung solcher Muster stattfindet, ohne dass der Therapeut selbst ihr Gegenstand ist, ebenso wirksam sein wie die klassische Analyse. Die von Freud in einen wissenschaftlich fundierten Beruf umgesetzte Idee, Menschen ihre Geschichte erzählen zu lassen und aus dieser Erzählung die Kraft für eine Veränderung zu gewinnen, ist vom Gründer der psychoanalytischen Bewegung nicht entdeckt, sondern aus dem Feld der Kunst in das der Wissenschaft transponiert worden.

Herodot schreibt dem Seher Melampous ähnliche Fertigkeiten zu, Platon ebensolche dem Sokrates, viele weise Rabbis, Priester, Schamanen haben nichts anderes getan. Nach Freud haben Transaktionsanalytiker, Verhaltenstherapeuten, systemische Berater und Adepten des Psychodrama oder der

Familienaufstellung mit diesem Material gearbeitet. Jeder behauptet aus verständlichen Gründen, etwas Neues entdeckt zu haben. Er sucht, sich gegen das Alte zu profilieren. Wir alle aber kommen nur so weit, wie unsere Kenntnisse über die Defizite an Reizschutz, Neugier- und Triebaktivität unserer Patienten reichen und wie genau wir das System ihrer Versuche erkennen, die Folgen dieser Traumatisierungen auszugleichen. Der Königsweg dazu ist die erlebte Geschichte des Menschen, mit dem wir uns beschäftigen, seine, die seiner Eltern und Großeltern, seiner sozialen, wirtschaftlichen, religiösen, landschaftlichen, kulturellen Umwelt. Diese Geschichte lassen sich alle Psychotherapeuten erzählen, auch wenn sie fast im gleichen Atemzug behaupten, so wie sie hätte das noch keiner getan – in Trance, in der Übertragung, in der szenischen Darstellung, geschützt hinter schalldichten Türen oder voll Bekennermut vor großem Publikum.

Die Entwertung

Wertvorstellungen sind eine wesentliche innere Stütze des Selbstgefühls. Wenn ich mich mit meinen Werten in Einklang fühle, kann ich eine Weile äußere Entwertungen kompensieren. Ich bleibe ein Freiheitskämpfer, auch wenn alle um mich sagen, ich sei ein Terrorist, mich einsperren und foltern.

Primär haben wir an unser Leben die schlichte Erwartung, dass es nach unseren Wünschen verläuft. Wir glauben, dass wir als Baby zu trinken bekommen, wenn wir durstig sind, dass unsere Eltern, später unsere Liebsten unser Selbstbewusstsein aufbauen. Neben dieser Hoffnung hat uns die Natur mit einer begrenzten Kapazität ausgerüstet, Störungen zu verarbeiten, die auf allen Ebenen des Organismus unvermeidlich sind. Überall gibt es einen Normalzustand, eine Störung, die sich sozusagen mit den vorhandenen Mitteln regulieren lässt, und die Gefahr einer Störung, welche die vorhandenen Regulatoren überfordert, das System sprengt.

Der Mensch verfügt über die Fähigkeit, Phantasiewelten aufzubauen, Erinnerungen zu betrachten (sie «widerzuspiegeln», zu reflektieren) und mit der Hilfe solcher Entwürfe sowohl sich selbst wie auch die Wirklichkeit zu verändern. Das bedeutet unter anderem auch, dass er sich selbst traumatisieren kann. Was einem nicht zur Reflexion begabten Organismus nur ausnahmsweise gelingt, wird für den Menschen zu einem schwer wiegenden Problem. Je mehr Bildung, Information, mediale Durchdringung der Umwelt, desto größer auch das Risiko der Selbsttraumatisierung.

Das Individuum braucht den Spiegel des Anderen, um die für den Einzelnen kaum lösbare Aufgabe zu bewältigen, eine in der Phantasie entworfene Wertwelt mit der Realität in Übereinstimmung zu bringen. Nehmen wir das typische Abendgespräch eines Paares: Der Mann erzählt von seiner Arbeit, von dem Kollegen, der sich als tückischer Konkurrent entpuppt, die Frau erzählt von ihrer Arbeit, von ihrer Kollegin, bei der ein Brustkrebs diagnostiziert worden ist; beide versuchen, indem sie einander zuhören, die Betroffenheit des Anderen zu teilen, ohne doch selbst direkt betroffen zu sein. Ziel des Gesprächs ist, die Störung in die Normalität zu integrieren, die Last gemeinsam zu tragen, dass es im Leben niemals glatt geht und wir jeden Tag mit Botschaften konfrontiert sind, die uns auf der Phantasieebene oder aber auch bereits in der Realität bedrohen.

Die entlastende Funktion solcher Gespräche beruht darauf, dass die Ebenen der Realität und der Phantasie getrennt bleiben. Dadurch lässt sich eine Gefahr eingrenzen. Die Frau lässt sich von ihrem Partner überzeugen, dass dank ihres glücklichen Sexuallebens oder weil sie ihre Kinder – anders als die Freundin – gestillt hat, keine Krebsgefahr besteht. Der Mann glaubt ihr, dass sein bösartiger Rivale keine Chance hat, die Hochschätzung zu gefährden, die ihm von Seiten des Chefs gehört. Beide Ergebnisse können illusionär sein; menschliche Zuversicht ist häufig wenig mehr als das, was Ibsen Lebenslüge nannte.

Schnelle Entwertung und langsame Besinnung

Die narzisstische Krise, die sich im explosiven Narzissmus zu ihrem Extrem steigert, wird von der Schnelligkeit geprägt, mit der das Individuum auf Kränkungen antworten zu müssen glaubt. Der jähe Wutausbruch, die wütende, entwertende Beschimpfung werden im Alltag meist mit Phrasen gerechtfertigt, die sie sozusagen als allgemein menschliche Reaktion ausgeben, die in diesem Fall leider nur zu rasch erfolgt sei. Dem prügelnden Ehemann ist «die Hand ausgerutscht», dem entwertenden Chef «der Gaul durchgegangen», die Teller werfende Ehefrau ist «temperamentvoll».

Als universelle Gegenmittel werden seit der griechischen Antike von den Weisheitslehrern Besonnenheit, Mäßigung und Gleichmut gepredigt; in der jüdisch-christlichen Tradition auch noch Nächstenliebe. Der biblische Satz «Liebe deinen Nächsten wie dich selbst» enthält auch einen Kern zum Verständnis des menschlichen Narzissmus: Es ist weder möglich, Nächstenliebe durch Strafe, Kritik oder Anleitung zum Selbsthass zu fördern (wie es nicht selten in der «schwarzen Pädagogik» der Frommen geschieht), noch kann Nächstenliebe gelingen, wenn die narzisstische Kränkung das eigene Selbst zum Gegenstand eines wütenden Hasses macht, der dann so schnell wie möglich nach außen abgeführt werden muss. Nehmen wir ein banales Beispiel: Frau A. kommt abends erschöpft von einem langen Arbeitstag nach Hause. Ihre erwachsene Tochter B. hat vor einigen Wochen das Abitur bestanden und geht jetzt die Zeit bis zum Beginn des Studiums fast jede Nacht tanzen. Sie schläft dann lange, steht irgendwann auf, kocht sich eine kleine Mahlzeit und ist schon wieder mit ihren Freundinnen unterwegs, sobald die Mutter nach Hause kommt. Der Vater ist vor fünf Jahren ausgezogen und inzwischen mit einer jüngeren Frau verheiratet. An diesem Tag spürt die Mutter, wie angesichts des abgegessenen Tellers und des mit Speiseresten verklebten Topfes in der unaufgeräumten Küche die Wut in ihr hochsteigt. Sie arbeitet den ganzen Tag, um für die Familie Geld heranzuschaffen; die Tochter tut keinen Streich und verlangt von der Mutter auch noch, ihren Dreck wegzuräumen. Das soll der Dank sein! Das die Gerechtigkeit!

Die Mutter hat die Phantasie, den ganzen Dreck zu nehmen und ihn der Tochter aufs Bett zu schmeißen: Dann muss diese, wenn sie nach Hause kommt, auch einen Saustall aufräumen, das ist nur gerecht. Oder soll sie die Tür abschließen, damit das Schwein nicht hereinkommt und wieder die Wohnung verdreckt? Dann wird die Tochter klingeln, es wird eine Szene geben, die Nachbarn … Soll sie versuchen, die Tochter über das Handy zu erreichen und sie zur Rede zu stellen?

Frau A. ist eine durchschnittlich gute Mutter; seit ihrer Scheidung leidet sie manchmal an Depressionen und bricht Männerbeziehungen ab, sobald sie den Verdacht schöpft, wieder an jemanden geraten zu sein, der sie ausnützt. Sie war ein sehr braves Kind, das den durch ein Flüchtlingsschicksal belasteten Eltern keine Probleme machte und es daher oft ungerecht findet, manchmal aber auch stolz darauf ist, dass ihre Tochter ganz anders ist, anspruchsvoller, erfolgreicher bei Männern.

In der beschriebenen Situation wird der terroristische Mini-Affekt (der Tochter mehr zu schaden, als sie der Mutter geschadet hat, selbst ungerecht zu werden, um ihr einzutränken, wie ungerecht sie doch sei) dadurch ausgelöst, dass die Mutter aufhört, auf die Tochter stolz zu sein. Der Stolz auf etwas ist ein Ausdruck davon, dass ich eine Phantasie zur Stützung meiner Grandiosität verwerten kann – ich bin stolz, ein Deutscher, ein Mann, ein guter Vater, ein erfolgreicher Kaufmann zu sein, ich bin stolz auf wohlgeratene Kinder.

Je schneller die Kränkungswut abgeführt werden muss, desto größer ist auch die Gefahr einer kannibalischen Entwicklung. In dieser (siehe S. 64) führt die narzisstische Krise zu Folgen, welche ihre Auslöser vermehren. Die Wut über das Versagen der Zufuhr vermindert die Zufuhr. Wenn die Mutter sofort ihre Tochter entwertet, sei es durch eine kränkende Aktion, sei es durch eine Kontaktaufnahme im Zustand der ungebremsten Wut, wächst die Gefahr, dass auch die Tochter zurückschlägt.

Ebenso problematisch ist es, gar nicht zu reagieren, das Geschirr zu spülen und die Wut unbewusst zu machen. So entstehen schwere, aus ihren Auslösern nicht mehr verstehbare Depressionen. Der überlastete Organismus kann die Störung der Kränkungsverarbeitung irgendwann nicht mehr kompensieren, die Produktion von körpereigenen Botenstoffen wird beeinträchtigt, die Schädigung greift in das Übergangsfeld von Psyche und Soma hinein.

Da Frau A. eine durchschnittlich gute Kränkungsverarbeitung hat und nicht an einem Borderline-Syndrom leidet, tut sie nichts von dem, was ihr die erste Wut eingegeben hat. Ihr fällt ein, dass B. durchaus abspült, wenn man es mit ihr vereinbart. Der Stolz auf ihre Tochter kehrt zurück, es ist doch ein gutes Kind, von dem sie es vernünftigerweise nicht erwarten kann, sich in den Stress und die Ordnungsbedürfnisse der Mutter einzufühlen. B., überlegt die Mutter nun, sollte es doch auch schön haben als Kind, schöner als sie mit ihren Eltern, die sich ständig irgendwelche Sorgen machten. Jetzt ist B. auch eine Person geworden, die unbekümmert das tut, worauf sie Lust hat. Aber es ist auch wahr, dass sie keineswegs die Mutter dadurch kränken will. Sie ist nur anders geworden, als es A. ist. «Ich werde mit ihr eine Diskussion führen, einen Vertrag machen über die Küchenordnung in Ferienzeiten, wie schon einer über das Ausgehen während der Schultage und am Wochenende an die Innenseite der Küchenschranktür geklebt ist.»

Die Betrachtung dieses Aspekts der Geschwindigkeit, mit der das Individuum auf eine Kränkung reagiert, führt auch zum Verständnis des Anteils der Intelligenz an der Kränkungsverarbeitung. Intelligenz hat sehr viel mit Geschwindigkeit zu tun: Wer schneller ein Problem erkennt und eine Lösung findet, ist fast immer auch intelligenter. Aber es handelt sich hier um eine instrumentelle Form der Geistestätigkeit, die noch keinen Beitrag zur Kränkungsverarbeitung leistet.

Die hohe Intelligenz hat ihre eigene Grandiosität und daher auch ihre eigenen Zusammenbrüche. Die geistigen Leistungen großer Verbrecher und/oder Terroristen haben schon oft zu der melancholischen Frage geführt, was aus solchen Potenzialen nicht alles hätte werden können, wenn sie denn nicht gegen, sondern im Einklang mit den Gesetzen umgesetzt würden.

Wer hochintelligent ist, ist blitzschnell mit seiner Wut bei der Hand, kann aber auch schnell Gegenkräfte finden und aufbauen. Wer nicht so intelligent ist, braucht viel länger, um eine Enttäuschung zu spüren. Es bleibt ihm also oft erspart, durch übereilte Rache die Konflikte zu verschärfen; auf der anderen Seite wird er sich, einmal in Wut geraten und zur Rache entschlossen, auch nicht mehr so leicht versöhnen lassen, sondern zäh an seinem Entschluss festhalten.

Der naive Betrachter wundert sich, wenn Menschen, die

so viel mehr haben als andere, die schöner, reicher, klüger sind als der Durchschnitt, depressiv werden und verzweifeln oder in hilfloser Wut sich und andere zugrunde richten. Aber die Grandiosität wächst überall dort, wo sie gestützt wird. Im menschlichen Erleben bleibt der Unterschied gering, ob wir vom Oberst nicht zum General oder vom Gemeinen nicht zum Gefreiten befördert werden. Jede Verkürzung eines vermeintlich berechtigten Anspruchs führt zu einem Zusammenbruch der Grandiosität. Dabei ist es für die psychischen Folgen unerheblich, wie viele Stützen bereits aufgebaut wurden. Es zählt immer nur der Zusammenbruch der letzten. Wenn einem kleinen Baum ein Zweiglein abgerissen wird, schmerzt die Wunde – auf die Ganzheit des Organismus bezogen – ebenso wie bei einem großen Baum der Bruch eines mächtigen Astes.

Rache

Rache und Terror funktionieren augenblicklich. Sie werden von derselben Strömung getragen wie die sofortige Wunscherfüllung des modernen Konsumenten – räche dich jetzt, denke später darüber nach. Sie sind von breiten Massen idealisierte Mittel der politischen Durchsetzung geworden.

Die Rache befriedigt Aggressionen, die aus der Frustration narzisstischer Bedürfnisse (nach «gerechter» Anerkennung, Beachtung, Aufmerksamkeit) entstehen. Ihre ältesten Formen sind die «Blutrache» oder die Sitte, Beleidigungen in einem Duell zu rächen. Damals ging es vor allem darum, einen ziemlich genau definierten, schichtspezifischen Ehrbegriff zu verteidigen: die «Satisfaktionsfähigkeit» des Adeligen, des «Gebildeten» gegenüber der proletarischen Prügelei. Heute trifft die Rache wahllos den, der individuelle narzisstische Ansprüche nicht erfüllt.

Disziplinierte, zum Beispiel juristische oder politische Konfliktlösungen sind «umständlich» und daher unbefriedigend. Ihre Fähigkeit, Ungerechtigkeiten zu verhindern, wird im Impuls zum Faustrecht verachtet. In allen Hollywoodfilmen, die das Rachethema auswalzen, ist die Polizei entweder unfähig oder korrupt. Das Gewaltmonopol des Staates wird wieder zurückgenommen, eine Re-Feudalisierung, ähnlich der Maxime «nach uns die Sintflut».

In der Trivialliteratur des 19. Jahrhunderts wurde das Rachethema unermüdlich aufgegriffen, ein Zeichen dafür, wie sehr die damals noch junge Einrichtung des Rechtsstaats mit seinem Gewaltmonopol die Gemüter seit Schillers Jugendwerk «Die Räuber» beschäftigte.

Karl May hat in seinen Romanen, von «Durch die Wüste» bis zum «Schut» ebenso wie in den drei Winnetou-Bänden, die ganze Handlung am Thema verschiedener Blutrachen aufgefädelt. Seine Faszination neutralisiert er recht durchsichtig durch wiederholte Hinweise auf die Pflicht des Christen, auf Rache zu verzichten, die er gegenüber der «primitiven» Rachsucht idealisiert, in die zu verfallen er gleichzeitig nicht lassen kann.

Prosper Mérimée greift in seinen Novellen die Blutrache in Korsika und in «Carmen» das Rachethema literarisch differenzierter auf. Das Urteil über die moralische Fragwürdigkeit und die selbstzerstörerischen Qualitäten der Rache teilt er aber mit dem trivialen Autor ebenso wie eine geheime Faszination. Die Rache triumphiert über die Empörung der zivilisierten Betrachter.

In der literarischen Beschreibung der Rache ist der Gegensatz zwischen «heißer», jäher, sofortiger Rache und der «kalten» Rache vom Typus «Der Graf von Monte Cristo» bereits ausführlich dargestellt. Die Psychoanalyse des Narzissmus kann nur bestätigen, dass beide Typen auftreten und die «kalte» Variante sehr viel schwerer berechenbar und einfühlbar ist als die «heiße». Sie nähert sich einerseits so hoch stehenden menschlichen Errungenschaften wie der Gerechtigkeit (auch die Justiz lässt es nicht zu, dass schwerste Verbrechen «verjähren»). Auf der anderen Seite widerspricht es dem Verständnis von Vernunft und Nächstenliebe, nach vielen Jahren einen Mitmenschen eine Tat entgelten zu lassen, über die er sich vielleicht schon längst hinausentwickelt hat, so dass ihn die Rache ebenso seiner Würde beraubt wie einst seine Tat den Rächer.

Die Dynamik der Rache wurzelt in einem Dilemma der menschlichen Entwicklung. Die Natur hat, um die überlebensnotwendige Bindung zwischen Kind und Eltern zu stärken, den Wutaffekt in unsere Bedürftigkeit nach Nähe und Bestätigung eingebaut. Verlassene Kinder sind ebenso wie verlassene Liebende nicht nur voller Trauer und Sehnsucht, sondern auch voller Wut. Dieses emotional hoch gespannte Affektgemisch verstärkt den Eindruck, den soziale Bedürfnisse auf den Nächsten machen, und somit in guten Fällen auch die Bindung. Aber diese Mischung ist nicht stabil. Sie kann entgleisen; das Urbild dieser Entgleisung ist bereits im Säugling angelegt, in dessen Geschrei wir Wunsch und Wut in unterschiedlichen Mischungen wahrzunehmen meinen.

Der pharisäische und der kannibalische Narzissmus

Verbreitet und für Arbeitsbeziehungen (Mobbing) wie Liebesverhältnisse zerstörerisch sind Formen der eigenen Aufwertung durch aggressive, stille oder laute Entwertung eines Gegenübers. Sie können pharisäisch oder kannibalisch sein. Im pharisäischen Narzissmus wird (nach dem biblischen Beispiel, siehe S. 16 f.) jemand entwertet, von dem ich mich vorteilhaft abhebe, auf dessen Anerkennung ich aber zu meiner Selbststabilisierung nicht angewiesen bin. Die rassistischen und nationalistischen Vorurteile, die Entwertung von Minderheiten und Fremden haben durchweg diese Qualität. Die Fortschritte des Rechtsstaates und der Zivilisierung haben es immer schwer gehabt, sich gegen diese Mechanismen zu behaupten. Es bedarf dauernder Aufmerksamkeit, um zu verhindern, dass schlummernde Ressentiments geweckt und die Glut unter der Aschenschicht zu Gewalt und Bürgerkrieg angefacht wird. Der Übergang zu kannibalischen Prozessen ist fließend. Das Vollbild des kannibalischen Narzissmus erfordert, dass jemand entwertet wird, von dessen Anerkennung sich die Entwerter (zu) abhängig fühlen. Mitarbeiter entwerten ihren Chef, Liebende ihre Liebespartner, Eltern ihre Kinder und umgekehrt.

Der kannibalische Narzissmus ist eines der düstersten Kapitel des menschlichen Zusammenlebens. Er führt zu der rätselhaften Wut, die gerade das zerstören will, wonach sie sich sehnt. Er steht hinter dem Hass, der wütende Entwertungen zur blinden Zerstörung steigert, wenn ihm deutlich wird, dass dem Gegenüber der Zauber mangelt, ihn wieder in Liebe zurückzuverwandeln. Er ist die Kälte, die sich nach der Wärme sehnt. Achtsamkeit für ihn lehren uns Fabeln wie jene, die Äsop erzählt: Ein Wanderer findet im Winter eine Schlange, die vor Kälte erstarrt dem Tode nah ist. Er hebt sie auf und wärmt sie an seiner Brust. Kaum zu Bewegung erwacht, beißt die Schlange ihren Lebensretter. «Undankbare!», ruft er sterbend. «Du wusstest, dass ich eine Schlange bin», erwidert sie, die nun auch in der Kälte zugrunde gehen wird.*

* Verwandt ist die Geschichte vom Skorpion, der von einer Kröte über einen Fluss getragen wird und mitten im Strom die Kröte fragt, warum sie so töricht sei, ein Geschöpf mit einem gefährlichen Giftstachel auf ihren Rücken zu nehmen. Die Kröte sagt, sie sei sich ihrer Sache sicher, denn wenn sie sterbe, müsse auch der Skorpion ertrinken. Um sich gegen diese Krötenlogik zu behaupten, sticht der Skorpion zu, und beide gehen zugrunde.

Der kannibalische Narzissmus wurzelt in der Signalfunktion von Aggression. Schon Karl Abraham, einer der ersten Freud-Schüler und Lehrer von Melanie Klein, hat eine Phantasie des Säuglings rekonstruiert, durch Zubeißen eine Brust sicherer zu haben, die ihm allzu oft zu früh entzogen wurde. Typisch für die kannibalische Interaktion ist auch, dass jede Seite sich als Opfer fühlt. Der Säugling erlebt sich als Opfer der Mutter, die ihm zu selten zu wenig gibt; die Mutter fühlt sich als Opfer des Säuglings, der unersättlich ist und sie auffressen will. Solche szenischen Hinweise aus der frühen Kindheit sind zum Teil eine Metapher; zum Teil erfassen sie die konstruktiven Spannungen in der Architektur des menschlichen Sozialverhaltens, das immer mit den beiden Zügeln von Eros und Aggression gelenkt wird. Menschen brauchen sehr viel Nähe, Schutz, Sicherheit und Zärtlichkeit, um sich zu entwickeln; sie brauchen aber auch viel Kampfgeist und Durchsetzungsfähigkeit, um in einer Welt potenzieller Feinde zu überleben.

Daher ist ihr Sozialverhalten auch leidenschaftlich, unruhig und krisenhaft. Nicht ohne Grund ist auf dem Pavianfelsen im Zoo immer etwas los. Primatengruppen sind bewegter und beweglicher als Gruppen von Raubtieren, die ihre Distanzen halten, oder friedlichen Pflanzenfressern, die nur selten ihre Aggression einsetzen, um ihr Sozialverhalten zu regeln. Primaten erproben ständig ihre Dominanz, Attraktivität, Geltung; sie hungern nach Aufmerksamkeit und langweilen sich, wenn sie nichts tun können, um sich wichtig zu machen.

Der kannibalische Narzissmus ist umso ausgeprägter, je mehr sich zwei Menschen als Selbstobjekte benötigen. Wie beschrieben, stützt das Selbstobjekt die eigene Grandiosität. Es darf sich nicht verändern, nicht bewegen, weil sonst die Gefahr eines Zusammenbruchs droht. Der kannibalische Narzissmus hängt nun damit zusammen, dass diese Stütze immer wieder misstrauisch geprüft wird, wie etwa der Käufer eines Altbaus die Balken des Dachstuhls prüft, indem er versucht, eine Messerklinge in sie zu stoßen.

In dem Vollbild des kannibalischen Narzissmus wird das Selbstgefühl durch die Entwertung jenes Selbstobjekts geschwächt, das auf der anderen Seite als unentbehrlich für den Erhalt der eigenen Grandiosität festgehalten wird. Dieser kannibalische Mechanismus setzt voraus, dass die frühesten Traumatisierungen überstanden sind und die Betroffenen fähig wurden, eine Person zu idealisieren. Sie haben den Autismus überwunden, in dem Personen wegen ihrer Beweglichkeit und Unberechenbarkeit zu sehr gefürchtet werden, um sich an sie zu binden. Auf der anderen Seite ist das Selbstgefühl zu wenig stabil, um das Selbstobjekt zu differenzieren und sich mit ihm zu entwickeln, so dass es seine stützenden Funktionen in einem gelingenden Austausch festigen kann. Der Austausch scheitert. Jetzt sucht das gekränkte Ich Heilung in der Entwertung des Objekts, kann sich aber nicht von ihm trennen. Die Entwertung rettet die Grandiosität: Es liegt nicht am Ich, es ist unschuldig, es ist gut, nur das Objekt, dem es blind vertraute, dem es nur das Beste geben wollte, dem es so viel geopfert hat, ist kein Vertrauen wert, kein Opfer, es ist viel schlechter als das eigene Ich.

Eine junge Frau klagt bei ihrer Therapeutin immer wieder über ihren Partner. Sie sei in ihrer Ehe extrem unglücklich, sexuell geschehe kaum mehr etwas, nur die beiden kleinen Kinder halten sie noch bei diesem Ungeheuer, das sie nicht versteht. Die Therapeutin sieht als zentrales Problem der Patientin deren Aggressionshemmung. Sie könne sich einfach nicht durchsetzen, mache bei allem mit, was der Ehemann verlange, schlafe ohne Lust mit ihm und beklage sich nachher darüber. Eine typische Szene: Die Patientin leidet an heftigen Rückenschmerzen. Sie möchte, dass ihr Mann am Abend die Kinder zu Bett bringt; dieser wehrt ab, er habe schließlich den ganzen Tag gearbeitet, das sei ihre Sache. Trotz ihrer Rückenschmerzen bringt sie also die Kinder ins Bett. Die Therapeutin rät nun, dass die Patientin sich doch in solchen Fällen durchsetzen und ihren Mann energischer auffordern solle, seinen Teil an der Versorgung der Kinder zu leisten. Darauf beginnt die Patientin zu weinen und sagt anklagend zur Therapeutin: «Sie sagen genau dasselbe wie mein Mann, es ist alles nur meine Schuld!» Diese Antwort wird verständlich, wenn wir die Dynamik des kannibalischen Narzissmus einbeziehen. Die Patientin braucht das grausame Verhalten ihres Mannes, um sich in ihren eigenen Gefühlen zu trösten, als Frau unzulänglich zu sein. Er ist jedenfalls noch liebloser, unverantwortlicher, unreifer als sie selbst. Daher wird die Therapeutin, die von der Patientin fordert, ihren Mann doch zu einem verantwortungsvolleren Verhalten zu erziehen oder sich von ihm zu trennen, als ebenso verständnislos und grausam erlebt wie dieser. Sie, die sich aufspielt und so tut, als ob sie ein Selbstgefühl gesichert hätte, um das die Patientin erfolglos ringt, soll ruhig die Entwertung einstecken, dass sie auch nicht besser ist als der Ehemann, der sagt: «Ich schaffe meine Arbeit, und du jammerst herum und versaust mir den verdienten Feierabend!»

Im Stadium des kannibalischen Narzissmus wirken Partner oft so, als ob sie keine Beratung oder Therapie, sondern einen Anwalt oder einen gedungenen Killer brauchen, der den Menschen aus der Welt schafft, an den sie in ihrer Entwertung gebunden sind. Im Mikrokosmos menschlicher Intimität erkennen wir ein Stück jener Prozesse, die Gruppen gegeneinander hetzen, weil hochfliegende Erwartungen an Macht, Geltung, Bequemlichkeit nicht erfüllt wurden. Solche Vorgänge, die sich zum Beispiel im ehemaligen Jugoslawien abspielten und an vielen Orten drohen, lassen sich ohne die Dynamik des kannibalischen Narzissmus nicht verstehen, freilich auch nicht gänzlich aus ihr erklären.

Der parasitäre Narzissmus

Die parasitäre Reaktionsweise verbindet pharisäische und kannibalische Anteile mit einer primitiven narzisstischen Regression, in der nicht mehr zwischen Achtung und Verachtung, zwischen öffentlichem Ruhm und geheimer Wichtigtuerei unterschieden wird. Narzisstische Parasiten sind nicht kreativ, sondern allenfalls schlau. Wie lästig und gleichzeitig wie schwer sie unschädlich zu machen sind, erweist ihr zum Mythos gewordenes Urbild: Herostrat, der den Tempel der Artemis in Ephesos – eines der Weltwunder der Antike – in Brand steckte, um berühmt zu werden. Die Epheser versuchten damals, ein Verbot durchzusetzen, Herostrats Namen der Geschichte zu überliefern. Es sollte vereitelt werden, was dieser Vater der destruktiven Eitelkeit unbedingt erreichen wollte. Aber das ist missglückt, wir wissen von Herostrat, auch wenn wir ihn verachten.

Die zeitgemäße Variante des parasitären Narzissmus wird als «Trittbrettfahrer» beschrieben. Diese Täter – es sind fast immer Männer – schmerzt Verachtung weniger als die Tatsache, dass sie in ihrem Leben nichts Beachtenswertes zustande bringen. Sie leiden so sehr unter ihrer Bedeutungslosigkeit, dass ihnen auch die rein imaginäre Wichtigkeit, andere zu verwirren, Blaulicht und Alarmsirene in Gang zu setzen, begehrenswerter erscheint als ihre innere Leere. Es ist sicher kein Zufall, dass sich nach dem Exzess des Terrorismus am 11. September 2001 die Zahl dieser Täter sprunghaft vermehrt hat. Sie gehorchen einem verwandten Gesetz. Wie der Terrorist, zeigt auch der Trittbrettfahrer unserer Gesellschaft, wie verwundbar sie durch ihre Bequemlichkeiten geworden ist. Der Fabeldichter erzählt uns vom Hirtenjungen, der so oft falschen Alarm gab, dass am Ende seine Herde von dem endlich doch eingetroffenen Wolf gefressen wurde. Aber wer noch persönlich schreien muss, ist leicht auffindbar, verglichen mit den heutigen Tätern, die zum Telefon greifen oder Attrappen deponieren. Es ist fesselnd, zu beobachten, wie sich hier eine kleine Bösartigkeit in dem großen Hass spiegelt, mit dem die Selbstmordattentäter vorgegangen sind.

Warum verbringt ein Lausbub einen Nachmittag damit, die Hausbesitzer der Nachbarschaft durch Missbrauch ihrer Türklingeln zu quälen? Warum werden Autos zerkratzt und Antennen geknickt? Die Täter sagen uns: Ich habe keine Ruhe, ich habe keine bequeme Wohnung, ich habe kein schönes Auto. Ich habe sie nicht, und ich sehe keine Chance, sie zu erwerben. Eines aber kann ich tun: Ich kann euch, die ihr das habt, in eurem Genuss stören.

Der narzisstische Parasit hat keinen Ruhm, kein Ansehen, niemand kennt ihn, niemand nimmt ihn wichtig. Er will aber wichtig sein, und wenn andere – in diesem Fall die Terroristen – allein deshalb wichtig werden, weil sie so viele Menschen morden und so viel Schaden anrichten, dann will er ein wenig von diesem großen bösen Ruhm abhaben.

Parasitärer Narzissmus und Mediengesellschaft

In der komplexen Motivation des parasitären Narzissmus spielt die Aggression eine ebenso große Rolle wie die «Harmlosigkeit» und der «Spaß», den ertappte Täter nimmermüde betonen – niemals hätten sie gedacht, dass jemand sie auch nur im Geringsten ernst nimmt. Im Gegenteil: Wir sollten sie dafür noch lieben, dass sie uns nicht wirklich mit Milzbrand angesteckt oder eine Bombe gebastelt haben, die funktioniert.

Der Parasit ist die logische Folge der Mediengesellschaft. Aufmerksamkeit ist in ihr ein kostbares Gut. Wer bekannt ist, kann allein deshalb schon als Sänger oder als Buchautor Erfolge haben, mit denen bessere Sänger oder Autoren nicht konkurrieren können, solange sie weniger bekannt sind. Die olympischen Sieger der Antike trugen den Lorbeer nach Hause und arbeiteten wieder in ihrem Beruf; heute wird dieser Lorbeer noch viele Jahre nach dem Sieg vergoldet. So muss auch der Neid wachsen und mit ihm der Druck, um jeden Preis ein Stück vom Aufmerksamkeitskuchen zu bekommen.

«Trittbrettfahrer» bezieht sich auf altertümliche, nur noch im Museum auffindbare Straßenbahnen. Wer zu arm war, den Schaffner zu bezahlen, konnte in Wind und Regen «draußen» mitfahren, unbequem auf dem Trittbrett. Andere standen auf dem Trittbrett, weil sie in letzter Sekunde, als die Türen schon geschlossen waren, noch aufgesprungen waren. Der Vergleich ist jedenfalls schief, weil die Bahn ein ehrenwertes Transportmittel ist. In dem Waggon, an den sich die unerwünschten Mitfahrer klammern, sitzen anständige Leute, die ihre Fahrkarte bezahlt haben. Die zitierten Trittbrettfahrer hingegen partizipieren an einem terroristischen Unternehmen, und sie werden von dem Schrecken gefesselt, den dieses in den Medien verbreitet. Sie sind zwar lästig, aber doch harmlos, verglichen mit Massenmördern, die tatsächlich Milzbrandsporen verteilen oder Bomben legen. Sie sind ein Echo mörderischer Taten und ein Beleg für den Sog, der von prominenten Gestalten ausgeht – «wie er sich räuspert und wie er spuckt, das habt ihr ihm glücklich abgeguckt», heißt es in Schillers Drama über die Parasiten des Feldherrn Wallenstein.

Wir können sicher sein, dass gegenwärtig die intensive und aufgeregte Berichterstattung über die menschlichen Bomben der mächtigste Beitrag zu ihrer wachsenden Zahl ist. Die Medienverantwortlichen in Israel stehen vor dem Dilemma, entweder durch die starke Präsenz der Selbstmordkämpfer in den Nachrichten mehr neue Täter zu reizen und die eigenen

Landsleute zu gefährden oder durch Totschweigen zwar Menschenleben zu retten, sich aber ihrer propagandistischen und publizistischen Möglichkeiten zu berauben.

Die Lust am Untergang und die Identifizierung mit dem Angreifer

Wer in die Geheimnisse der menschlichen Psyche eindringt, wird wieder und wieder auf den Widerspruch zwischen Lebenswillen und Selbstzerstörung stoßen. Das Konzept des Todestriebes, die mythologische Fassung des größten dieser Rätsel, entstand angesichts der zahllosen traumatischen Neurosen nach dem Ersten Weltkrieg. Es ist eine literarische Reaktion, eine kulturtheoretische Metapher.

Tatsächlich zeigt der Traumatisierte viele Verhaltensweisen, die sich nicht mit einer Theorie verbinden lassen, wonach die Menschen so konstruiert sind, dass sie nach Lust suchen. Er fügt sich selbst Schmerz zu, indem er die Schrecken, die ihn überwältigt haben, nicht vergisst, sondern reinszeniert. Das geschieht in Zwangsphantasien, Albträumen, auch in familiären Szenarien, die sich im Schicksal der Ehefrauen und der Kinder Kriegstraumatisierter auffinden lassen.

Eines der wichtigsten Muster, das Rätsel der Traumatisierten zu lösen, ist der Abwehrmechanismus der Identifizierung mit dem Angreifer. Anna Freud hat ihn zuerst beschrieben; eines ihrer Beispiele ist der Schüler mit einem Zwangsgrimassieren, aus dem die Analytikerin schließlich rekonstruiert, dass er unbewusst versucht, den wütenden Gesichtsausdruck seines jähzornigen Lehrers anzunehmen, der ihn brutal verprügelt hat. Nichts fasziniert das Opfer so sehr wie der Täter, der es quält. Daher fällt die böse Saat des Terrorismus so oft auf fruchtbaren Boden: Die Opfer können in sich den Impuls weder erkennen noch abwenden, grausamer zu werden als die Täter. Diese wiederum gewinnen aus solchen Grausamkeiten eine gesteigerte Legitimität.

Wir würden so gerne glauben, dass die Opfer von ungerechter Gewalt, die sadistisch behandelten Kinder, die rassistisch Verfolgten aus ihrem Leid lernen und sich entscheiden, es anderen möglichst zu ersparen. Aber das ist sehr häufig nicht der Fall: Das misshandelte Kind wird, wenn es überlebt und selbst Vater wird, die eigenen Kinder prügeln. Die rassistisch Verfolgten werden, kaum haben sie Gelegenheit dazu, andere zu Opfern machen. Der Schock einer seelischen Traumatisierung bereitet das Opfer nicht darauf vor, sich in andere Opfer einzufühlen. Ebenso möglich ist, dass das Opfer sich mit dem Täter identifiziert. Geprügelte Kinder hauen Schwächere mit dem Gesichtsausdruck, den sie ihrem Peiniger abgeschaut haben. Mit Besserwisserei traktierte Gymnasiasten wissen nach wenigen Schuljahren selbst alles besser, geschundene Rekruten werden die schärfsten Unteroffiziere. Psychologen, welche nach dem Sturz der Militärdiktatur in Griechenland 1974 herauszufinden suchten, wie man viele bisher unbescholtene Soldaten dazu gebracht hatte, als Folterspezialisten in den Lagern für politische Gefangene zu arbeiten, fanden immer wieder, dass die jungen Männer zuerst selbst den Entwürdigungen und Quälereien ausgesetzt worden waren, die sie später den Gefangenen antaten, ohne dass ihnen jetzt noch detaillierte Befehle erteilt werden mussten.

Im Augenblick des Schreckens greift das überlastete Ich nach jedem Stück Identifizierung, das sich ihm bietet, um ein Mindestmaß an innerer Ordnung zu erhalten. Und einer dieser Strohhalme ist häufig der Angreifer selbst: Da er so stark, so übermächtig ist, wäre es – auch wenn der Geist sich über das angetane Unrecht empört – doch im Grunde begehrenswert, ein wenig zu sein wie diese böse Macht. Diese Identifizierung unterliegt keinem Willen, keiner bewussten Absicht, sie setzt tiefer an und wirkt nachhaltiger. Das heißt freilich nicht, dass sie hingenommen werden muss. Wir können sie erkennen und gegen sie kämpfen, was uns umso weniger gelingen wird, je mehr wir unseren Opferstatus festhalten und aus ihm Vorrechte ableiten.

Die Trittbrettfahrer sind häufig Verängstigte, Erschreckte, die sich mit dem identifizieren, was ihre Furcht auslöste, um diese zu bewältigen: Jetzt erschrecken sie mit ihren erfundenen Gefahren andere und können sich in ihrem geheimen Wissen, dass die Gefahr nicht real droht, über die Aufregung der Ordnungsmächte erheben, die sie mit ihrem kleinen Hinweis derart bestürzt haben.

An sich ist dieses Modell der Angstbewältigung uralt und durch zahlreiche Riten dokumentiert. Ihr Inhalt ist in der modernen Gesellschaft vor allem in den Halloween-Bräuchen erhalten. Wer sich Furcht erregend maskiert und damit andere erschreckt, hat selbst weniger Angst. Die zahllosen Motive von Vampiren, Zombies, Außerirdischen, Dämonen, Hexen enthalten Versuche, Ängste zu bannen, indem sich Menschen mit den Angstmachern identifizieren.

Mafiose Strukturen

Die klassische Metapher der bäuerlichen Kultur ist die, dass wir das Saatgetreide nicht essen und die Schafe nicht auf den grünenden Äckern weiden lassen dürfen. Das bedeutet, dass es unerlässlich ist, die sofortige Triebbefriedigung zurückzustellen und Bedürfnisse aufzuschieben. Solche Strukturen können aber nur aufgebaut werden, wenn über Generationen hin Familien durch sie Geborgenheit, Stabilität und Heimat gewinnen. Nur unter diesen Bedingungen können Eltern und Kinder so zusammenarbeiten, dass diese Strukturen entstehen.

Der Mensch ist nicht zum Bauern geboren; alles, was langfristige Entwicklung, Vorsorge und Rücksichtnahme für die nächsten Generationen erfordert, muss er sich mühevoll aufbauen. Typisch für den faschistischen Führer, für die Räuberhauptmänner, die mafiosen Gruppen, welche in Bürgerkriegsgebieten die Oberhand gewinnen, ist genau der Abbau dieser Strukturen, die Bereitschaft, so lange von der Substanz zu leben, wie es geht. Es ist eine unheimliche, aber leider keineswegs unrealistische Vision, die gegenwärtigen Prozesse der Globalisierung, in denen überall möglichst schnell Erdöl, Erz, Holz und billige Arbeitskraft gewonnen und vermarktet werden sollen, mit solchen mafiosen Strukturen zu verbinden, die ganze Staaten mit einem Netz von Korruption überziehen, sie rücksichtslos ausplündern und dann weiterziehen. Wenn in Brasilien der Urwald abgeholzt wird oder in Nigeria nach Öl gebohrt, sind immer jene die Leidtragenden, die ohne diese Ausbeutung Jahrhunderte in jenen Gebieten gelebt haben und ein Gleichgewicht mit ihrer Umwelt herstellen konnten.

Verborgener als die wirtschaftlichen, ökologischen und politischen Folgen solcher Raubzüge sind ihre psychischen Konsequenzen. Wir leben auch menschlich über unsere Verhältnisse, zehren von den seelischen Strukturen, die wir selbst nicht mehr aufbauen können. Es liegt eine makabere Ironie darin, dass die Arbeitskräfte, die aus weniger entwickelten Ländern kommen, einerseits unentbehrlich geworden sind, um die hoch entwickelten Konsumgesellschaften aufrechtzuerhalten, dass sie aber parallel dazu diskriminiert und nicht selten mit fremdenfeindlichen Parolen verfolgt werden. Motto: «Die Ausländer nehmen uns die Arbeitsplätze weg!»

Ein Bauer benötigt Saisonarbeiter, sagen wir: zur Apfelernte oder zum Spargelstechen. Normalerweise kommen Polen oder Rumänen. Jetzt möchte das Arbeitsamt solche Kräfte vermitteln. Von vierzig inländischen Arbeitslosen einer entwickelten Konsumgesellschaft, die infrage kommen, lassen sich zwanzig durch Zuschusszahlung und die Drohung einer finanziellen Einbuße dazu bewegen, eine solche Tätigkeit wenigstens zu versuchen. Von diesen zwanzig erscheinen am ersten Arbeitstag zehn, am zweiten vielleicht noch zwei. Nächstes Jahr wird der Bauer von den Arbeitslosen nichts mehr wissen wollen und lieber auf den Zuschuss des Arbeitsamtes verzichten, als zu riskieren, dass die Ernte verfault.

Diese Situation ist in Texas nicht anders als in Norditalien, in Bayern nicht anders als in Burgund, in Saudi-Arabien oder Japan. Die reichen Länder verlieren etwas, das in den armen Ländern noch entsteht. Aber es ist auch dort gefährdet. Wir haben die psychischen Strukturverluste globalisiert und zehren von der Substanz, was den Aufbau von Frustrationstoleranz, Disziplin und der Bereitschaft zu «niedriger» körperlicher Arbeit angeht. Irgendwann werden auch die armen Länder nicht mehr den Nachschub an Erntearbeitern und Pflegekräften liefern können, den die reichen benötigen, weil die Söldner der Globalisierung den Frieden jener Menschenschmieden zerstört haben, deren Wert wir wohl erst dann schätzen werden, wenn wir ihn – wie so vieles andere – verloren haben.

Über unserer Zukunft steht als Menetekel, von den mächtigsten Industrienationen schamlos verleugnet, das Leben von der Substanz. Um im Gleichgewicht mit den Ressourcen des Planeten zu leben, bräuchte die Menschheit als Ganzes gegenwärtig 1,2 Erden. Wäre der Globus von US-Amerikanern besiedelt, müssten es fünf Erden sein; wenn es nur Deutsche wären, zweieinhalb.

3 Die Entstehung der Grandiosität

Die Größenphantasie wird von den meisten Narzissmusforschern als Naturphänomen hingenommen, das zu den Anfängen der menschlichen Entwicklung gehört, in denen sich der Säugling als Herrscher einer undifferenzierten Mutter-Kind-Einheit imaginiert. Diese Erklärung versäumt es jedoch, die Unterschiede zu erfassen, die sich später in den Größenphantasien ausbilden. Ihre Abkömmlinge prägen vor allem die berufliche Entwicklung: Etwas zu bewirken, sich auf etwas zu beziehen, das setzt doch voraus, dass die Macht imaginiert werden kann, solche Ziele zu erreichen.

Der wesentliche Prozess, in dem die Größenphantasien ausdifferenziert werden, ist die Identifizierung. Sie ist ein hoch wirksamer, überall, wo es nur möglich ist, eingesetzter Lernprozess, der freilich wissenschaftlich viel weniger erforscht ist als seine elementaren Vorläufer oder Begleiterscheinungen. Das liegt daran, dass die Identifizierung nicht kontrollierbar ist und von ganzheitlichen, emotionalen Reaktionen getragen wird.

Das Primatenkind ist von vertrauten Geschöpfen umgeben und beginnt sich auf dieser Grundlage fremden Situationen zu nähern. Immer dann, wenn eine fremde Situation seinen Reizschutz überfordert, sucht es die Nähe eines vertrauten Wesens. Diese Entwicklung verläuft sozusagen in konzentrischen Ringen, die nacheinander überschritten werden. Zunächst dient die Mutter als Schutz vor fremden Erwachsenen. Später vertritt angesichts des Fremden jeder erwachsene Artgenosse die Mutter.

Das Kind beobachtet Artgenossen. Jede dieser Beobachtungen wird in der Gestalt einer latenten Identifizierung gespeichert. Angesichts neuartiger Situationen werden diese Modelle im Erleben durchprobiert, um jenes herauszufinden, das am besten passt. Darüber hinaus werden diese Identifizierungen in Spiel und Phantasie aktiviert, kombiniert, zu synthetischen Rollen verschmolzen. Wir nennen diese innere Tätigkeit «Tagträume». Sie sind ebenso Ausdruck wie Grundlage der Grandiosität.

Wenn ich mich an meine eigenen Tagträume während der ersten Gymnasialklassen erinnere, sehe ich heute amüsiert, wie viel von dem Helfer-Thema, das mich später so beschäftigt hat, hier vorweggenommen und ins Grandiose verzerrt ist. Ich war meist damit beschäftigt, mir auszumalen, wie ich die Helden, die ich kennen gelernt hatte, aus Gefahren errettete, die diese nicht bezwingen konnten. Ich war also einerseits besser als sie, andererseits aber ihr Helfer und Beschützer, was den angenehmen Nebeneffekt hatte, dass ich auf diese Weise auch sie als Freunde und Beschützer gewann, was nicht gelungen wäre, wenn ich meiner Rivalität freien Lauf gelassen hätte.

Nun ist es für einen Zwölfjährigen nicht leicht, starken Männern aus Gefahren zu helfen, mit denen diese nicht fertig werden. Mir gelang das durch meine Ausrüstung, mit deren Komposition ich viele Stunden verbrachte, und durch meine Unverwundbarkeit, die ich dem Siegfried der Heldensage abgeschaut, aber noch verbessert hatte; ich hatte keine schwachen Stellen. Waffen beschäftigten mich sehr; unter anderem verfügte ich über ein Wunderschwert, das schärfer war als alle anderen Waffen, und über eine unscheinbare Pistole, aus der ich auch Atombomben abschießen konnte. So war es kein Wunder, dass ich meine Freunde Winnetou, Old Shatterhand oder Dietrich von Bern ständig aus Gefahren und vor Übermächten retten konnte, denen sie zu erliegen drohten.

Die Tagtraumwelt, in die ich mich jederzeit zurückziehen konnte, entstand gegen Ende der Latenzzeit und war unmerklich verschwunden, als ich sechzehn Jahre alt war. Ich erinnere mich, dass ich auch damals noch manchmal versuchte, mich in den früheren Traumzustand zu versetzen, etwa nachts, wenn ich nicht einschlafen konnte. Enttäuscht stellte ich fest, dass es mir nicht mehr gelang.

Alle Menschen sind schwach, dem Schlaf, der Krankheit, dem Tod unterworfen; daher sehnen sich auch alle nach einer unerschütterlichen Stärke. Diese in Dämonen oder Götter zu verlagern ist relativ weise. Denn wenn wir das nicht tun, geraten wir in große Versuchung, fehlbare Menschen mit dieser unerschütterlichen Stärke auszurüsten. Diese Sehnsucht muss viel grausamer enttäuscht werden als die Verlagerung in eine metaphysische Welt, bei der lediglich die Unzuverlässigkeit ihrer Anbindung an unsere Realität jene Probleme schafft, auf die Schamanen, Zauberer, Priester und Theologen mit ihren jeweils eigenen Mythenbildungen und Spitzfindigkeiten reagieren.

Die grundsätzlich illusionäre Qualität unseres Selbstgefühls ist eine Botschaft, die wir nicht gerne zur Kenntnis nehmen. Aber es gibt zu viele Beobachtungen, die sie belegen, zu viele Hinweise auf Verführbarkeit, Kränkbarkeit und jene pharisäischen oder kannibalischen Prozesse, die langfristige Gefährdungen erzeugen, um kurzfristige Einbußen hinauszuschieben.

Gestützte Grandiosität

Während ein auch in der Psychologie keineswegs verlassenes moralisierendes Menschenbild den Narzissmus abwertet und hinter der infantilen Grandiosität Krankhaftes vermutet, sprechen die analytischen Beobachtungen dafür, die Grandiosität für eine normale Entwicklungsgrundlage des Selbstgefühls zu halten.

Sie hilft dem Kind, seine Ängste zu bewältigen und an den Schutz zu glauben, den die Erwachsenen spenden können, wenn es diese idealisiert. Idealisieren heißt: als grandios erleben, als vollkommen, makellos. Idealisierung beruht darauf, negative Seiten auszublenden, Kritik zurückzustellen, an das Gute zu glauben. Indem sich das Kind mit diesen idealisierten Eltern identifiziert, gewinnt es Zuversicht. Diese Zuversicht hilft ihm, die Realität zu bewältigen. Sie tut das umso besser, je mehr es dem Kind gelingt, die idealisierende Vorleistung durch realen Austausch zu festigen. Das gelingt in dem Zustand am besten, in dem die Idealisierung wohlwollend zugelassen, aber nicht realitätsblind verteidigt wird. Viel wichtiger als die Konstruktion einer «realistischen Beziehung» scheint der Aufbau von nicht-defensiven Idealisierungen. Das bedeutet, dass die Idealisierung flexibel wird und auf Widersprüche reagieren kann, die sich zwischen ihr und der Wirklichkeit einstellen. Ich illustriere den Aufbau solcher konstruktiver Idealisierungen in einigen simplen Beispielen, nach oralen, analen und genitalen Feldern geordnet:

Die Mutter duldet Kritik an ihrem Essen und versucht, wo sie diese berechtigt findet, es so zuzubereiten, dass es dem Kind schmeckt. Oder aber die Mutter sagt bei der ersten Kritik: «Ich weiß schon, du liebst mich nicht, mein Essen schmeckt dir nicht, ich koche nie wieder etwas.» Der Angestellte duldet Kritik an seinen Leistungen und versucht, wo er diese berechtigt findet, seinem Chef entgegenzukommen. Ebenso nimmt der Chef Anregungen seiner Mitarbeiter über seinen Führungsstil entgegen und bemüht sich, diesen zu verändern. Oder aber der Angestellte «bockt», passt sich scheinbar an, arbeitet aber weniger, als er könnte; der Chef schneidet den Widerspruch autoritär ab, schließlich hat er hier das Sagen. Der Liebhaber findet die Hinweise seiner

Geliebten wichtig, wo er zärtlicher oder leidenschaftlicher mit ihr umgehen soll. Oder er zieht sich beleidigt zurück und überlässt das nächste Mal die Initiative ihr.

Ein wichtiger Aspekt, der aus den Beobachtungen von biologischen Verwandten des Menschen abgeleitet wurde, ist hier die Bindung. Bei der flexiblen Idealisierung lässt sich eine stabile Bindung feststellen, die «etwas aushält», bei der defensiven muss die Idealisierung sozusagen die Bindung ersetzen; wer Engel nicht mehr ist, verwandelt sich in den Teufel. Bei Rhesusaffen ließ sich experimentell beweisen, was die klinischen Beobachtungen von Menschenkindern bestätigen: Wer verlässlich gebunden ist, wendet sich aktiver und weniger angstbestimmt der Umwelt zu; wer die Mutter vermissen musste, ohne den von ihr gespendeten Reizschutz aufwuchs, der fürchtet sich schnell, ist rasch entmutigt, ängstlich und gehemmt.

Die Bindung charakterisieren eine gewisse Stabilität des Austauschs und die Identifizierung mit in Austausch Stehenden. Das Baby gibt eigene Reaktionen, Zärtlichkeiten, Anklammern, bezogene Signale; die Mutter antwortet mit Zärtlichkeiten, Zuwendungsreaktionen, Nahrung, Schutz. Je verlässlicher der Austausch funktioniert, desto besser auch die Bindung und der Reizschutz.

Je mehr das Kind sozusagen erhalten hat, je stabiler es gebunden ist, desto eher und kraftvoller kann es die Eltern verlassen. Wer eine genügend gute frühe Umwelt hatte, wird problemlos nach einer besseren späten Umwelt suchen; wem sie fehlte, der klammert sich an den Mangel und fürchtet sich vor neuen Bindungen; wer weiß, ob er es dort nicht noch schlechter trifft. Besser als das unbekannte Gute ist das bekannte Übel allemal – so lautet das Motto der schlechten Bindung, der defensiven Idealisierung: «Was der Bauer nicht kennt, das isst er nicht.» Wer verlässlich gebunden ist, macht sich auf, zu erobern: «Öfter mal was Neues, und wo es mir gut geht, da ist meine Heimat!»

Das schöpferische Selbstgefühl

Die defensive Idealisierung ist rückwärts gewandt. Sie orientiert sich daran, etwas nicht zu verlieren. Die flexible Idealisierung hingegen ist dynamisch; sie glaubt an eine Steigerung nach einem Umbau. Es darf etwas abgerissen werden, wenn die Zuversicht besteht, es nachher schöner zu errichten.

Das schöpferische Selbstgefühl speist sich aus der Grandiosität des frühen Narzissmus. Das Kind vertraut darauf, dass die Realität der Verwirklichung seiner Phantasien einen ähnlichen Nährboden bietet wie früher die Mutter. Kreativität ist immer auch Pflege dieser Komponente des Selbstgefühls. Wem dieser pflegliche Umgang mit der eigenen Kreativität gelingt, in dem die Grandiosität flexibel ist und Kritik zulässt, der kann schöpferisch bleiben, auch wenn der Erfolg nicht zustande kommt oder die Umwelt ihn nicht bestätigt.

Ein menschliches Baby kann nur überleben, wenn es von einer Kultur beschützt wird, deren Agentin meist die Mutter ist. Diese Kultur ist nicht daran orientiert, besonders günstige Voraussetzungen für die Entwicklung des Individuums zu schaffen, sondern das eigene Überleben als Symbolsystem zu sichern.

Wird das Kind unzureichend mit einfühlendem Austausch versorgt, entstehen Verletzungen. Diese werden durch starre Idealisierungen ausgeglichen. Dieser Prozess begleitet unser Leben. Wo wir einem einfühlenden Austausch begegnen, werden wir kreativer; wo er uns fehlt, verkümmert unsere Kreativität. Gute wie schlechte Erfahrungen werden auf dem Weg der Identifizierung gespeichert, nicht nur in der Kindheit, sondern das ganze Leben in unterschiedlicher Intensität – besonders intensiv in Verliebtheitsphasen oder in Zuständen der Trance und Inspiration. Wie wir aus der Beobachtung animistischer Kulte wissen, sind solche Inspirationen ein Leben lang möglich. Unsere Fähigkeit zu befreienden Identifizierungen verlieren wir ebenso wie unsere Gefährdung durch lähmende Traumatisierungen erst durch den Tod.

Unterschiedliche Qualitäten des Traumas

Flexible und kreative Idealisierungen entstehen, wenn wir Austausch erfahren. Idealisierungen erstarren unter dem Einfluss von Traumen. Es gibt grobe und subtile Traumatisierungen, körperliche und psychische. Ein Autounfall, eine Vergiftung, eine schwere Erkrankung oder eine Behinderung haben traumatische Qualitäten. Sie ziehen aber die Psyche nicht so in Mitleidenschaft wie Folter, Vertreibung aus der Heimat, Vergewaltigung und andere Verletzungen, die uns von Personen durch gezielte Handlungen zugefügt werden. Es gibt vermutlich genetische Dispositionen, die mitbestimmen, wie viele Verletzungen ein Mensch ausgleichen und ihnen zum Trotz seinen Lebensmut behalten kann. Vielleicht können wir sie uns als Gefäß vorstellen, das Erfahrungen sammelt. Es gibt große und kleine, dichte und undichte Gefäße. Wer ein großes, stabiles Gefäß hat, um positive Erfahrungen zu sammeln, wird zuversichtlicher sein und bleiben als jemand, der ein kleines oder undichtes besitzt.

Aber wer keine Erfahrungen sammeln kann, dass ihm ein Austausch gelingt, dem hilft das große Gefäß wenig. Die Vielfalt menschlicher Schicksale und Irritationen entsteht aus dieser Verbindung: Jede positive Erfahrung kann unterschiedlich gut gespeichert werden; der beste Speicher nützt nichts, wenn keine guten Erfahrungen vorliegen. Eine genetische Disposition, Erfahrungen energisch festzuhalten, kann bei guten Erfahrungen segensreich sein; bei schlechten wird sie zum Fluch. Brüchige Strukturen, die gute Erfahrungen nicht halten, schützen auch vor dem Persistieren der schlechten.

Eine weitere genetische Komponente ist die Aktivität des Organismus. Je aktiver, desto mehr positive Erfahrungen kann er sammeln, desto mehr Chancen hat er, negativen zu entgehen. Überall wirken hier Regelkreise: Wer durch seine Aktivität Erfolgserlebnisse sammelt, wird seinen Austausch mit der Umwelt noch aktiver gestalten und weitere Erfolgserlebnisse sammeln. Wer durch Misserfolg entmutigt ist, wird passiver und daher in seiner Mutlosigkeit bestätigt. Wem der konstruktive Austausch mit frühen Bezugspersonen gelingt, der hat gute Chancen, dass er auch später solche Austauschbeziehungen aufbauen und sich in ihnen stabilisieren kann. Wem er misslingt, der wird traumatisiert und in seiner Fähigkeit zum Austausch beeinträchtigt.

Die Rolle der Phantasie

Die menschliche Phantasie ist eine Sonde, welche uns Rückschlüsse auf den Inhalt des Speichers von Anlagen und Erfahrungen erlaubt, der unsere Beziehungsfähigkeit bestimmt. Wenn sich die Fähigkeit zum Austausch entwickelt, orientiert sich die Phantasie so eng an den realen Möglichkeiten der beteiligten Personen, dass sie ihren Austausch anregt und kreativer macht. Wenn diese Fähigkeit durch die Folgen traumatischer Einflüsse blockiert ist, liegt das vor allem daran, dass sich die Phantasie von der Realität entfernt. Dadurch wird die Phantasie ärmer an Nuancen und Differenzierungen. Sie nähert sich dem Perfektionismus. Nur die ideale Befriedigung ist gut genug, um für das Trauma zu entschädigen. Reale Möglichkeiten werden abgekanzelt. Die traumatisierte Phantasie verliert an spielerischen Qualitäten, an dem wertfreien Raum, der die austauschorientierte Phantasie kennzeichnet. Sofort erhebt sich immer die Frage: gut oder böse, normal oder krankhaft, richtig oder falsch, wertvoll oder wertlos?

Der klassische Witz von der jüdischen Mutter beleuchtet die Folgen dieser Entwicklung. Sie schenkt dem Sohn zwei Krawatten. Am nächsten Morgen trägt er die eine. Die Mutter weint. «Warum?», fragt der Sohn. «Du liebst mich nicht, die andere Krawatte gefällt dir nicht!» Dieser Witz blamiert die Mutter. Aber in den Austauschsituationen des Lebens gibt es immer zwei Beteiligte. Selten ist der eine ganz schuldig, der andere ganz unschuldig. Vielleicht würde die Mutter nicht so reagieren, wenn der Sohn sie nach dem Geschenk in den Arm genommen und ihr gezeigt hätte, dass die Krawatten nicht Materie, sondern Symbol für Liebe sind. Er trägt die Krawatte, dazu ist sie da, und damit ist es auch genug des Gefühlsausdrucks! Darin kann auch jener männliche Geiz stecken, der im Patriarchat hinter fiktiver weiblicher Unersättlichkeit verborgen wird.

Das Pygmalion-Dilemma

Wir strafen unsere Partner, wenn sie nicht in unsere Phantasien passen und diese nicht erfüllen. Ungern machen wir uns daran, uns mit ihrer Realität überhaupt zu befassen – es wäre doch so viel schöner, wenn sie so wären, wie wir sie mit Hilfe unserer Phantasietätigkeit gemacht haben. Es gibt einen Mythos dazu, der für die narzisstische Störung so bedeutungsvoll ist wie die Sage von Ödipus für die Hysterie: die von Pygmalion, dem König von Zypern, der sich, weil keine lebende Frau ihm gefiel, aus Elfenbein ein Bild der Frau seiner Träume fertigte und sich in sein Idol derart verliebte, dass er in Sehnsucht verging, nicht mehr aß und trank, bis Aphrodite ihn erlöste. Sie verwandelte das Bild in eine Frau aus Fleisch und Blut. So endet die Geschichte glücklicher als die von Narziss, der sich in sein eigenes Spiegelbild in einer klaren Quelle verliebte und verschmachtete, weil es sich immer auflöste, wenn er es zu erreichen suchte.

4 Der explosive Narzissmus

«Es war nicht leicht, die Brille aus dem Loch zu ziehen, die Mühe stand wirklich im Missverhältnis zum Werte des Gegenstands, endlich war es gelungen, er hielt sie in die Höhe, ließ sie von da aus fallen, rief mit feierlicher Stimme ‹Todesurteil! Supplicium!›, hob den Fuß und zertrat sie mit dem Absatz, dass das Glas in kleinen Splittern und Staub umherflog. ‹Ja, jetzt haben Sie aber keine Brille›, sagte ich nach einer Pause des Staunens.
‹Wird sich finden, diese Teufelsbestie wenigstens hat ihre Strafe für jahrelange unbeschreibliche Bosheit ...›»*

In seinem Roman «Auch Einer» beschreibt der Philosoph Friedrich Theodor Vischer einen Sonderling, der liebevoll mit Tieren, streng mit Menschen und unerbittlich mit Dingen umgeht. Unter anderem vollstreckt er an seiner Brille ein Todesurteil. Er zertritt sie. Die Anklage lautet auf «Tücke des Objekts». Der Zwicker hat sich mehrfach gerade dann versteckt, wenn er dringend gebraucht wurde.

Das ist eine banale, aber sehr hilfreiche Szene, um sich dem psychologischen Mechanismus der narzisstischen Wut zu nähern. Wer noch nie im Zorn ein völlig unschuldiges Werkzeug oder Kleidungsstück malträtiert hat, erhebe sich über den Mann, der seine Wut an jenen Dingen auslässt, die ihm dienen sollten, es aber nicht tun.

Ein anderes Beispiel: Zwei Männer laufen einen halben

* F. Th. Vischer: Auch Einer. Eine Reisebekanntschaft. Leipzig [Insel] o. J., S. 18

Tag lang auf der Suche nach den begehrten Steinpilzen durch den Wald. Ein einziger, stattlicher Pilz ist die enttäuschende Beute. Am Abend, vor der Heimfahrt, legt der Finder den Pilz auf einen Stein und drischt mit seinem Wanderstock auf ihn ein.

In der Enttäuschungswut setzt eine Regression ein. Menschen werden primitiv, sie fangen an, magisch zu denken – der einzige, «ertappte» Pilz muss die Rache für die vielen ertragen, die sich nicht finden ließen. Das Beispiel verliert seine Harmlosigkeit, wenn wir den Terror gegen einen Touristen betrachten, der von einem Fanatiker niedergeschossen wird, weil er für eine verhasste Gegenmacht steht.

Solche Emotionen sind im modernen Terrorismus sozusagen salonfähig geworden. Nach dem grausamen Attentat auf Djerba, in dem mehr als ein Dutzend Touristen starben und andere durch schwerste Verbrennungen traumatisiert wurden, wurde in einem arabischen Fernsehsender ein Bekenntnis zu dieser Tat zitiert, in dem ausdrücklich davon die Rede ist, dass der Täter es nicht ertragen konnte, dass angesichts des Leidens seiner Glaubensgenossen Touristen sich am Besuch eines frei zugänglichen jüdischen Gotteshauses erfreuen. Ähnlich das Attentat des «Schwarzen September» 1972 in München: Auch hier wurde der Gegensatz zwischen der Freude vieler am sportlichen Fest zum Leid der palästinensischen Flüchtlinge wie ein gültiges Argument angeführt.

Wer sich ein wenig selbst beobachtet, kennt diesen Verlust des klaren Denkens in der Kränkung recht gut. Wer hat beispielsweise, wenn nach einem Streit der Liebespartner friedlich einschläft, dessen ruhige Atemzüge nicht als grausame Störung, als heftige Aggression erlebt?

In der narzisstischen Wut verlieren wir unser kritisches Urteil, wir verschmelzen die Rollen von Richter und Henker, Anwalt und Ankläger. So wird etwas zerstört, das uns eigentlich helfen oder nützen könnte, uns aber in jedem Fall nicht beeinträchtigt, sondern nur eine ungreifbare Beeinträchtigung symbolisiert und für sie von einer Zerstörung getroffen wird, die fast immer auch selbstzerstörerische Qualitäten hat.

Die Steigerung dieser Aktion ist der Selbstmord. Wer sich mit solchen Taten beschäftigt, erkennt bald, dass manche Täter eigentlich mehr treffen wollen als nur sich selbst. Eltern, Arbeitskollegen, Liebespartner, manchmal auch Ärzte oder Therapeuten werden als böse, versagende, im Stich lassende Partner indirekt angegriffen.

Wenn es in zivilisierten Ländern rund zehnmal mehr Selbstmörder als Mörder gibt, heißt das auch, dass der Mensch besser ist als sein Ruf bei Philosophen, die ihn mit einem reißenden Tier vergleichen. Der Selbstmord ist normalerweise, verglichen mit dem Mord, eine konstruktive und schonende Lösung, so grausam er auf alle Menschen wirken kann, die dem Selbstmörder nahe standen.

Der Selbstmörder ahnt, dass viel an der elenden Situation, in die er geraten ist, mit ihm zusammenhängt. So straft er sich selbst. Aber die Grenze zwischen der gegen das eigene Selbst gerichteten Aggression und ihrer Abfuhr nach außen war schon immer durchlässig. Schon lange kennen wir den «erweiterten Selbstmord». Ein Täter, ein verzweifeltes Liebespaar, die Gruppe um den charismatischen Anführer einer Sekte entscheiden sich, gemeinsam in den Tod zu gehen. In manchen Fällen sind alle Opfer einverstanden; in anderen, die uns unheimlicher berühren, tötet beispielsweise eine Mutter ihre Kinder und dann sich selbst. Manchmal scheitert dieser Versuch, manchmal ist er nicht einmal realistisch geplant und war nur der Deckmantel einer unbewussten Aggression gegen die Opfer. Ein Selbstmörder hat den Austausch mit anderen Menschen aufgegeben. Er will seine Belastungen alleine abschütteln, er setzt sich über alle anderen hinweg und weiß es besser. Dieses Stück ungezähmter

Grandiosität zeichnet ihn immer aus. Aber wie es nach dem Leben anderer greift, darin gibt es ungeheuere Unterschiede.

Die Experten sind sich heute weitgehend einig darüber, dass Selbstmordhandlungen meist nicht durch die Absicht motiviert sind, aus dem Leben zu scheiden.* Sie ergeben sich aus einem Gemisch von Wünschen, die sich nur in einer solchen Tat und in keiner anderen ausdrücken lassen. Wer sich tötet, will sehr oft nicht sterben, aber endlich Ruhe haben vor quälenden Kränkungen. Er will den Personen, die ihn vermeintlich im Stich lassen und verletzen (weil sie nicht als Selbst-Objekte funktionieren, die sein narzisstisches Gleichgewicht erhalten), mit einem letzten Appell klar machen, dass sie ihn endlich verstehen und ihr Verhalten ändern müssen. Er folgt aggressiven Impulsen, die sich sowohl gegen diese Personen wie auch gegen das eigene Ich richten, das nicht so viel wert ist, wie es ihm und anderen sein müsste.

Im Mikrokosmos der «normalen», familiären Suizidalität ist erpresserische Geiselnahme ein alltägliches Problem. Der Suizidale kidnappt gewissermaßen sein eigenes Leben, setzt es gefangen und droht, die Geisel zu töten, wenn er nicht bekommt, auf was er um keinen Preis verzichten möchte. Und wie im Terrorismus die verfolgte Existenz als Untergrundkämpfer die Neigung zur expressiven Gewalt verstärkt, so wird auch beim Suizidalen ein derart eingesperrtes Leben eine innere Last, welche die Wut gegen das eigene Ich noch verstärkt. Mit jeder Selbstmorddrohung wird das Selbstgefühl elender und der Zugzwang lastet schwerer, entweder nicht mehr drohen zu müssen, weil man befriedigt wurde, oder weil man ernst gemacht hat.

Wer Liebe erpresst, spürt oft genau, dass er mit jedem Erpressungsversuch an Anziehungskraft verliert – was bleibt ihm übrig, als die erpresserischen Manöver zu steigern? Der

* Vgl. Th. Giernalzcyk: Lebensmüde. München [Kösel] 1995

verlassene Liebhaber, die von ihren Eltern enttäuschte Tochter glauben oft gar nicht mehr, dass sie die ersehnte, von guten Gefühlen erfüllte Situation auf dem Weg über Druck und Vorwurf noch finden werden. Im Gegensatz zum kriminellen Geiselnehmer, der auf einen mit gültigen Scheinen gefüllten Koffer wenigstens hoffen darf, weiß der Suizidale im Grunde, dass die von Liebeserpressern erzwungene Zuwendung nicht die echte, die gewünschte Währung sein kann. Sie fühlen sich, als hätte man sie mit einem Bündel alter Zeitungen abgespeist, und beschließen, die Geisel – sich selbst – doch noch hinzurichten.

Diese Phänomene scheinen auch bei politisch oder religiös motivierten Selbstmordaktionen eine Rolle zu spielen. Für Täter, die sich so verkannt, erniedrigt, im Dieseits unglücklich fühlen, dass der Freitod ihnen als ein guter Ausweg erscheint, hat die Realität zunehmend weniger Chancen, Anziehungskraft zu entwickeln. Je aussichtsloser ein politischer Kampf ist, desto anziehender wird der Selbstmord als Waffe. Er verspricht, den Kampf zu beenden, ohne sich eine Niederlage eingestehen zu müssen, er richtet eine letzte Aggression gegen den gehassten Feind und eine kaum weniger große gegen das eigene Ich, das sich Wert und Lebensrecht genommen hat, weil es den Sieg nicht erringen konnte und so jetzt wenigstens die Niederlage vermeidet.

Weil jeder Mensch suizidale Phantasien kennt und viele sie verdrängen, ist die Begegnung mit einem dramatischen Suizid ein aufwühlendes Ereignis. Der Suizid ist die Chiffre der Todesbereitschaft. Jeder Charismatiker, der zur Macht kommt, wird seine narzisstische Grandiosität durch diese Todesbereitschaft schmücken, vor allem, wenn er diese an andere delegieren kann, die für seine große Idee in den Tod gehen.

Für die Selbstmordattentate ist das Jahr 1979 schicksalsträchtig. Damals kehrte Khomeini in den Iran zurück und baute dort einen Gottesstaat auf, der sich über alle Menschenrechte hinwegsetzte. Dazu gehörte auch ein Märtyrerkult. Jugendliche wurden in Massen dazu gebracht, sich im Krieg gegen den Irak zu opfern, einen Schlüssel um den Hals – Symbol ihres direkten Wegs in das Paradies. In Teheran wurde ein riesiger Friedhof gebaut, zu dem auch der Märtyrerbrunnen mit seinen Fontänen blutroten Wassers gehörte. Khomeini wurde nicht müde, die jungen Kämpfer für ihre selbstmörderische Tapferkeit zu preisen und sie als die «wahren Herrscher» des von ihm beherrschten Landes darzustellen; eine makabre Parallele zu Hitler, dessen letzte öffentliche Handlung vor seinem Selbstmord die Auszeichnung von Hitlerjungen war, die sich im Kampf bewähren sollten.*

Niemals entwickelt sich eine Gruppe nach den Vorstellungen eines Charismatikers. Dazu ist dieser zu borniert, zu sehr durch seine eigene Grandiosität eingeschränkt. Je länger er regiert, desto mehr und größere Feinde braucht er außerhalb der von ihm völlig dominierten Gruppe, um die Einsicht zu verleugnen, dass er seine Visionen nicht umsetzen kann. Durch die eigene Grandiosität verblendet, kann er die eigene Verantwortung für das Versagen der Gruppe nicht erkennen und straft die Menschen, die er einmal erlösen wollte, gnadenlos für seine eigenen Mängel. Hitlers Versuch, Deutschland zu zerstören, weil die Deutschen seiner nicht wert seien, gehorcht dieser Dynamik nicht anders als der Massenmord von Masada oder die Selbst-Vergiftungen charismatischer Sekten.

* Ch. Reuter: Mein Leben ist eine Waffe. Selbstmordattentäter – Psychogramm eines Phänomens. München [Bertelsmann] 2002, verbindet Khomeinis Märtyrer-Kult mit der schiitischen Tradition, in der Kerbala dieselbe Bedeutung hat wie Masada für die Juden oder The Alamo für die Texaner.

Die Toten von Masada

Es gibt einen erweiterten Selbstmord, der bis heute zitiert wird und einen unheimlichen Schatten auf Palästina wirft. Nach dem blutigen Aufstand der Juden im Jahr 66, bei dem die römische Garnison in Jerusalem niedergemetzelt wurde, obwohl sie sich schon ergeben hatte, reagierten die Römer mit äußerster Härte. Titus zerstörte im Jahr 70 den Tempel und verbot Juden den Zutritt zu Jerusalem. Die letzten Freiheitskämpfer waren auf die Felsenburg Masada geflohen und hielten sich dort bis 73.

Flavius Josephus hat die Szene in seiner Geschichte des Jüdischen Krieges geschildert. Er widmet den anfeuernden Reden des Führers der Freiheitskämpfer breiten Raum und lässt ihn das Geplante begründen: «Zum Sterben sind wir ja geboren, zum Sterben haben wir unsere Leibesfrucht gezeugt, und selbst die glücklichsten Menschen können dem Tode nicht entrinnen. Dagegen sind Entehrung, Sklaverei und der bittere Schmerz, die Frauen mit ihren Kindern von roher Gewalt der Schande überliefert zu sehen, für die Menschen durchaus keine naturnotwendigen Übel, sondern lauter Leiden, die sie sich aus lauter Feigheit gefallen lassen, weil sie sich, solange es noch möglich war, nicht entschließen konnten, denselben durch den Tod zuvorzukommen. Stolz auf unseren Mannesmut haben wir den Römern den Gehorsam aufgekündigt, und zu guter Letzt haben wir für ihre Aufforderung, uns auf Gnade zu ergeben, nur taube Ohren gehabt … Wehe eurer strotzenden Leibeskraft, ihr Jünglinge, an der gar viele Martern zu zehren haben werden! Wehe euch, die ihr über die Manneskraft schon hinaus seid, wehe über euer Alter, das unter der Last so vielen Unheils erliegen muss! Hier wird einer ohnmächtig zusehen müssen, wie man sein Weib von ihm reißt, um es zu vergewaltigen, da wieder wird einer den Jammerlaut seines Kindes hören, das nach der

Hilfe des Vaters schreit, obwohl ihm selbst die Hände zugeschnürt sind. Doch sie sind ja noch frei, sie haben ja noch ihr gutes Schwert, wohlan, sie sollen uns jetzt einen schönen Dienst erzeigen! Unberührt vom Feindesjoch wollen wir sterben, als freie Männer mit unseren Frauen und Kindern gemeinschaftlich von hinnen scheiden. Das ist der Wille unserer Gesetze, das ist der flehentliche Wunsch unserer Frauen und Kinder; das ist eine Notwendigkeit, die Gott selbst herbeigeführt hat, und eine Tat, die der Feind zu vereiteln wünscht, weil er nichts so sehr besorgt, als dass jemand aus der Gefangenschaft durch den Tod entkomme. Beeilen wir uns darum, unseren Feinden für die aus unseren Qualen erhoffte Lust nur des Todes unheimliches Grauen und die stumme Bewunderung eines großen Dramas zu hinterlassen.»*

Die Ordnung des Todes war eine strikt patriarchalische. Die Ehemänner töteten ihre Frauen und Kinder. Dann sammelten sie alle ihre Wertsachen auf einen Haufen und steckten diesen in Brand. Sie warfen das Los, um zehn aus ihrer Mitte zu bestimmen, die nun alle übrigen Männer erdolchten; diese zehn wiederum wählten einen letzten, der sie tötete, die Feste in Brand setzte und sich in sein Schwert stürzte.

Zwei Frauen, darunter eine Verwandte des Anführers, «eine einsichtsvolle und feingebildete Frau, wie es deren wenige gibt», sagt Flavius Josephus, folgten der Diktatur des Todes nicht. Sie verbargen sich mit fünf Kindern in dem unterirdischen Gang, der zu den Zisternen führte. So erfuhren die Eroberer, was geschehen war. «Nie wieder Masada» ist eine feierliche Beschwörung anlässlich der Vereidigung der Soldaten in der israelischen Armee. Der erweiterte

* Flavius Josephus: Jüdischer Krieg. Übers. v. Philipp Kohout, München [Recht-Verlag] 1921, S. 522 [Kap. VIII, 381–388]

Selbstmord drückt eine ins Negative gewendete Größen- und Allmachtsphantasie aus; der Täter hält sich für Gott – er ermächtigt sich zum Herrscher über Leben und Tod. Dahinter steht eine spezifische Form narzisstischer Wut: Wenn ich schon nicht meine Feinde bezwingen kann, dann sollen sie nichts, aber auch gar nichts von mir haben, keine Beute, keinen Triumph.

Eine feige Tat?

Nach dem Attentat vom 11. September 2001 stimmten viele kritische Geister Susan Sontag zu, die gegen die Suada der amerikanischen Medien von dem «feigen terroristischen Akt» den Einwand setzte, man könne den Selbstmordattentätern alles Mögliche vorwerfen, nicht aber Feigheit.

Wer lebt, muss mit Schmerzen rechnen, mit Niederlagen, mit Kränkungen. Er kann auch auf Erfolge, auf Lust hoffen, aber die Lebenserfahrung zeigt doch, dass wir davon meist eher zu wenig haben, während es viele Plagen gibt.

Wer sich tötet, flieht in die Anästhesie. Nicht ohne Grund schürt der Führer in Masada die Angst vor Folter, vor Schmerz: Wenn sich seine Anhänger dem Selbstmord hingeben, können sie einen schnellen, schmerzlosen Tod wählen, den sie selbst bestimmen. Wenn aber jemand in einer Situation flieht, in der er auch mit ungewissem Ausgang und gefährdet durch Schmerzen standhalten könnte, dann nennen wir das feige. Und diese Feigheit wird nicht ungeschehen gemacht, weil der Mensch, der sich dieser Feigheit hingibt, gleichzeitig etwas riskiert, was sich die meisten Menschen schützen, pflegen und erhalten wollen: das eigene Leben.

Die vertrackte Anziehungskraft des Selbstmordattentats liegt in gerade dieser Mischung aus ruhmreicher Opferbereitschaft, Märtyrerglanz und Feigheit, was die bewusste

Verarbeitung der Tat, die Auseinandersetzung mit dem Tod so vieler Unschuldiger angeht. Um diese Auseinandersetzung zu führen, waren die Täter zu feige. Dass sie das sein dürfen, dass sie selbst und ihre kulturelle Umwelt diese spezifische Feigheit problemlos verdrängen, das macht die Tat so attraktiv.

Fast alle Autoren, die sich mit den Selbstmordattentätern in Palästina beschäftigt haben, haben sich auch bemüht, eine Grenze zwischen diesen Menschen und «gewöhnlichen» Selbstmördern aufzurichten.* Aber es gibt den typischen Selbstmörder so wenig wie den typischen Selbstmordattentäter.

Wer sich gründlicher mit dem menschlichen Narzissmus befasst, wird von diesem Scheitern der Profiler nicht überrascht sein. Junge und alte Menschen, Gebildete und Ungebildete, Reiche und Arme, religiöse Fanatiker und weltliche Jugendliche haben Probleme mit ihrem Selbstgefühl und manchmal die Phantasie, die damit verknüpften Qualen und Spannungen durch Selbstmord zu beenden. Spätestens seit Hamlets Monolog über «Sein oder Nichtsein» wissen wir doch, wie universell diese Phantasie ist.

Die Universalität der Selbstmordphantasie in der narzisstischen Krise hat zu dem psychiatrischen Bonmot geführt, der Mensch wäre schon ausgestorben, wenn er einen Knopf hätte, sich problem- und schmerzlos von einem Moment zum nächsten auszuschalten. Und es ist nicht zu leugnen, dass es kulturelle Entwicklungen gibt, die großen Gruppen von Menschen einen solchen Auslöser verschaffen. Gegenwärtig haben wir eine davon in Palästina, eine zweite in Pakistan, eine dritte in Sri Lanka (Tamil Tigers). Die Selbst-

* Den aktuellen Stand der Forschung fasst Ch. Reuter: Mein Leben ist eine Waffe. Selbstmordattentäter – Psychogramm eines Phänomens. München [Bertelsmann] 2002, zusammen.

mordkommandos in Japan und in der kurdischen PKK gehören der Vergangenheit an; dass die technische Macht über die Explosion und eine durch die Massenmedien immens gesteigerte narzisstische Bedürftigkeit uns in Zukunft noch weitere Schauplätze solcher Taten bescheren werden, liegt auf der Hand.

Allerdings halte ich auch die in manchen Berichten über den fundamentalistischen Terror geschürte Angst vor einer schrankenlosen Ausweitung dieser Kultur des Todes und Sterbens für übertrieben. Die Selbstmordattentäter werden nur deshalb so pathetisch glorifiziert und vor jeder Kritik geschützt, weil sie in jedem vernünftigen Menschen einen tiefen Zweifel und ein nicht zu beruhigendes Unbehagen wecken. Dieses verstummt nur so lange, wie wir die Ziele der Täter blind idealisieren und die Phantasie pflegen, ihr Erfolg stehe unmittelbar bevor. Spätestens wenn die einzelnen Aktionen zur Epidemie werden, gefährden Selbstmordattentäter das Ansehen ihrer Sache stärker, als sie es fördern können. Anfangs scheint das Medienspektakel noch den grausamen Verlust aufzuwiegen, aber nach einiger Zeit nutzt es sich ab, wird zur Routine, während die Opfer und ihre Familien keineswegs weniger leiden.

Noch nie in der Geschichte hat Selbstmordbereitschaft eine Sache stabil gefördert und eine politische Veränderung durchgesetzt. Langfristig wird immer deutlich, dass die chronische Bereitschaft, für eine Sache zu sterben, diese Sache ebenso entwertet, wie das spontane, singuläre Opfer den Märtyrer zum Helden macht.

Im Iran, wo die Ideologen, die Politiker und die Bevölkerung die gründlichste Erfahrung mit einer Politik des inszenierten Massenselbstmords haben, ist dem Blutbrunnen heute das Wasser abgesperrt. Der Märtyrerfriedhof ist zu einer peinlichen, beschwiegenen Einrichtung geworden.

Erweiterter Selbstmord und Amoklauf

Im klassischen Suizid richtet sich die Aggression gegen das eigene Ich. Andere Menschen werden psychisch dadurch oft schwer verletzt, weil sie sich aus dem Geschehen ausgeschlossen und entwertet fühlen, da sie nicht um Hilfe gefragt wurden. Im erweiterten Selbstmord können oder wollen die Täter zwischen ihrer eigenen Ausweglosigkeit und dem Leben der ihnen nahen Personen nicht unterscheiden. Die Regression in der narzisstischen Wut führt dazu, dass den Angehörigen gar keine eigene Wahl gelassen wird, ob sie das Urteil des Täters über eine ausweglose Lage teilen, in der nur noch der Suizid den Feind treffen und die eigene Ehre retten kann.

Die enge Nähe zwischen dem erweiterten Selbstmord und dem nach außen gerichteten Massenmord illustriert der Fall Barton. Der Apotheker und Spekulant Mark O. Barton, ein 44-Jähriger, erschoss in Atlanta, Bundesstaat Georgia, seine Frau und seine Kinder. Er hinterließ einen Zettel, auf den er sinngemäß schrieb, er wolle ihnen ein Weiterleben in dieser miesen Welt ersparen. Dann packte er zwei Faustfeuerwaffen ein und tötete neun Menschen. Die Opfer waren «Daytrader», die in den USA Computerterminals zur Miete anbieten, mit deren Hilfe ihre Kunden an der Börse spekulieren können. Offensichtlich fühlte sich Barton von ihnen betrogen und ausgenützt. «Der Markt ist nach unten gegangen, und ich hoffe, dass das euren Tag nicht ruiniert», soll er gesagt haben, ehe er seine Waffen entsicherte und die Angestellten der Firma erschoss, bei der er spekuliert hatte. Vier Menschen waren sofort tot. Dann ging Barton zu einer anderen Daytrading-Firma in einem benachbarten Bürokomplex und erschoss weitere fünf Menschen. Wenige Stunden nach der Tat wurde er tot in seinem Auto gefunden.

Ein Mörder, der sich selbst tötet, hinterlässt in uns eine Leere. Er maßt sich nicht nur an, Richter und Henker derer zu sein, die er tötet, sondern er entzieht sich unserem Urteil, unserem Recht, unserem Wunsch, etwas von seiner Tat zu begreifen und uns mit ihm auseinander zu setzen. Mehr als sein eigener Richter ist er sein eigener Erlöser; wir aber, Zeugen seiner Tat, bleiben unerlöst und mit allen unbeantworteten Fragen zurück. Die von diesen Tätern geschaffene Leere füllen wir zwangsläufig mit eigenen Phantasien, mit Erinnerungen, mit Mythen aus der Geschichte oder aus den Medien. Eine dieser Erinnerungen sind die Kamikaze-Piloten, welche die Japaner angesichts der drohenden Niederlage im Jahr 1944 einsetzten, ein anderer die Assassinen, ein geheimnisvoller Mörder-Orden, der zur Zeit der Kreuzzüge die Feinde einer islamischen – genauer einer ismaelitischen – Sekte mit Hilfe von todessüchtigen Killern bedrohte.

Der Alte vom Berge

Die Kamikaze-Piloten kämpften in einem erklärten Krieg gegen militärische Ziele. Während jeder Kampfpilot den Tod riskiert, suchten sie ihn. Sie kämpften offen, in einer makabren Steigerung militärischer Tugenden. Was uns heute am Krieg zwischen den USA und Japan noch bewegt und schaudern lässt, sind weniger die Kamikaze-Piloten als die Atombomben. Vielleicht ist es auch die Verstrickung, das bedrohliche Geflecht militärischer Interaktionen, in denen jede Seite die Unnachgiebigkeit und Grausamkeit des Gegners benutzt, um die eigene Haltung zu rechtfertigen.

Am Vergleich mit den Assassinen zieht uns an, dass sie zu einer Sekte gehörten, dass sie heimlich agierten, sich verkleidet zu den Feinden ihres Herrn schlichen und den eigenen Tod eher suchten als scheuten, um ihren Mordauftrag zu erfüllen.

Assassin ist inzwischen das französische Wort für Killer, und nur die Experten wissen noch, dass es sich von *hashishin* herleitet – Haschischesser. Die Droge soll eine wichtige Rolle in der Vorbereitung der Mörder gespielt haben.

Die Ausbildung der Kamikaze-Piloten wurde vor allem durch die japanische Pflicht-Ideologie geprägt (deren «bis in den Tod» durch das Harakiri-Ritual der Samurai unterstrichen wird). Drogen spielten hier keine große Rolle, die Begeisterung musste genügen.

Die Assassinen waren straff organisiert; an ihrer Spitze stand der Sheik-al-Jabal, der Herr (oder Alte) vom Berge, unter ihm drei Großmeister, welche die drei Ordensprovinzen zwischen Syrien und Persien regierten. Unter diesen standen Prioren, welche in alle Geheimnisse eingeweiht waren, predigten, Anhänger anwarben und ausbildeten. Nach einer späten und keineswegs gut belegten Geschichte erhielten die besten Rekruten Haschisch und wurden in die prachtvollen Gärten des Sheiks geführt, wo alles aufgeboten war, was der Orient an Befriedigungen kennt und wovon auch der Koran schwärmt. Diese Befriedigungen, so das Versprechen, würden ihnen für immer zuteil, wenn sie den Mordauftrag durchführten. Aus dem Rausch erwacht, glaubten die Männer im Paradies gewesen zu sein, und setzten künftig ihr Leben für den Orden ein, der die Möglichkeit hatte, sie wieder dorthin zu bringen.

Alle Berichte über die Assassinen tragen die Spuren des Entsetzens über die Bedenkenlosigkeit, mit der hier der politische Mord eingesetzt wurde. Den Ordensgründer Hassan, der die Festung Alamut in Persien besetzte und die Sekte gründete, hat es sicher gegeben, ebenso die von ihm gegründete Dynastie. Ob aber die Berichte von einer Geheimgesellschaft, die nach außen den Koran predigte, nach innen aber eine amoralische Machtpolitik betrieb und über die Gebote des Propheten lachte, Wahrheit sind oder tendenziöse Erfindung, das wissen wir nicht.

Die von Hassan begründete Dynastie hielt sich von 1090, als er die Feste Alamut eroberte, bis 1256, als die Mongolen den letzten Sheik Rukneddin gefangen nahmen, der erst ein Jahr vorher durch die bei den Assassinen übliche Weise* an die Macht gekommen war: Er ließ seinen Vater Ala-ed-din ermorden. Mangu Khan behandelte den Leiter des Ordens zunächst gut. Als er sich aber als nicht loyal erwies, ließ ihn der Khan hinrichten und vernichtete alle Mitglieder der Assassinen in Persien, angeblich über zwölftausend Menschen. Marco Polo (1254–1324), der auf seinem Weg in den Fernen Osten Persien durchreiste, berichtet, dass der Führer der Assassinen, der Alte vom Berg, in einem befestigten Tal einen wunderbaren Garten mit seltenen Früchten angelegt hatte. Aber er hat diesen Garten nicht gesehen; damals hatten längst die Mongolen die Macht übernommen.

Manche Historiker haben vermutet, dass der 1119 gegründete Templerorden der Organisation der Assassinen nachgebildet wurde und einige ihrer Symbole übernommen hat. Auch den Templern wurde unterstellt, dass ihre Frömmigkeit zynisch war: Das Volk sollte an den Katechismus glauben; die Eingeweihten standen über ihm. Auch hier ist nicht klar, ob diese Berichte von den Gegnern des Ordens erfunden wurden oder einen realen Kern haben.

* Fast alle Sheiks der Assassinen kamen durch Mord an ihren Angehörigen an die Macht oder ermordeten Angehörige, um an der Macht zu bleiben. Hassan, der Gründer, ließ seine beiden Söhne töten. Mohammed I. ließ 250 Anhänger seines Sohnes Hassan töten, woraufhin Hassan sich unterwarf. Als Hassan dann an die Macht kam, wurde er nach vier Jahren ermordet, sein Nachfolger Mohammed II. wurde von seinem Sohn vergiftet. Auch der letzte Herrscher der Assassinen, Rukneddin, kam durch Mord an seinem Vater Ala-ed-din Mohammed III. an die Macht.

Sich in den Tod schicken lassen

Der Alte vom Berge ist ein Mythos mit einem geschichtlichen Kern. Aber wir brauchen keinen Mythos, um das Muster von dem alten Mann zu erkennen, der bedenkenlos junge Männer in den Tod schickt. In allen Kriegen geben bejahrte Generäle aus sicheren, bequemen Räumen jungen Männern Befehle, ihr Leben zu opfern. Das Muster der Assassinen scheint für viele Selbstmordattentäter zu gelten. Es sind junge Männer, aber sie sind sorgfältig ausgewählt. Sie wissen um ihren Auftrag und haben die Intelligenz, körperliche Fitness und innere Disziplin, ihn durchzuführen. Sie sind Werkzeuge. «Pferde Allahs» nannte Bin Laden in einer seiner Ansprachen diese Krieger. Sie tragen eine Last, die ein charismatischer Führer ihnen in Gottes Namen auflädt. Der Führer selbst ist meist weniger bereit, diese Last zu tragen.

Was uns ebenfalls an die Assassinen denken lässt, ist die Heimtücke, die Unmöglichkeit, den Mörder in seiner Befehlskette zu sehen, ihn mit ihrer Hilfe einzuordnen. Wenn die gescheiterten Geheimdienste das jetzt mit der Mystifizierung von Bin Laden nachholen, wenden viele Experten glaubwürdig ein, dass es in diesem modernen Geheimorden keine straffe Hierarchie mehr gibt. Aber angesichts einer ungreifbaren Bedrohung greifen wir nach spinnwebenzarten Zusammenhängen.

«Stellen Sie sich vor, Sie sitzen in einer Sauna, es ist sehr heiß, aber Sie wissen, dass es nebenan ein Zimmer gibt, mit Klimaanlage, einem bequemen Sessel, klassischer Musik und einem Drink. Also gehen Sie ganz einfach dorthin. So würde ich einem Menschen aus dem Westen erklären, was in der Seele eines Märtyrers vorgeht.» Diese Antwort auf die Frage eines Journalisten, was im Kopf eines Selbstmordattentäters vorgehe, stammt von Sayed Hassan Nasrallah, einem ehemaligen Kommandeur der Hisbollah im Südlibanon, der selbst solche Täter rekrutiert hatte.

Diese Aussage ist gut erfunden.* Sie hat ihren Zweck erreicht, wenn sie Angst vor einem grenzenlos Unheimlichen weckt. Ein frommer Muslim, mit dem ich im Jemen sprach, nannte Attentäter und Auftraggeber des Zwischenfalls im Hafen von Aden entschieden «crazy people». Der durchschnittliche Mensch des Ostens hält solche Täter für ebenso gestört wie der durchschnittliche Mensch des Westens.

Die Assassinen-Sage zeigt, dass es nicht ganz ohne Hilfsmittel geht, wenn die Alten vom Berge junge Männer auf ihre Selbstmordmission schicken. Aber was ist die Droge, die ihnen heute gegeben wird? Ist es der Ruhm? Die Unsterblichkeit in den Medien, welche die im Koran verheißene Unsterblichkeit der Märtyrer im Heiligen Krieg leibhaftiger macht, wie der Haschischrausch die Vision vom Paradies?

Alle bisherigen Erkenntnisse sprechen dafür, dass es sich bei den Attentätern um Personen handelt, die keine auffällige psychische Pathologie haben und keinen angeborenen Defekt aufweisen. Ob sie gläubig in dem Sinn sind, dass sie sich leidenschaftlich für Religion interessieren, sich in mystische Inspirationen vertiefen, sich Gedanken über ihre Beziehung zu Gott machen? Sie wirken jedenfalls nicht so. Nachweisbar ist eher ihre Faszination durch die moderne Technik, durch Flugzeuge, Computer, Waffen und Sprengstoff.

* Jakob Augstein (SZ vom 13. 9. 2001) zitiert sie respektvoll.

Archaische Religion und moderne Technik

Im Zusammenprall unterschiedlicher Kulturen haben sich schon viele bizarre und ergreifende Szenen abgespielt. Sie beleuchten Versuche, ein geschwächtes religiöses Selbstgefühl wiederherzustellen. Ein Beispiel sind die so genannten Cargo-Kulte in Neuguinea. Sie wurden an verschiedenen Orten beobachtet und waren in den fünfziger und sechziger Jahren äußerst lästig für die Kolonialverwaltungen.*

Ihr Inhalt war, dass ein Prophet einen für kürzere oder längere Zeit erfolgreichen Kult einführte, der chiliastische, animistische und magische Elemente mischte. Er predigte das Folgende: Die Weißen hatten durch Betrug die Ahnen dazu gebracht, die kostbaren Güter der Zivilisation (den Cargo) den Europäern zu überlassen und ihre eigenen Kinder zu übergehen. Wenn die Gläubigen nun die richtigen Beschwörungen und Rituale fanden, würden die Ahnen ihre Fehler erkennen und den Eingeborenen das zukommen lassen, was ihnen zustand. So bauten sie mitten im Busch bizarre Kopien von Flugplätzen und Flugzeugen aus Zweigen und Laub, Landebahnen wurden gerodet und beschwörende Signale zu den realen Flugzeugen emporgesandt. Die Anhänger weigerten sich auch, auf den Plantagen der Kolonialherrn weiterzuarbeiten; das war ein Delikt, denn damals wurden viele Eingeborene als Kontraktarbeiter ausgebeutet. Manchmal wurden Extremisten dieser Kulte rabiat und plünderten ein Lagerhaus; schließlich gehörte alles, was es dort gab, eigentlich ihnen. Dann schritt die Polizei ein und nahm die Rädelsführer fest.

Die Cargo-Kulte gehören in die Geschichte der interkul-

* In dem Text «Jäger und Sammler. Als sich die Evolution zum Menschen entschied» [Planegg 1972] habe ich einen ersten Versuch unternommen, die Psychohistorie solcher Erscheinungen zu rekonstruieren.

turellen Beziehungen. Sie verraten, dass das religiös formulierte Selbstgefühl ganzer Kulturen erschüttert wird, wenn eine fremde Kultur mächtigere Waffen und begehrtere Güter erfunden hat und nun dieses Prestige missbraucht, um die Eingeborenen auszunützen.

Der Produktionsprozess in einer Industriegesellschaft ist schwer zu verstehen. Aber die Überlegenheit einer Maschinenwaffe gegenüber einem Vorderlader, eines Autos gegenüber einem Esel leuchtet jedem sofort ein. Die technisch mächtigen Länder sind bis heute mehr an der Ausbeutung als an der Entwicklung der armen Länder interessiert.

Der Islam verstand sich viele Jahrhunderte lang als Friedensstifter und Kulturbringer in Arabien, Asien, Afrika und Europa. Die islamische Kultur ist unendlich reich und war ein halbes Jahrtausend die Erbin des Römischen Reiches im Osten.

Mussolini griff auf das Römische Reich zurück, Hitler auf die Mythen der Arier und Germanen. Die Islamisten bewegen sich geistig in der Zeit Mohammeds und ignorieren die komplexe und gelehrte Geschichte der Auslegungen des Korans. Wie Hitler und Mussolini sind sie nicht originell, aber tatkräftig; sie haben keine neuen Ideen, aber eine neue Rücksichtslosigkeit, für ihre Überzeugungen zu kämpfen.

Das aggressive Potenzial aller Religionen ist beträchtlich, und diejenigen, die am lautesten den Frieden predigen, werden durch semantische Kunstgriffe besonders mörderisch. Einer davon war die Lehre der Heiligen Inquisition, dass es frömmer sei, den Ketzer grausam zu töten, als ihn gewähren zu lassen. Denn wenn er seinen Irrtum bekennt, kommt er ins Paradies, lässt man ihn hingegen in Frieden leben und sterben, ist ihm die ewige Verdammnis sicher. Heute wird ein Christ, der so denkt, nicht mehr sehr ernst genommen, und ein Theologiestudent könnte mit solchen Thesen kaum ein Examen bestehen. Aber wir hatten viele Jahre Zeit dazu, eine

Zivilgesellschaft zu entwickeln. Wenn wir hingegen die Demütigungen und Verwirrungen betrachten, die unsere islamischen Nachbarn in den letzten Jahrhunderten erdulden mussten, sollte es uns eigentlich wundern, wie mäßig, einsichtsvoll und geduldig die große Mehrheit der Muslime versucht hat, von uns zu lernen. Jetzt, sehr spät, sehr brutal, getragen von einer winzigen, fanatischen, zu allem entschlossenen Minderheit, haben uns einige Nadelstiche getroffen.

Nadelstiche? Wenn wir sehen, wie viel Grausamkeit und Unrecht in der Welt geschieht, wie in Afrika und Asien Millionen Unschuldiger Machtkonflikten geopfert werden, die sie nicht verstehen und nicht verändern können, dann traf New York ein Nadelstich. Aber wenn der Nadelstich einen großen, geblähten Ballon trifft, dann sind die Folgen nicht abzusehen. Sie reichen weit über die Ursache hinaus.

Dieser geblähte Ballon ist unsere Vorstellung, dass wir wegen unserer technischen Überlegenheit nicht nur geachtet, bewundert und nachgeahmt werden, sondern auch geliebt. *Diese* Vorstellung ist am 11. September 2001 geplatzt. Nicht weil wir den Hass erst jetzt wahrnehmen; wir wussten schon von ihm. Sondern weil wir erkennen, dass dieser Hass mörderisch ist und keine Bedenken hat, alle unsere Modernisierungen aufzugreifen und auszunützen.

Eine explosive Situation

Zu den Gründungsmythen Israels gehört die Gestalt David, der mit einem glatten Kiesel aus seiner Hirtentasche den gepanzerten Riesen Goliath besiegt. Heute haben die Palästinenser und ihre Verbündeten den Juden diese Rolle genommen. Sie machen ihre Armut zur Waffe. Aber solche mythischen Parallelen erklären nur wenig von dem, was gegenwärtig geschieht. Die Selbstmordattentate haben eine hochmoderne und gerade deshalb extrem beunruhigende Qualität. Diese Wendung des menschlichen Verhaltens ist ohne die Veränderungen unserer Psyche durch die moderne Technik nicht zu erklären.

Versuchen wir, an einem konkreten Fall Details zusammenzutragen, welche die innere Situation der Täter beleuchten. Was wissen wir von einem von ihnen, dem gebürtigen Ägypter Mohammed el-Amir Awad al Sajid Atta, der eine ganze Weile in Deutschland gelebt hat und als einer der Organisatoren und Piloten des Angriffs auf das World Trade Center gilt? Wir kennen mindestens drei Persönlichkeiten von Atta. Da ist der pflichtbewusste Sohn, dessen Beteiligung an der Tat sein Vater, ein Anwalt, auch angesichts erdrückender Beweise leugnet.* Da ist der Student, der mit guten Noten Architektur studiert und schließlich eine ausgezeichnete Diplomarbeit über ein städtebauliches Thema anfertigt: den gefährdeten Altstadtteil Khareg Bab-en-Nasr im syrischen Aleppo.

Vier Jahre hat Atta, wie viele Architekturstudenten, als Bauzeichner in einem Büro gearbeitet. Er war höflich, korrekt, diszipliniert. Er belästigte niemand mit seinem zweiten Ich: dem Frommen, der für arme Muslime Sozialarbeit leistet, für Asylbewerber dolmetscht und ein Testament verfasst, das penibel das Ritual seiner Beerdigung regelt. Und dann gibt es ein drittes Ich: den Terroristen, der seinen Selbstmord mit dem Tod vieler Unschuldiger verknüpfen wird.

Wir wissen nichts über Mohammed Attas Kindheit. Jedenfalls scheint sie unauffällig gewesen zu sein; der Junge war in-

* Auch im «Krieg gegen den Terror» ist die Wahrheit das erste Opfer auf dem Schlachtfeld. In den arabischen Ländern kursiert die Theorie, dass hinter dem Attentat eine Verschwörung der CIA steht, um die arabische Welt zu diskreditieren und Gründe zu finden, ihre Ölvorräte zu kontrollieren.

telligent und fleißig. Warum studierte Atta im Ausland? Diese Entscheidung nach sechs Semestern Architekturstudium in Kairo und einer Praxis als Bauzeichner ist psychologisch sehr interessant. Sie dürfte Angst vor der Realität ausdrücken, vor dem Reifungs- und Anpassungsprozess, der mit der Aufnahme einer Berufstätigkeit verbunden ist. Diesen Schritt scheuen narzisstisch belastete Personen. Sie können sich nicht von ihren Größenphantasien trennen. Das Studium der Architektur verführt, gerade in seinem städteplanerischen Teil, zu grandiosen Phantasien, wie die Welt verbessert werden könnte. Atta war als Architekt ein radikaler Kritiker der Hässlichkeiten der Moderne. Seine Begeisterung für den schon länger vorliegenden Plan, die Twin Towers zu zerstören, hängt eng mit seinem Hass auf die «westliche» Bauweise zusammen.

Atta bewirbt sich nach einem Studienjahr um ein Stipendium, erhält es und fährt nach Kairo. Dort arbeitet er über die Stadt- und Verkehrsplanung in der fatimidischen Altstadt und liefert nach seiner Rückkehr einen Bericht. Aber der Aufenthalt hat ihn verändert. Er gibt sein Studium praktisch auf, lässt sich einen Vollbart wachsen, trägt Pluderhosen und nicht mehr Jeans. Er wirkt sehr ernst und in sich gekehrt.

Erst jetzt gibt es Anzeichen für seine Verbindung zu Osama Bin Laden: Er hebt große Geldbeträge ab, er kleidet sich wie das Idol der Fundamentalisten, er ist wie dieser in der Fürsorge für arme Muslime engagiert.

Während Atta mit seinen Komplizen in Florida fliegen lernt, fällt dort auf, dass ihm die in Flugschulen eigentlich selbstverständliche Freude am Fliegen nie anzusehen ist. Die zwanghaften Qualitäten dieser Abwehr belegt auch Attas Testament mit den Anordnungen, nur Männer an seine Leiche zu lassen und seine Genitalien nur mit Gummihandschuhen zu berühren.

Es dürfte im Gesprächskontakt mit Menschen wie Mohammed Atta unmöglich sein, einen Dialog über die seelischen Kräfte zu führen, welche hinter der Fassade fanatischer Religiosität wirksam sind. Wie in allen faschistischen Bewegungen wirken auch hier kameradschaftliche Aufopferung und rücksichtslose Grausamkeit zusammen. Die intakte soziale Fassade und stabile Kontaktfähigkeit erschweren, ja verbieten die Anwendung des Psychopathie- oder Soziopathiebegriffs, der zum Beispiel gegen Hitler ins Feld geführt wurde.

Es ist eine Störung mit einer verhängnisvollen politischen Dimension, die Menschen wie Atta oder Bin Laden von dem «gewöhnlichen» Amokläufer unterscheidet. Ihr Sozialverhalten ist erfolgreich, aber es stabilisiert sich auf Kosten des brutalen Kampfes gegen einen Feind.

Aufstand der Gekränkten

Oft wird die Wut gegen die Vormacht der westlichen Welt dadurch erklärt, dass hier die Armen gegen die Reichen aufstehen. Aber es geht nicht um Armut und Reichtum, sondern um Demütigung, um Schmach, um kulturelle und damit verknüpft seelische Erniedrigung. Die Araber waren in der Zeit, in der die islamischen Reiche ihr kulturelles Selbstbewusstsein gewannen, die Lehrmeister Europas. Der Stauferkaiser Friedrich II. vertraute den sarazenischen Gelehrten mehr als den christlichen.

Zur Zeit der Kreuzzüge kämpften die Gegner noch mit den gleichen Waffen. Schließlich unterlagen die Christen. Der Mann, der damals die entscheidenden Siege erfocht und Jerusalem für den Islam zurückeroberte, ist das historische Vorbild von Osama Bin Laden und war es für Saddam Hussein: Saladin.

Der europäische Nationalismus und Kolonialismus des 19. Jahrhunderts gründeten sich auf den Dünkel, den Kanonen und Schnellfeuergewehre gegenüber handwerklich gefertigten, einfachen Waffen erzeugen. Die europäischen Mächte förderten «Volksaufstände» gegen die jahrhundertelange, im großen Ganzen gesetzestreue und tolerante Herrschaft der Kalifen, deren Erbe die osmanischen Sultane angetreten hatten. Überall nutzten die Europäer Spannungen zwischen den Muslimen und einer von diesen unterworfenen Bevölkerung aus, auf Zypern ebenso wie in Indien.

Wer die islamische Kultur liebt, hat auch als Fremder einen geistigen Zugang zu der Demütigung, welche ihre Eliten fast noch mehr bedroht als ihre Armen. Die Armen sind es gewohnt, unterdrückt zu werden. Ob ihr Unterdrücker ein Mann der eigenen Kultur und Religion ist oder nicht, wird sie erst dann beschäftigen, wenn ihnen eine Wahl angeboten wird. Wer aber privilegiert ist und die Möglichkeit hat, zu studieren und ein Stück der Widersprüche genauer kennen zu lernen, in die er hineingeboren ist, dem wird es nicht leicht fallen, den Niedergang der eigenen Kultur zu ertragen und die eigene Ohnmacht zu verarbeiten.

Dann kippt der Wunsch, Gerechtigkeit zu finden, der dazu führen könnte, auch in den Mitteln nicht ungerecht zu werden und keine Unschuldigen zu töten, in die grandiose Absicht, die einstige Größe wiederherzustellen. Dann wird jedes Mittel gerechtfertigt und jeder Mensch, der nicht den eigenen Fanatismus teilt, gleichgültig. Er ist Material, Hindernis oder Baustein, nützlicher Idiot oder gefährlicher Gegner, aber er ist seiner Menschlichkeit beraubt, er ist kein Gegenstand von Einfühlung mehr, er ist – wie es die Nazis zeigten – Ungeziefer. Besonders verhängnisvoll ist diese Entwicklung, wenn sie ein reicher und vielfältig begabter Mann durchmacht, wie Osama Bin Laden. Bedrohlich scheint auch, dass die Disposition zu dieser Entwicklung verbreitet ist und Männer wie Bin Laden oder Atta für eine kollektive Spannung stehen.

Die Verschmelzung mit der Explosion

Explosionsmotoren sind in Mitteleuropa ein selbstverständlicher Teil des Alltags. Wer neben einem Motorradfahrer steht, der seinen Motor aufheulen lässt, wird vielleicht spüren, wie aggressiv solche Maschinen sind, und sich kurz wünschen, dass ihre Fahrer etwas wie einen Waffenschein beantragen müssten. Die meisten Menschen haben sich völlig an solche technischen Möglichkeiten gewöhnt, auch an ihren hohen Blutzoll, der bisher die Gefahren des Terrorismus weit in den Schatten stellt. Der bei weitem verlustreichste «Krieg» der letzten Jahrzehnte tobt auf den Straßen; er wird mit Explosionsmotoren ausgetragen.

Wer keinen Explosionsmotor hat, wünscht ihn sich und bewundert jene, die ihn besitzen; das gilt am Amazonas ebenso wie am Nil, in Indien genauso wie in China, in den Slums von Mexiko ebenso wie auf deutschen Schulhöfen. Die Macht über Explosionen wurde in den letzten Jahrzehnten zu einem Bestandteil des Alltags und zum Ritual des Erwachsenwerdens. Diese Macht über Explosionen hat selbst explosive Qualitäten; sie stimuliert die narzisstische Grandiosität der Individuen und ihre Regression auf primitive narzisstische Mechanismen. Die Entwicklung beginnt beim scheinbar Harmlos-Alltäglichen, bei den Explosionsmotoren der Fahrzeuge. Sie schreitet fort zu den gezielten, tödlichen Explosionen von Schusswaffen bis hin zur alles im Umkreis vernichtenden Explosion einer Bombe.

Im 21. Jahrhundert erschüttert eine neue Gestalt unser Bewusstsein. Es ist ein Mann, der sich der Explosion nicht allein bemächtigt, sie nicht nur beherrschen will, sondern der sich mit ihr identifiziert. Er ist bereit, mit ihr zu verschmelzen, wohl wissend, dass sich sein Körper in ihr auflöst und seine bisherige seelische Kontinuität zerreißt.

Viele werden sagen, dass dieser Schritt nur Menschen möglich ist, die von einem tiefen religiösen Glauben getragen sind, Märtyrern, die bereit sind, für ihre Überzeugung zu sterben. Mir reichen diese Erklärungen nicht. Wie kann es denn geschehen, dass die Täter tief in das technische Denken Europas eindrangen, dass sie eine Menge Wissen über unsere Rationalität ansammeln konnten und dann doch so handelten, als sei ihnen ihr Tod gleichgültig? In einer von Videospielen, Actionfilmen, Computern, Schusswaffen und Explosionsmotoren geprägten seelischen Welt sind narzisstische Störungen entstanden, die ihrerseits dem Selbstmordattentat entgegenkommen. Dylan Klebold und Eric Harris, die im April 2000 in Littleton, Colorado, zwölf Mitschüler und einen Lehrer erschossen, planten ebenfalls, ein Düsenflugzeug zu kapern und es in das New Yorker World Trade Center zu lenken.

Eine Art Entgrenzung, ein Verlust des Realitätsbezugs geht der körperlichen Auflösung in der Explosion voraus. Der Tod anderer, der eigene Tod entfernen sich von allen vitalen, kreatürlichen Ängsten ebenso weit wie von den vernünftigen Bedenken und der schlichten Moral, anderen nichts anzutun. Alles und alle lösen sich auf, und das ist auch gut so. Der Tod ist die Heimat eines verstörten Ichs.

Ein New Yorker, dem es das Leben rettete, dass er sich auf dem Weg in sein Büro im World Trade Center verspätete, hielt den Aufprall des Flugzeugs auf die Glasfront zuerst für den Stunt einer Filmproduktion. Erst nach geraumer Zeit nahm er wahr, dass um ihn herum wirkliche Menschen starben. Seine Psyche ist denselben Veränderungen unterworfen, die im Cockpit der Boeing das Verhalten der Täter ermöglichen. Die virtuelle Realität ist etwas zwischen Phantasie und Wirklichkeit, sozusagen eine technisch gestützte Phantasie oder eine künstliche Realität, jedenfalls ein Zustand, in dem die Grenzen zwischen wirklichen und simulierten Ereignissen durchlässig werden.

Wenn wir mit Tempo 200 über die Autobahn fahren, fühlen wir uns wohl und entspannt in einem System, das extrem gefährlich für uns und für andere ist. Die Technik erzeugt eine Situation, in der wir regredieren und narzisstische Phantasien von Allmacht und absoluter Sicherheit einen größeren Raum in uns einnehmen, als es unser kritischer Verstand wahrhaben möchte. Motoren und Servoaggregate arbeiten für uns, wir sind unbeschränkte Herrscher, uns kann nichts geschehen. Kein Autofahrer stellt sich vor, wie seine Knochen brechen und Glas oder Stahl in seinen Körper dringen.

Kreatürliche Angst wird durch die Faszination der Macht übertölpelt. Wer eine mächtige Maschine steuert, wird in jener Sparte seiner Größenideen bestätigt, die mit Unzerstörbarkeits- und Unsterblichkeitsphantasien zusammenhängen. Zum Harakiri (oder Seppuku), dem rituellen Bauchaufschlitzen der Samurai, gehörte eine Bereitschaft, sich in gezielter Absicht einem Schmerz auszusetzen, den sich der Selbstmörder genau ausmalen konnte. Er musste allen Mut zusammennehmen. Er richtete eine Waffe gegen sich selbst, seine Tat verlangte höchste Disziplin und geistige Kontrolle.

Die Tat der menschlichen Bombe hingegen verlangt die Bereitschaft, sich zu entgrenzen, sich aufzulösen, mit der Umwelt zu verschmelzen. Die Schalt- oder Steuerbewegung, mit der die tödliche Explosion ausgelöst wird, ist ein vertrauter Beweis der eigenen Macht. Mehr noch: Sie wird zum Versprechen, diese Macht zu steigern, berühmt zu werden, unsterblich zu sein, ein Märtyrer und sicherer Anwärter auf einen Platz im Paradies.

Mühelos meint das Individuum über sich selbst und seine kleine Geschichte zu triumphieren. Es verschmilzt mit der großen, schrecklichen Aufgabe und löst sich in dem Ruhm auf, alles für sie getan zu haben. Ein in der Realität verankertes Bewusstsein schaudert vor dem Gedanken, dass der eigene Körper in unkenntliche Fetzen zerrissen wird. Das in seinen narzisstischen Größenphantasien gereizte und von einer fanatisierten Gruppe getragene Ich wird sich an diesem Bild begeistern.

Von einer Sekunde zur nächsten verwandelt sich der Täter in ein höheres Wesen. So billig war Märtyrertum noch nie zu haben, so lautstark gefeiert wurde es in der Geschichte noch nie. Seit die Japaner gegen Ende des Zweiten Weltkriegs die ersten Kamikaze-Piloten ausbildeten, gibt es diese neue Sekte, eine unheilige Allianz aus Technik, Glauben und Gewalt.

Der Geist von Kerbala

Eine psychologische Analyse des Phänomens der menschlichen Bomben muss sich vor allem mit den Folgen technischer Entwicklungen beschäftigen. Explosivwaffen und Massenmedien stimulieren Phantasien der Grandiosität; Politiker beuten diese Möglichkeiten aus. Die brisante Mischung machte sich zum ersten Mal im Märtyrer-Kult der schiitischen Revolution im Iran bemerkbar.

Dieser «Geist von Kerbala», benannt nach dem Ort, an dem sich der von den Schiiten verehrte Hussein Ibn Ali, Enkel des Propheten und dritter Imam, auf einen selbstmörderischen Kampf gegen eine riesige Übermacht einließ, wurde von Khomeini geweckt, gefordert und zur Waffe gegen seine Feinde geschmiedet. Tausende schlecht bewaffneter, kaum ausgebildeter Kindersoldaten, einen Schlüssel, Symbol für das Paradies, um den Hals, stürzten sich in das Feuer der irakischen Soldaten und eroberten in einem für beide Seiten verlustreichen Krieg das Territorium zurück, das Saddam Hussein besetzt hatte.*

Im Libanon tritt der Westen – vor allem die USA und Frankreich, die Parteigänger und Waffenlieferanten Israels – das Erbe der verhassten Sunniten an. Nichts wirkt stärker als der gemeinsame Feind, um zerstrittene Gruppen zu einigen: Die Hisbollah nutzt den Erfolg ihrer Selbstmordbomber für eine intensive Propaganda, die bald auf ganz Palästina übergreifen wird und heute ebenso die Hamas wie andere Extremisten prägt.

Wie zwei Gruppen, die von beiden Seiten eines Berges einen Tunnel bohren, treffen sich religiöse Politik und seelische Deformation. Die menschliche Bombe beruht auf dieser Wechselwirkung: Ohne die psychische Disposition, die durch die prägenden Einflüsse der Explosion auf den menschlichen Narzissmus geschaffen wird, lassen sie sich ebenso wenig verstehen wie ohne den Einfluss einer politischen Ideologie. Die selbstmörderische Explosion wird zum Ausdruck eigener Grandiosität. Das politische Geschehen hat eine seelische Schicht erreicht, in der Tod und Grandiosität noch nicht differenziert sind. Die menschliche Bombe wird erst zum denkbaren, bald zum ersehnten Modell der Lösung einer narzisstischen Krise. Das ist unheimlich genug; noch unheimlicher aber ist die dieser Situation innewohnende Dynamik einer Steigerung. Wer die Geister der menschlichen Allmachtsphantasie weckt, muss mit dem Streben rechnen, eine Explosion zu zünden und sich in ihr ebenso zu opfern

* Anfangs erhielten die Eltern dieser Kindersoldaten den «Märtyrerausweis», der sie mit einer Reihe sozialer Vergünstigungen versah. Khomeini: «Der Baum des Islam kann nur wachsen, wenn er ständig mit dem Blut der Märtyrer gedüngt wird.» Vgl. Ch. Reuter: Mein Leben ist eine Waffe. Selbstmordattentäter – Psychogramm eines Phänomens. München [Bertelsmann] 2002, S. 78

wie unsterblich zu machen (sei es als Frommer, sei es als Mediengott). Je grandioser diese Explosion, je vernichtender für uns alle, desto gültiger das Opfer.

Als am 23. 10. 1983 fast dreihundert gut bewaffnete amerikanische und französische Soldaten im Libanon durch zwei Männer in einem sprengstoffbeladenen LKW ausgelöscht wurden, rechneten die Strategen des Westens nicht damit, dass sich eine solche Tat steigern lasse. Im Gegenteil: Durch verbesserte Schutzmaßnahmen, Bunker, Stationierung auf Schiffen schien es möglich, diese Aktionen künftig zu verhindern.

Ähnlich wird die Öffentlichkeit nach dem 11. September 2001 getröstet: Dank der ergriffenen Maßnahmen wird sich ein solches Attentat nicht wiederholen; der *War against Terror* wird ein Übriges leisten. Aber wenn wir eigene Bedürfnisse nach Trost und Seelenfrieden in kritischen Abstand rücken, spricht alles dafür, dass der Menschheit die menschliche Bombe nicht erspart werden kann. Eine Steigerung ist für den Narzissmusforscher nicht nur möglich, sondern höchst wahrscheinlich; eine Wiederholung der Tat, gekaperte Flugzeuge in Gebäude zu lenken, gegen die wir uns gegenwärtig zu schützen suchen, erscheint längst nicht so bedrohlich wie die grandiose Steigerung des explosiven Narzissmus zur menschlichen Atombombe.

Bekehrung zum Terror

Die herkömmliche Tiefenpsychologie, welche unsere Aufmerksamkeit auf Familie und Kindheit lenkt, versagt schon, wenn es darum geht, die Adoleszenz zu verstehen, in der Altersgenossen und kulturelle Bilder den Elterneinfluss überformen. Noch weniger kann sie uns Bekehrungserlebnisse im Erwachsenenalter verständlich machen, in denen Menschen ihre Persönlichkeit radikal verändern und sich einen Auftrag geben, der selbst dann nicht mehr psychologisch verstehbar gemacht wird, wenn er eine psychologische Revolution in Gang setzt. Freud schildert sich als einen derart Bekehrten und Besessenen. 1899 schreibt er an Wilhelm Fließ:

«Theurer Wilhelm!

Also geht es Dir ebenso, brauche ich mich nicht zu schämen. Auch Du beginnst Briefe am 11., die Du erst am 16. Fortsetzen kannst; und am 16. kannst Du von nichts anderem schreiben als von der einen ungeheuerlich großen, für die Kräfte des armen Menschen allzuschweren Arbeit, der jede Regung des Denkens gehört und die allmählich alle anderen Fähigkeiten und Empfänglichkeiten aufsaugt, eine Art von Neoplasmengewebe, das sich ins Menschliche infiltriert und es dann ersetzt ... Arbeit und Erwerbstätigkeit fallen bei mir zusammen, ich bin ganz Karzinom geworden. Das Neugebilde trinkt in seinen letzten Entwicklungsstadien gern Wein; heute soll ich ins Theater; es ist aber lächerlich, gleichsam als wollte man aufs Karzinom transplantieren. Da haftet nichts und meine Lebensdauer ist von nun an die des Neoplasmas.»*

Beispiele aus der Geschichte des Christentums sind die Wandlung des Christenverfolgers Saulus in den Missionar Paulus, die des Lebemanns Augustinus in den Bischof und Kirchenvater. Die Begegnung mit einer Idee, einem Projekt, einem fremden Glauben, einem Buch, einem Menschen, einer Landschaft, einem technischen Gerät, einem Kunstgegenstand – sie alle können eine solche lebensprägende Wirkung entfalten, sich sozusagen wie ein Karzinom in das bisherige Leben hineinfressen und es in den eigenen Dienst stellen. Die Metapher Freuds ist sehr schonungslos und gera-

* Sigmund Freud: Briefe an Wilhelm Fließ 1887–1904. Frankfurt a. M. [S. Fischer] 1986, S. 377

de deshalb wertvoll, um auch die destruktiven Entwicklungen zu verstehen, die der Narzissmus in der Moderne nehmen kann. Ich will hier die Biographie Osama Bin Ladens unter diesem Aspekt untersuchen.

Bin Laden wird 1955 als einziger Sohn der vierten und letzten (legalen) Frau eines Bauunternehmers in Saudi-Arabien geboren. Sein Vater ist ein Einwanderer, ein Maurer, der 1930 mit seinen Brüdern auf einem Esel aus Hadramaut gekommen war, um Arbeit zu finden. Dank des Ölreichtums der Saudis und einer großen unternehmerischen Begabung sammelte er ein riesiges Vermögen und heiratete drei angesehene Frauen aus seiner neuen Heimat. Seine vierte Frau, Osamas Mutter, kam aus Syrien und war viel «moderner» als die anderen Frauen des jemenitisch-saudischen Unternehmers, was sich zum Beispiel darin ausdrückte, dass sie keine traditionelle Burka über ihren Chanel-Kostümen trug, wenn sie unterwegs war. Osama ist der einzige Sohn dieser Frau. Er hat seinen Vater wenig erlebt, der viel in Geschäften unterwegs war und 1968 bei einem Helikopterabsturz ums Leben kam. Mit 13 Jahren erbte er ein Vermögen von 80 Millionen Dollar, mit 17 hatte er einen eigenen Reitstall, mit 19 begann er ein Studium als Bauingenieur. Er war von Luxus umgeben, aber in der Saudi-Oberschicht ein Außenseiter. In einer familienbesessenen Welt wie in Arabien ist es von großer Bedeutung, dass Osamas Mutter weder nach Saudi-Arabien noch in den Jemen gehörte, sondern nach Syrien. Osama war in seiner Jugend alles andere als fromm; es gibt Berichte über Alkoholexzesse im Nachtleben von Beirut, Schlägereien um die Gunst einer Nachtclubtänzerin und ähnliche Hinweise darauf, dass er seinen Reichtum in vollen Zügen genoss.*

* Die Quelle für die Informationen über die Jugend Osamas ist ein Interview mit seinem Barbier im «Mideast Mirror»

Osama Bin Ladens Wandlung zum religiösen Fanatiker und Anführer einer Reihe mörderischer Geheimbünde vollzog sich in mehreren Schritten. Mindestens zwei Phasen lassen sich unterscheiden, und in beiden Situationen verarbeitete Bin Laden narzisstische Kränkungen durch eine immer radikalere Idealisierung und Identifizierung mit heroischen Gestalten, die er bezeichnenderweise eher der Welt seiner Mutter – also Syrien – entnahm als der Welt seines Vaters, Saudi-Arabien und dem Jemen.

Die erste Wendung nahm Osamas Biographie im Jahr 1979. Hier wird auch deutlich, wie «modern» Osama gerade darin ist, dass er in seinen islamistischen Überzeugungen mittelalterliche Träume in explosive Realität umzusetzen sucht und sich immer weiter von seinen Brüdern (deren Mütter in der Saudi-Tradition verwurzelt waren) und der saudi-arabischen Oberschicht entfernt.

Er war wohl der narzisstisch am meisten belastete Sohn: Seine schöne Mutter war eine Fremde, sein Vater konnte ihn weniger prägen als seine Brüder. In einer traditionellen Welt muss der Sohn nicht «ganz anders» sein als sein Vater, er darf ihm nachfolgen, muss ihn nicht übertreffen.

1979 machte Osama sein Examen als Bauingenieur. Der Mittlere Osten wurde durch drei Ereignisse erschüttert: Die Sowjetunion überfiel und besetzte Afghanistan; Israel und Ägypten schlossen Frieden; die islamische Revolution verjagte den Schah aus dem Iran. Jetzt hatte Osama Bin Laden seine Aufgabe gefunden: Er kämpfte, Seite an Seite mit dem amerikanischen Geheimdienst und dem Establishment in Saudi-Arabien, gegen die sowjetische, gottlose Invasion eines Teiles der islamischen Welt. Vor diesem Krieg war der Dschihad, der Kampf aller Muslime gegen einen Feind ihrer Religion, eine Sage aus grauer Vorzeit.

Die CIA schmiedete aus diesem Mythos eine Waffe gegen den damaligen Erzfeind. Es entstand eine internationale Freischärler-Truppe, die mit modernsten Waffen ausgerüstet und von der CIA und den Ölländern gemeinsam finanziert wurde. Allein im Jahr 1987 pumpten die Amerikaner 500 000 000 Dollar in diesen Krieg, und die Saudis zahlten ebenso viel.* Dieser Heilige Krieg als Waffe eines westlichen Geheimdienstes ist eine grausige Ironie der Geschichte, für die das von der CIA beschützte Land teuer bezahlt hat.

1984 fiel ein Mann in den Lazaretten auf, in denen die Mudschaheddin – die Glaubenskrieger – versorgt wurden. Er trug das traditionelle afghanische Gewand über europäischen Hosen und maßgeschneiderten englischen Stiefeln, ging von Bett zu Bett, versorgte die Verwundeten mit alkoholfreien Getränken und Süßigkeiten. Er notierte ihre Namen. Einige Wochen später erhielten die Angehörigen der Kämpfer einen großzügigen Scheck. Diese Anekdote zeigt Osamas Geschick in der Rekrutierung von Kämpfern. Er ist ein blendender Selbstdarsteller, der stets an seinem eigenen Mythos strickt. Es gibt auch kriegerische Anekdoten über ihn: wie er Baumaschinen nach Afghanistan einfliegen ließ und unter dem Feuer der sowjetischen Hubschrauber Straßen baute, Höhlen anlegte, Nachschubwege organisierte.

Kein Zweifel kann daran bestehen, dass Osama beträchtliche logistische und unternehmerische Talente entfaltete. Er hatte eine Lebensaufgabe gefunden. Sein Vorbild wurde Saladin, der die Kreuzritter aus Jerusalem vertrieb. Krieg und Kampf prägten ihn tief. 1989 ließen die Sowjets ihre Vasallen in Afghanistan im Stich. Das Land zerfiel in Bürgerkriegen.

* «We put five hundred million dollars into Afghanistan in 1987 alone, and the Saudis matched us bill for bill.» So zitiert Mary Anne Weaver («The Real bin Laden», The New Yorker, Januar 2000, S. 24) einen CIA-Mann, der damals im pakistanischen Peshawar arbeitete.

Bin Laden hatte seine Aufgabe verloren. Er kehrte nach Saudi-Arabien zurück. Wahrscheinlich fühlte er sich wie die meisten überzeugten Kämpfer im Frieden: innerlich leer, ohne große Aufgabe, ohne Feinde, ohne Bedeutung. Er verwaltete sein Vermögen und vertiefte seine Kontakte zu anderen Islamisten.

Afghanistan war befreit, Jerusalem nicht. Allmählich wurden für Osama seine mit ihrem wirtschaftlichen Erfolg beschäftigten Brüder, seine früheren Verbündeten, das saudische Königshaus zu Feinden. Wer sich ein kriegerisches Ich angeeignet hat, der kann es nicht ertragen, dass es keinen Kampf gibt. Osama begann, für eine islamistische Reform im Königreich Saudi-Arabien zu kämpfen.

1991 tolerierten die Saudis Osama Bin Laden nicht mehr. Er wurde ausgewiesen. Gleichzeitig erlaubten die Saudis den USA, Stützpunkte in ihrem Land zu beziehen, um den Golfkrieg gegen den Irak zu führen. Nach dem Sieg blieben die Amerikaner im Land. So hatte Osama Bin Laden ein neues Trauma erlitten und einen neuen Erzfeind gefunden. Die Entdeckung von 1979 war, dass er sein gefährdetes Selbstgefühl durch den Kampf gegen eine gottlose Besatzungsmacht festigen konnte. Der Sieg des Dschihad über die einstige Weltmacht im Osten stimulierte seine Grandiosität. Jetzt hatte er seinen Feind verloren. Die Sowjetunion gab es nicht mehr. Aber es gab eine neue Besatzungsmacht, welche die heiligsten Stätten des Islams beschmutzte und die jüdische Herrschaft in der heiligen Stadt Jerusalem unterstützte: die gottlosen USA.

Narzisstischer Hass von dieser Intensität wütet gegen das eigene Ich ebenso wie gegen alle, die er als Feinde identifiziert. Die eigene Anstrengung genügt ja nie, um die grandiosen Ziele zu erreichen, daher ist Strafe für alle trägen, lauen Geister nötig. Auch das eigene Ich gerät schnell in den Verdacht, nicht tatkräftig genug zu sein und die Übel nicht energisch genug verhindert zu haben, welche die Welt befallen.*

Es hätte niemals geschehen dürfen, was 1991 geschah, seine Brüder hätten sich niemals gegen ihn wenden dürfen, er hatte es nicht verhindert, und wenn es sein Tod verhindern, ja auch nur sühnen könnte, er würde sterben. Und wie er, so sollten alle sterben, die das nicht verhindert hatten, und diese Tode sollten ein Zeichen setzen, von einem Ruhm und einer Macht künden, die nicht ihm gehörten, deren Gefäß er aber war.

In Afghanistan war Osama einer von vielen reichen Saudis, die sich im ersten panislamischen Feldzug seit achthundert Jahren engagierten. Seit er wegen seiner radikalen Ansichten aus Saudi-Arabien vertrieben worden war, hat er sich zunehmend radikalisiert. In einer solchen Entwicklung greifen persönliche, biographische Faktoren und politisch-religiöse Einflüsse ineinander. Politische Situationen werden von den Individuen umgesetzt, indem sie sich mit idealisierten Gestalten aus der Geschichte ihrer eigenen Institution identifizieren.

Die Sicht auf die USA als dem «großen Teufel», der die Kinder Allahs einem verderblichen Einfluss aussetzt, ergab sich praktisch von selbst. Die USA haben viele korrupte Regime unterstützt, um ihre Handelsinteressen durchzusetzen. Sie stehen an der Spitze des Fortschritts in technischer, vor allem aber auch in medialer Sicht. Die USA sind nicht nur das Land, in dem der Kapitalismus am weitesten entwickelt ist, sondern – was für die Länder in Asien und Afrika besonders wichtig ist – sie stellen ihre eigene Entwicklung schonungslos zur Schau. Was ist die Predigt eines Missionars, vergli-

* G. Brockhaus hat diese Gesichtspunkte in der nationalsozialistischen Bewegung dokumentiert. Vgl. G. Brockhaus: Schauder und Idylle. München [Kunstmann] 1998

chen mit den Soaps von Hollywood, mit «Dallas» und dem «Denver-Clan»!*

Wenn wir vermuten, dass Osama Bin Laden aufgrund seiner Biographie ein gespaltenes Mutter-Bild in sich trägt, dann ist Amerika die böse Mutter. Amerika steht heute für alles, was er in seiner Kindheit als Kränkung erlebte. Damals war er der Sohn einer Außenseiterin, einer weltlich geprägten, vom Islam distanzierten Frau; später projizierte er diesen Anteil auf seine Brüder, auf das in seinen Augen korrupte, heuchlerische Regime der Saudis, welche die Macht über Mekka und Medina beanspruchen, aber mit einer dämonisierten Moderne, einem Erzfeind des wahren Glaubens paktierten.

Osama Bin Laden war zum Äußersten entschlossen. Die in seiner Krise nach dem Studienabschluss gewählte Identifizierung mit dem all-islamischen Kämpfer hatte sein vorher durchaus weltlichen Genüssen aufgeschlossenes Ich aufgezehrt; Freuds Metapher vom Karzinom der großen Aufgabe, welches seine Kraft aus dem gesamten bisherigen Leben zieht, Arbeit und Leben verschmilzt und sein Wachstum nur im Tod des Wirtes beendet, trifft auch auf Bin Laden zu.

In ihrem gut recherchierten Artikel über Osama Bin Laden berichtet Mary Anne Weaver, dass er während des Krieges in Afghanistan begann, sich mit Saladin zu identifizieren. Nach unserem Konzept der narzisstischen Störung sagen solche Vorbilder sehr viel mehr über die Orientierung einer Persönlichkeit aus, als wir es aufgrund der enormen Unterschiede zwischen der Welt des Mittelalters und der modernen Medien- und Konsumgesellschaft vermuten würden.

* Benjamin R. Barber: Coca Cola und Heiliger Krieg. Der grundlegende Konflikt unserer Zeit. München [Scherz] 1996

Saladin

Seit 1089 konnte das christliche Königreich von Jerusalem, das die Kreuzfahrer gegründet hatten, nur dank der Uneinigkeit seiner Feinde bestehen. Das seldschukische Reich war in die einzelnen Machtbereiche türkischer Atabegs zerfallen; in Bagdad herrschte ein orthodoxer Kalif, dessen Autorität die Fatimiden in Kairo nicht anerkannten. In dieser Situation war es den christlichen Rittern möglich, nach dem Motto «teile und herrsche» die Muslime gegeneinander auszuspielen und schließlich die Heilige Stadt zu erobern. Es dauerte eine Weile, bis unter den gedemütigten Muslimen eine Gegenkraft zu der Begeisterung der Kreuzritter wuchs. Der Emir von Mosul, Zengi, war der erste Herrscher, der 1144 einen Heiligen Krieg aller Gläubigen gegen die Angreifer organisieren wollte; sein Sohn Nur-ed-din hatte 1157 noch einmal den Heiligen Krieg ausgerufen.

Sala-ud-din («Der den Glauben ehrt») war kurdischer Abstammung und stammte aus Armenien; sein Vater Ayyub diente als General in Zengis Heer und war dessen Nachfolger Nureddin treu ergeben, so dass dieser ihn mit einem Gouverneursposten belohnte. Saladin wurde 1138 geboren und erhielt seine Erziehung in Damaskus, dem Zentrum der islamischen Kultur. Nureddin schickte ihn unter dem Oberbefehl seines Onkels, des Generals Shirkuh, nach Süden, um Ägypten zu erobern, das sein Reich bedrohte, sich schon öfter mit den christlichen Königreichen verbündet hatte und den abtrünnigen Kalifen unterstützte. In den vier Feldzügen zwischen 1164 und 1169 siegten Shirkuh und Saladin; als der General fiel, folgte ihm Saladin als Oberbefehlshaber und schließlich Wesir von Ägypten. Saladin war ein großer Kämpfer und eine imponierende Persönlichkeit; er bewies in dem komplexen Machtspiel zwischen Kairo und Damaskus große Geschicklichkeit und beendete unblutig das Schisma zwischen Bagdad und Kairo. Als der letzte der «abtrünnigen» Kalifen verstorben war, ließ er dessen Namen in allen ägyptischen Moscheen durch den des orthodoxen Kalifen ersetzen und einte so die Glaubenskämpfer unter seiner Fahne. Nureddin behandelte er mit großem Taktgefühl und eroberte Syrien erst, als dieser gestorben war (1174). Jetzt unterwarf Saladin durch Verhandlungen oder mit Hilfe seiner Truppen nacheinander alle Feudalherrn um das lateinische Königreich der Kreuzfahrer und wurde schließlich vom orthodoxen Kalifen in Bagdad zum Sultan ernannt. Dieser Prozess war in rund zehn Jahren kluger Politik abgeschlossen; die Eroberer der Heiligen Stadt standen jetzt zum ersten Mal einer geschlossenen Front gegenüber.

Saladin hatte mit dem christlichen König einen Waffenstillstand vereinbart, der von Rainald von Chatillon 1187 gebrochen wurde. Dieser überfiel und plünderte eine reiche Karawane. Saladin überrannte daraufhin Palästina, besiegte die christlichen Ritter in Tiberias und bei Hittin, belagerte Jerusalem vom 20. September an und eroberte die Stadt am 2. Oktober. Die christlichen Eroberer hatten Jerusalem geplündert und ein Blutbad unter den Bewohnern angerichtet. Saladin wird als ritterlicher Sieger gepriesen. Er hielt sich an die Vorschriften des Korans, der eine Sondersteuer vorsieht, aber Gewalt gegen Juden und Christen verbietet. Die christlichen Ritter zogen sich an die Küste zurück, hielten zunächst mit Mühe Tyrus und belagerten später Akkon. Saladin schloss die Belagerer ein; die doppelte Belagerung der Festung und der von der See aus versorgten Ritter dauerte zwei Jahre. Schließlich eroberten die durch das Heer von Richard Löwenherz verstärkten Christen die Festung. Nach einigen Gefechten gab Richard den Plan auf, Jerusalem zu erobern, und begnügte sich mit einem Vertrag, der den christlichen Pilgern freien Zugang zur Stadt sicherte.

Seither stand Jerusalem unter muslimischer Verwaltung; erst im Zug der Auflösung des Osmanischen Reiches geriet Palästina wieder unter ein christliches Protektorat, das schließlich von der Gründung des Staates Israel und seiner Anerkennung durch die USA im Jahr 1948 abgelöst wurde. Die Staatsgründung widersprach den ursprünglichen Plänen des Journalisten und Romanciers Theodor Herzl, des Gründers der zionistischen Bewegung. Er stellte sich um die vorletzte Jahrhundertwende Palästina als Vielvölkerstaat unter der Schirmherrschaft der türkischen Sultane vor, in dem jüdische Organisationen dank ihrer großartigen Entwicklungsarbeit für das Land von Christen und Muslimen akzeptiert und anerkannt wurden.*

Saladin starb 1193 in Damaskus. Er war einige Tage krank gewesen, und sein Tod wurde im ganzen Orient betrauert. Aus Damaskus kam auch Osama Bin Ladens Mutter, und der Name Osama gehört zu dem ersten Biographen Saladins, dem Dichter Osama Ibn Murkidh, der von 1095 bis 1188 lebte. Selbst der «Verrat» Ägyptens, durch den die lateinischen Könige ihre Herrschaft über Jerusalem eine Weile festigen konnten, nimmt den Vertrag von Camp David vorweg, in dem Ägypten aus einer arabischen Front ausbrach, die entschlossen war, Jerusalem zurückzuerobern.

Saladins Gestalt lag als latente Identifizierung in dem jun-

* Vgl. Theodor Herzl: Altneuland. Leipzig [Hermann Seemann Nachfolger] o. J. [ca. 1903] – eine Art Zukunftsroman, in dem eine freiheitliche, tolerante, alle Menschen in Palästina begeisternde «neue Gesellschaft» als eine Art Genossenschaft aufgefasst ist, die das Land kultiviert und entwickelt, ohne einen eigenen Staat zu gründen. Den einheimischen Fürsten wird ihr Grundbesitz abgekauft, um Platz für die Ansiedlung der europäischen Juden zu gewinnen, die ihrer Heimatlosigkeit müde sind. Herzls Idylle ist vom aggressiven Pathos der gegenwärtigen Siedler-Bewegung in Israel so weit entfernt, dass es schwer fällt, beide Bewegungen «zionistisch» zu nennen.

gen Osama Bin Laden bereit. Virulent wurde sie durch die äußeren Umstände des Jahres 1979. Die Zeit schrie nach einem frommen und kühnen Mann, einem Helden, der die zersplitterten, vom Verrat an der gemeinsamen Sache bedrohten Kräfte des Islams einigte und sich gegen die christlichen Eroberer wandte. Saladins Aufstieg vom kurdischen Offizier zum unangefochtenen Herrscher über den Nahen Osten, vor allem aber die Reinigung der Heiligen Stadt von den fremden Eroberern waren Ziele, die Osama Bin Laden zu den eigenen machte und die von jetzt an sein Handeln bestimmten.

Saladin war alles andere als ein Terrorist. Er wird als edel und großmütig beschrieben, ein Ritter, der die Schwachen verteidigte, Frauen und Kinder beschützte, Gefangene menschlich behandelte, sich an Verträge mit den Christen und an den heiligen Koran hielt.

Wenn ein mit Dynamit beladenes Auto vor einem Botschaftsgebäude in einer belebten Straße in die Luft gesprengt wird, wenn Flugzeuge in Wolkenkratzer rasen, dann sterben Gläubige und Ungläubige, Starke und Schwache, Freunde und Feinde der politischen Ziele des Attentäters. Osama Bin Laden hat seine Taten mit dem Argument «legitimiert», dass auch unter den amerikanischen Bomben auf den Irak Unschuldige, Frauen und Kinder sterben. In keiner Ethik der Welt kann ich aber eigene Unmoral durch fremde Unmoral rechtfertigen. Diese primitive, weit unter den geistigen Möglichkeiten eines Mannes wie Osama Bin Laden stehende Argumentation belegt die größte Gefahr der narzisstischen Grandiosität. Sie kann sich selbst nicht mehr kritisch sehen, wenn sie in einen regressiven Sog gerät und von außen nicht gehalten wird. Dann opfert sie die Logik des Denkens, die Menschlichkeit des Handelns, die eigene und die Zukunft der Anvertrauten der eigenen Selbstgerechtigkeit.

5 Erfolg

Die Lehre Mohammeds lässt sich in ihren Anfängen als eine geradezu unglaubliche Erfolgsgeschichte erzählen. Sie setzte sich viel schneller durch als jede andere bekannte Religion – wozu das Christentum dreihundert Jahre benötigte, brauchte der Islam gerade einmal dreißig. Die Krieger des Korans drangen weiter nach Osten als Alexander, ihr Reich wurde rasch größer als das Imperium Romanum. Blutige Bürgerkriege gehören ebenso zu diesem Reich wie eine hohe Baukultur und bis heute unübertroffene Leistungen im Kunsthandwerk. In dem Narzissmus-Modell der gestützten Grandiosität spielt der Erfolg eine wichtige Rolle. Erfolgsgefühle hängen an Ansprüchen. Das eine Kind ist stolz und glücklich, weil es drei Bauklötze aufeinander schichten konnte, das andere weint, weil sein Turm aus zehn Klötzen zusammenbricht. Die Dynamik des Narzissmus liegt darin, dass ein zu bescheidenes Ziel den Erfolg schmälert, weil die vorhandenen Möglichkeiten nicht ausgeschöpft werden, während eine überhöhte Erwartung dazu führt, dass keine Erfolgserlebnisse auftreten können und dadurch das Selbstgefühl durch narzisstische Wut beziehungsweise deren Abwehr geschwächt wird.

Unser Selbstgefühl festigt sich durch Identifizierungen. Wir identifizieren uns am liebsten mit Erfolgen – mit erfolgreichen Eltern, mit Helden unserer Kultur, mit triumphalen Phasen unserer Geschichte. Mythen, Märchen, Sagen, in neuerer Zeit Romane und Filme prägen das kulturelle Bild des Erfolgs. Sie bieten ein breites Spektrum an Erfolgsgeschichten, mit deren Heroen wir verschmelzen. Aus diesen Identifizierungen ergibt sich das positive Bild der eigenen Kultur, Rasse, Religion, Nationalität, des eigenen Geschlechts und Alters. Reale Erfolge, die ich als Erwachsener erreiche, sind oft kläglich, gemessen an den Erfolgen der Helden. Sich damit abzufinden, sich von den Helden zu distanzieren, sie kritisch zu sehen, ist eine wesentliche Aufgabe der seelischen Reifung. In diesem Prozess verflechten sich kulturelle und persönliche Vorgänge. Ich will hier vor allem die Bedeutung der Religionen im Kontext der narzisstischen Entwicklung untersuchen. Es ist zu erwarten, dass eine junge Religion mit jungen Helden solche Reifungsprozesse eher erschwert. Erleichtert werden sie hingegen durch eine alte Religion mit Helden, die schon viele Entidealisierungsprozesse überstanden haben.

Glaubenslehren sind keine statischen Gebilde, sondern Strukturen, die auf Zeiterscheinungen reagieren. So könnte man meinen, dass eine sehr alte Religion wie das Judentum, das seit vielen tausend Jahren immer wieder Enttäuschungen verarbeitet hat, reife Einstellungen der Gläubigen begünstigt. Aber was gegenwärtig in Palästina geschieht, widerlegt diese Erwartung: Juden und Muslime sind ineinander verbissen, ohne dass ein Betrachter von außen der einen Seite mehr Reife zubilligen kann als der anderen. Mäßigend versuchen diesmal die Christen zu wirken.*

Zur Zeit der Kreuzzüge wirkt das Christentum auf den historischen Betrachter aggressiver und unreifer – vergleichen wir etwa die Eroberung Jerusalems durch die Kreuzfahrer mit seiner Rückeroberung durch Saladin. Das lag wohl

* Hier eher die Handels- als die Glaubensinteressen zu unterstreichen greift zu kurz, ist vielleicht ein Signal für die Arroganz der rationalen Theologie des Abendlandes. Auch die Kreuzritter hatten intensive Handelsinteressen. Gegenwärtig zeigen gerade die Selbstmordattentate, dass wirtschaftliches Denken das politische Drama erläutern, aber keinesfalls erfassen kann.

daran, dass das Christentum massive Kränkungen durch den Siegeszug des Islams erfahren hatte. Lange Zeit waren es doch die Christen gewesen, die ein Land nach dem anderen bekehrten, die den Heiden in zäher Arbeit einen heiligen Hain, ein Orakel, einen Tempel nach dem anderen abrangen, die Toleranz verlangten, solange sie schwach waren, und sie verweigerten, wenn sie die Macht hatten.

Der Zusammenhang zwischen dem Narzissmus der Individuen und der Macht oder Ohnmacht ihres Glaubens ist nicht linear in dem Sinn, dass die Ausbreitung eines Glaubens das Selbstgefühl der Gläubigen steigert. Das hängt auch davon ab, ob eine Religion missioniert oder nicht. Die Koexistenz einer missionierenden mit einer nichtmissionierenden Religion kann notdürftig gelingen (wie das die Geschichte der Juden in Europa zeigt); zwei missionierende Religionen jedoch werden streiten.

In einem deutschen Volksmärchen gibt es den Wunder-Säbel, der auf das Kommando «alle Köpfe runter, nur meiner nicht» alle Anwesenden bis auf seinen Besitzer enthauptet. Deutlicher lässt sich der Wunsch des Traumatisierten nicht formulieren, sich seiner Umwelt zu versichern. Es darf niemanden geben, der ihm das Wasser reichen kann, der so klug, so stark, so schön, so begehrt ist wie er selbst. Anerkennung allein reicht nicht; es ist notwendig, die Umstehenden einen Kopf kürzer zu machen.

Ähnlich wächst der Überlegenheitsanspruch und mit ihm der Fanatismus einer Ideologie mit den Verletzungen ihres Stolzes und mit den Gefahren, die ihrem Überleben drohen. Analysen der Rhetorik von Hitler oder Goebbels zeigen, wie sehr sie immer wieder gleichermaßen die eigene Stärke und – in scheinbarem Widerspruch – die eigene existenzielle Bedrohung in einer Welt von Feinden betonen.

Bei allen Fanatikern ist der Glaube an die eigene Unbesiegbarkeit und die Bereitschaft, jede Einbuße zehnfach zurückzugeben, mit einem dauernden Gefühl verknüpft, in seiner Existenz bedroht zu sein. Aus diesem Grund entstand im Christentum gerade nach seinem Sieg über den Islam in Spanien die Inquisition, wurden die Hexen verfolgt, als der Glaube an das Evangelium tief verwurzelt war. Mission ist Bewegung, und für jede Bewegung ist Stillstand gefährlich.

Erfolglosigkeit als Kränkung

Wo wir mit unseren Bemühungen um Austausch Erfolg haben, wo wir das Erwünschte und Erwartete zurückbekommen, festigt sich unser Selbstgefühl. Wo wir den Eindruck haben, ausgenutzt zu werden, mehr zu geben, als wir erhalten, wo unsere Erwartungen enttäuscht und unsere Mühe entwertet werden, treten Irritationen auf, die sich bis zur narzisstischen Wut steigern. So bedarf es in vielen Ländern Europas nur bescheidener Anlässe, um latent gekränkte Gruppen der Bevölkerung zu massiven Protestaktionen anzustacheln. Ein Beispiel sind die Bauern. In der Landwirtschaft herrscht ein Zustand chronischer Traumatisierung, weil die Preise für die gesellschaftlich so wichtigen Produkte Milch, Getreide, Fleisch und Holz seit Jahren stagnieren oder sinken, während für Industrieprodukte und Dienstleistungen immer höhere Preise bezahlt werden müssen. Der Landwirt fühlt sich entwertet und mit Lippenbekenntnissen zu seiner Bedeutung abgespeist. Die kleinste zusätzliche Belastung genügt. Die Bauern blockieren die Autobahn, schreien Politiker nieder, verhalten sich ganz anders, als es ihre sonst so disziplinierte und bodenständige Orientierung erwarten lässt.

Der Gegensatz von Land und Stadt wird zum Hass zwischen Kain und Abel. Wenn ich heute für eine Tonne Weizen, die ich in die Stadt bringe, weniger erhalte als vor zehn Jahren; gleichzeitig aber der städtische Betrieb, der meinen Traktor repariert, mir für die gleiche Leistung zehnmal mehr abverlangt, kann ich nicht anders, als mich entwertet und betrogen zu fühlen. Wie intensiv dieser Hass ist, zeigen die Explosionen im einst frommen, grünen «heartland» der USA: dem Mittleren Westen.

Im Zug der Auseinandersetzung mit dem Attentat von Oklahoma, bei dem am 19. April 1995 168 Menschen starben, hat Joel Dyer* in seinem Buch «Harvest of Rage» die These vom Einzeltäter und Waffennarren zerpflückt. Seiner Ansicht nach ist der im Juni 2001 hingerichtete Timothy McVeigh Vertreter einer großen und bedrohlichen Bewegung im Mittelwesten, in dem eine katastrophale Agrarpolitik das Selbstgefühl der einst so gottesfürchtigen und gesetzestreuen Farmer untergraben hat. Seit 1980 sind über eine Million Farmen zwangsversteigert worden; Selbstmord ist in dem agrarischen Zentrum der USA die häufigste Todesursache. Jeder Zweite ist arbeitslos, jeder Dritte lebt an der Armutsgrenze, und das in einem Gebiet, das riesige Mengen von Weizen und Mais produziert und mehr als die Bewohner der USA satt macht.

Erhöhte Ansprüche, mörderische Abstürze

In der Konsumgesellschaft, die vor allem durch die Massenmedien globalisiert wird, geht es um die Produktion von Ansprüchen, bequem in Glanz und Glück zu leben. Wie anders will man in einer Welt, die längst über ihre Verhältnisse lebt, noch Autos verkaufen, die mit 500 PS eine einzelne Person transportieren?

* Joel Dyer: Harvest of Rage. Why Oklahoma City is only the beginning. Boulder [Westview Press] 1997

So öffnet sich eine Schere zwischen Anspruch und Wirklichkeit, zwischen dem medialen und technischen Versprechen einer bequemen, guten, richtigen Welt und der Realität. Im frommen Fanatismus der Postmoderne wird der Anspruch verwöhnter Konsumenten nachträglich spiritualisiert. Die Ungläubigen stören, sie sind lästig, warum gibt es sie eigentlich? Das Gefühl, betrogen zu sein, verbindet die Terroristen des Mittelwestens mit denen Saudi-Arabiens.

Erdöl ist billig, Medikamente sind teuer. Nach einem Studium der Volkswirtschaft kann man das verstehen. Aber die Hoffnung, es nach einem Marx-Studium auch ändern zu können, hat getrogen. Der Fundamentalismus erspart beide Studien und hat schon eine ethische Lösung: Es gibt gute und böse Menschen. Wenn die bösen tot sind, werden die Bauern gerechte Preise für ihren Weizen und die Beduinen gerechte Preise für ihr Öl erhalten.

Auch McVeigh war einer, der nicht aufhören konnte zu kämpfen, nachdem «sein» Krieg vorbei war. Er war ein im Golfkrieg ausgezeichneter Soldat. Als der von ihm mit über zwei Tonnen eines Benzin-Kunstdünger-Gemischs beladene Lastwagen explodierte, starben auch 19 Kinder in einer Tagesstätte; McVeigh gebrauchte dafür die Formulierung «collateral damage». Zerfetzte Kinder sind nicht das Ziel der Strategie; sie ergeben sich nebenbei.

In den ländlichen Gebieten der USA gibt es mindestens 150 rechtsgerichtete, regierungsfeindliche und potenziell terroristische Organisationen. Die bekanntesten sind neben dem legendären Ku-Klux-Klan Aryan Nation, Colorado Militia, John Birch Society, Army of God. Sie arbeiten konspirativ, besorgen sich Geld auf kriminelle Weise und durch Spenden von Wohltätern, haben lokale Polizeieinheiten infiltriert und suchen die Öffentlichkeit zum Beispiel durch Überfälle auf Abtreibungskliniken auf sich aufmerksam zu machen. Sie veröffentlichen, ebenso wie Osama Bin Laden,

Anleitungen zum Waffengebrauch und zum Bau von Sprengsätzen.

Die rechtsradikalen und die islamistischen Handbücher für Terroristen zeigen beunruhigende Übereinstimmungen. Wer das Gewaltmonopol des Staates aufkündigt, macht parallel dazu eine ganze Reihe von Regelungen rückgängig, mit denen sich die technische Zivilisation vor dem unkontrollierten Gebrauch ihrer eigenen Errungenschaften schützen will. Sprengstoffe gehören in einem zivilisierten Land zu den am besten gehüteten und am schwersten zugänglichen Substanzen, ebenso wie automatische Waffen oder Drogen. Radikal individualisierte Menschen hingegen sehen nicht ein, weshalb ihnen der Staat den Waffenbesitz, den Zugang zu Sprengstoff, den Konsum und den Handel mit Drogen verbieten will.

Diese «Handbücher» sind also keine Zutat, sondern ein Weg in den Kern des Terrors. Die Schicht von Kompetenz, Professionalität, von praktischem Wissen und Gesetzeskenntnis soll zerstört werden, mit der sich entwickelte Staaten davor schützen, dass wütende Kinder eine Maschinenpistole in Händen halten und eifersüchtige Ehemänner Dynamit in ihrem Kellerabteil horten. Dass wir heute viele Dinge haben können, denen wir ohne Spezialausbildung nicht gewachsen sind, ist ein zentrales Element der modernen Welt. Alle diese Spezialausbildungen verspricht im Fundamentalismus ein reiner Glaube entbehrlich zu machen. Dem Terroristen ist es nicht gleichgültig, sondern erwünscht, dass jeder weiß, wie er jeden in die Luft sprengen kann. Insofern ist der Anarchist mit der Bombe nicht tot und vergessen. Er ist wieder auferstanden und hat sich multipliziert. Die selbstmörderische Explosion ist auch ein Plagiat der Anarchie: «Keine Macht für niemand!» Aber diese Anarchie gedeiht unter dem Deckmantel einer strengen Ordnung, einer Wiederherstellung überlieferter Sittenreinheit.

Auch im Hass gegen die Evolutionstheorie wären sich die Islamisten und die Fundamentalisten des Mittelwestens einig. Für McVeigh, der Mitglied des Ku-Klux-Klan war und bei seiner Tat ein Shirt mit einem Jefferson-Zitat* trug, das denselben blutrünstigen Gehorsam verströmt wie die Rhetorik der Hamas und Khomeinis**, war die Bundesverwaltung, deren Gebäude er sprengte, Trägerin einer Verschwörung von Juden, Kapitalisten und der Vereinten Nationen gegen das gute, freie Amerika.

Apokalyptische Visionen als Kränkungsverarbeitung

Auch die von den westlichen Zivilisationen als befreundete Staaten und unentbehrliche Rohstofflieferanten gefeierten arabischen Länder leben in Wahrheit in einer chronischen Kränkung. Der Westen verführt ihre Bürger durch seine Konsumangebote, durch Fernsehen und eine in ihren Traditionen unsittliche Rolle der Frau. Er nimmt sie nicht ernst. Er hält die Preise für ihre Rohstoffe niedrig und die Preise für seine Industriegüter hoch. Der «Ölscheich» ist die Figur, mit der diese Ausbeutung im Westen rationalisiert wird – Prototyp des verachteten Vaters, eines eigennützigen Schmarotzers, der die fleißigen Industrieländer mit einer Verfügungsgewalt über Naturschätze erpresst, die ihm ohne jeden Verdienst in den Schoß gefallen sind.

Es gibt kaum eine widerwärtigere Denkfigur als diesen Ölscheich; er erfüllt dieselben Funktionen wie der Jude in den Nazi-Karikaturen. Dieser Jude wurde erfunden, um das bru-

* «Der Baum der Freiheit muss von Zeit zu Zeit erfrischt werden mit dem Blut von Patrioten und Tyrannen.»

** «Der Baum des Islams kann nur wachsen, wenn er ständig mit dem Blut der Märtyrer getränkt wird.» Zit. n. Reuter, a. a. O., S. 78

tale Vorgehen der Antisemiten zu rechtfertigen. Ähnlich wurde der Ölscheich aufgebaut, um die Ausgebeuteten durch eine Gestalt zu symbolisieren, die weder Achtung noch Mitgefühl verdient. In der Kultur der Beduinen sind die Scheiche angesehene Männer, die dafür sorgen, dass die gemeinschaftlichen Güter gerecht verteilt und die Stammesbräuche geachtet werden.

Orhan Pamuk hat nach dem Anschlag am 11. September 2001 die Stimmen der Armen in Istanbul aufgezeichnet. Viele von ihnen begrüßten es, dass jemand den reichen Amerikanern Böses angetan hatte. «Ein durchschnittlicher Bürger eines armen islamischen Landes ohne Demokratie und ein Beamter in irgendeinem Drittweltland, der mit Mühe das Monatsende zu erreichen versucht, weiß nicht nur, dass vom Reichtum der Welt auf ihn nur äußerst wenig entfällt und dass er dazu verurteilt ist, ein Leben zu führen, das verglichen mit dem im ‹Westen› unter sehr viel härteren Bedingungen verlaufen und sehr viel kürzer sein wird. Vielmehr ahnt er in einer Ecke seines Bewusstseins, dass sein Elend seine eigene Schuld oder die seines Vaters oder Großvaters ist ... Der Westen hat leider kaum eine Vorstellung von diesem Gefühl der Erniedrigung, das eine große Mehrheit der Weltbevölkerung durchlebt und überwinden muss, ohne den Verstand zu verlieren oder sich auf Terroristen oder Fundamentalisten einzulassen. In diesem fluchbeladenen Bereich können weder die Romane des magischen Realismus, die Armut und Dummheit als liebenswert beschreiben, noch populäre Reiseliteratur eindringen.»*

* Orhan Pamuk: Trostlose Vertröstungen. Es ist vor allem das Gefühl der Erniedrigung in den islamischen Ländern, das dem Frieden im Weg steht. Süddeutsche Zeitung, 28. 9. 2001. Der Autor ist einer der bekanntesten Schriftsteller in der Türkei.

Aus der Perspektive heutiger Muslime steht die Welt auf dem Kopf. Gott hat ihnen durch das Siegel der Propheten, durch Mohammed, den letzten Menschen, der eine göttliche Offenbarung empfangen hat, ein Versprechen gegeben, an dem sie nicht zweifeln dürfen. Es war nicht nur der reine, wiederhergestellte Glaube, sondern auch der weltliche Lohn für die Gläubigen: Macht, Erfolg, Herrschaft. Ein Jahrtausend lang wurde dieses Versprechen erfüllt – die Reiche der arabischen Kalifen und der osmanischen Sultane gehörten zu den mächtigsten der Erde.

Seit dem Beginn der Neuzeit hingegen ist die Bedeutung der islamischen Welt geschrumpft. Da unmöglich Gott dafür verantwortlich sein kann, muss es am verunreinigten, geschwundenen Glauben der Muslime liegen. Die apokalyptische Deutung dieser Situation richtet sich an einige Auserwählte. Sie sind wenige, aber sie wissen, worum es geht. Sie erkennen den wahren Feind, während um sie herum die Unwissenden nur an ihre Bequemlichkeit und ihren Vorteil denken.

Die große Anziehungskraft, welche die apokalyptische Vision für den menschlichen Narzissmus hat, liegt in der Verbindung von Grandiosität, Aggression und in Allwissenheit kompensierter, realer Ohnmacht. Den Apokalyptikern ist klar, dass sie zwar den Weg wissen und auch den Feind als Einzige eindeutig erkennen, dass sie aber nur geringe Aussichten haben, ihn zu bezwingen. Dennoch müssen sie alles tun, was in ihrer Macht steht, und dürfen den eigenen Tod nicht scheuen. Da die Spanne des Lebens aller Menschen ohnehin durch den allgemeinen Untergang verkürzt wird, kommt es auf ein paar Tage oder Jahre mehr oder weniger nicht an.

Von der westlichen Öffentlichkeit wenig bemerkt, spielen solche apokalyptischen Lehren im Islam gegenwärtig eine wichtige Rolle. Sie werden in billigen Pamphleten weithin verbreitet und beeindrucken die wundergläubigen Massen. Der amerikanische Religionswissenschaftler David Cook hat sich mit dieser chiliastischen Seite des Islams beschäftigt und die Frage gestellt, wie viel sie mit den Selbstmordattentaten zu tun hat. Er vergleicht den Zusammenhang mit dem zwischen Pornographie und sexuellem Missbrauch. Es wäre falsch, einen Kausalzusammenhang zu konstruieren. Aber unleugbar konsumieren viele Täter vor ihrer Tat die entsprechende Literatur. Sie trägt in jedem Fall dazu bei, Hemmschwellen zu senken und Anregungen zu geben.

Die meisten apokalyptischen Szenarien knüpfen sich an Jerusalem. Die Heilige Stadt ist im Besitz einer Atommacht; der Gedanke, dass um sie einmal ein Atomkrieg entbrennt, bedrückt auch Menschen, die sich sonst von esoterischen Visionen fern halten. Kurz vor dem Ende der Welt wird eine muslimische Variante des Antichrist, der Dadschal, die Macht über einen Großteil der Welt an sich reißen. Auch viele islamische Länder werden ihm huldigen; nur wenige bleiben der Lehre treu. Um Plätze auf den einschlägigen Listen konkurrieren die virulent antiwestlichen Staaten.

Der Dadschal ist Jude, sein Hauptquartier liegt in Washington. Er zieht die Fäden in Europa, Asien, in den meisten islamischen Ländern. Er verantwortet den Verfall der Sitten, die Umweltverschmutzung, die globale Armut. Er verdirbt die Muslime durch seine Zinswirtschaft, durch Exzesse der Gewalt und Sittenlosigkeit.

Carter, Reagan, Bush sen. und Clinton wurden alle bereits als Agenten des Dadschal angegriffen. Viele gebildete Araber lassen sich durch kein Argument von ihrer Überzeugung abbringen, dass alle amerikanischen Präsidenten, alle Kongressabgeordneten Juden seien. Das Pamphlet der «Protokolle der Weisen von Zion», in Europa längst als antisemitische

Fälschung entlarvt, wird heute im Nahen Osten nachgedruckt und als historischer Beweis einer Weltverschwörung zitiert: Hier geben die Juden doch selbst zu, dass sie für den Kapitalismus, die Globalisierung und den Kommunismus verantwortlich sind.

Die apokalyptische Rhetorik richtet sich aber auch gegen die eigenen Machthaber. Die gesamte Politik wird als Verschwörungstheorie neu formuliert. Die amerikanischen Juden haben Saddam Hussein zum Angriff auf Kuweit verführt; die CIA hat Flugzeuge in das World Trade Center gelenkt. Auf dem Titel des Werkes eines der Apokalypse-Theoretiker, Said Ayyubs «Der falsche Messias», ist ein Dämon abgebildet, der eine amerikanische Flagge, Hammer und Sichel sowie den Davidstern trägt.

Die Dadschal-Lehre wird durch den politischen Dünkel und die militärischen Erfolge Israels enorm gefördert. Es ist für den durchschnittlichen Muslim ein großer Trost, wenn er sich vorstellen kann, dass nicht ein kleiner, halb entwickelter Staat den überlegenen arabischen Kräften schwere Niederlagen zugefügt hat, sondern ein mächtiger Dämon, der die ganze westliche Welt aussaugt, um aus ihr Kraft zu gewinnen.

Viele der palästinensischen Organisationen, die Selbstmordattentäter ausschicken, sind apokalyptisch orientiert. Das gilt für die Hamas im Westjordanland und im Gaza-Streifen ebenso wie für die Gruppe, die sich «Islamischer Dschihad» nennt. Die Vorstellung, dass der Weltuntergang nahe ist, wird zu einem mächtigen zusätzlichen Motiv: Wer jetzt nicht alles daransetzt zu beweisen, dass er zu den wahren Gläubigen gehört, wird mit der großen Masse der Feinde und der Gleichgültigen untergehen.

Der Weltuntergang ist eine Metapher für den Zusammenbruch des Selbstgefühls, den narzisstischen Kollaps. Der tröstliche Gedanke, notfalls alle Kränkungen des Geschicks durch den Freitod zu besiegen, schläft in jedem von uns; Hamlet spricht über ihn in seinem Monolog über «Sein oder Nichtsein». Wir machen uns selten klar, wie wenig stabil der Schutzwall ist, der uns von solchen Todeswünschen trennt. Es ist, als würde allein dieser Gedanke ihn gefährden. Psychotherapeuten wissen, dass es wichtig ist, potenzielle Selbstmörder auf ihre Todeswünsche anzusprechen. Aber auch Therapeuten müssen einen inneren Widerstand niederringen, der ihnen das verbietet. Er sagt ihnen, es sei sicherer, nicht davon zu sprechen, denn wer das Thema erwähne, den treffe eine Mitschuld.

Die Ansteckungsgefahr des Suizids

Der spektakuläre Suizid eines Schülers ist die einzige Sensationsmeldung, über die zu berichten sich auch die Boulevardpresse verkneift. Zu oft wurde die bittere Erfahrung gemacht, dass durch solche Berichte auch andere junge Menschen veranlasst werden, in den Tod zu gehen.

Goethe soll «Werthers Leiden» geschrieben haben, um ihnen nicht selbst zu erliegen. Er hat den Text veröffentlicht und damit andere in seine Leiden hineingezogen, in diesem Fall so sehr, dass sich einige junge Leser in blauem Frack mit gelber Weste und Beinkleidern erschossen.

Die kritische Vernunft und das klinische Wissen sagen uns, dass die jungen Männer, die sich nach der Werther-Lektüre erschossen und so zum Ruhm, zur Anrüchigkeit, zum Verbot und zu erneutem Ruhm des Buches beitrugen, seelisch gestört waren und sich vielleicht auch aus einem anderen Grund umgebracht hätten. Aber ganz ohne ungewollte Verantwortung kann der Autor nicht sein, selbst wenn wir das Verhängnis vor allem darin suchen, dass Erschießen ein so wirksames Mittel ist, sich umzubringen. Es gibt fatalerweise keine Möglichkeiten, Selbstmordversuche mit Kopfschüssen zu unternehmen; hätte Werther sich ertränkt, wären gewiss einige der Nachsterbenden im kalten Wasser wieder zur Besinnung gekommen.

«Es wird hier ein Buch verkauft», schrieb Dr. Johannes August Ernesti, Dekan der theologischen Fakultät in Leipzig, an die Bücherkommission des sächsischen Kurfürsten, «welches den Titel führt, Leiden des jungen Werthers etc. Diese Schrift ist eine Apologie und Empfehlung des Selbst Mordes; und es ist auch um des Willen gefährlich, weil es in witziger und einnehmender Schreibart abgefaßt ist. Einige gelehrte und sonst gesetzte Männer haben gesagt, daß sie sich nicht getraut hätten, das Buch durchzulesen, sondern es etliche mal weggelegt hätten.»

Goethes Buch wurde im Königreich Sachsen verboten. Wer es verkaufte, musste zehn Taler Strafe zahlen, alle Buchhändler unterschrieben ihr Einverständnis, es aus dem Sortiment zu nehmen, als Letzter Weygand, der Verleger.

Wie groß die Ansteckungsgefahr durch spektakuläre Suizide ist, zeigt die Selbstmordstatistik nach dem Tod von Marilyn Monroe am 4. August 1962: Im folgenden Monat stieg sie in den USA um 12 Prozent, in England und Wales um 10 Prozent. Das sind viele hundert Todesfälle (in den Industrieländern kommen meist auf einen Mord zehn Suizide). Auch hier liegt der Einwand nahe, dass eine solche Nachricht jenem letzten Strohhalm gleicht, der den Rücken des Kamels bricht. Aber gerade angesichts der Dynamik solcher Taten, die in einer narzisstischen Regression wurzeln, ist jeder winzige Betrag wichtig genug.

Wenn negative Außenreize fehlen, kann es geschehen, dass günstige Einflüsse mehr Macht entfalten und einen Selbstmordkandidaten retten. Die junge Frau mit Liebeskummer trinkt dann nicht noch zwei Gläser mehr auf Marilyns Andenken, gerät in heulendes Elend und kann der Lockung widerstehen, ihren angesammelten Tablettenvorrat zu konsumieren. Sie geht tanzen, verliebt sich erneut und wird nach einigen Monaten nur noch mit leisem Schauder daran denken, wie wenig fehlte, um die Grenze zum Vollzug ihres Todeswunsches zu überschreiten.

Todessehnsucht und Selbstmordphantasie sind in der Adoleszenz normal. Sie gehören zur inneren Reaktion auf die massiven seelischen Umgestaltungen der Pubertät und den Berg an Anforderungen des Erwachsenwerdens in einer individualisierten Gesellschaft. In der normalen seelischen Entwicklung gibt es aber immer auch genügend Gegenkräfte, um die Todeswünsche zu neutralisieren. Lust auf Erotik, Neugier auf das Leben, der Wunsch, Eltern und Geschwistern keinen Schmerz zu bereiten sind einige dieser Wächter, die solchen Gedanken Einhalt gebieten. Wenn nun ein Symbol von Liebe und Lust, von sexueller Freiheit, Schönheit und Grandiosität sich tötet – dann wird es schwerer, sich vorzustellen, dass die eigene Zukunft mehr ist als eine Sammlung von Kränkungen.

Eine solche Entwicklung gegen den Suizid setzt eine Lebensperspektive voraus, in der sich ein junger Mensch vorstellen kann, mit seiner Umwelt in Zukunft einen befriedigenden, selbstbestimmten Austausch zu führen.

Je stärker Armut und politische Unterdrückung diese Perspektive verdüstern und je höher die Ansprüche an Macht und Geltung sind, desto mächtiger wird auch die Drohung des narzisstischen Zusammenbruchs, sozusagen der persönlichen Apokalypse, des Selbst-Untergangs, des Selbst-Verlustes.

Weil nicht nur die reale, sondern auch und vor allem die imaginierte Armut und Bedeutungslosigkeit kränken, sind keineswegs nur Habenichtse potenzielle Selbstmordattentäter. Schließlich kann der gekränkte Vorstand eines großen Unternehmens ebenso zum Selbstmörder werden kann wie der entlassene Hilfsarbeiter, obwohl dieser von sich behaupten würde, mit einer dicken Pension im Rücken würde er sich fühlen wie im irdischen Paradies.

Menschliche Bomben in Palästina

Am 18. Mai 2001 erhielt die Nachrichtenagentur Reuter in Jerusalem ein Videoband. Es zeigte einen jungen Mann mit sorgfältig gestutztem Bart und gebügeltem kariertem Hemd vor einem Poster, das den Felsendom in Jerusalem zeigt. Die goldene Kuppel leuchtet, und der 22-jährige Obstverkäufer sagt mit ausdruckslosem Gesicht: «Mein Körper wird in wenigen Stunden zu einer Bombe werden, der die Körper der Zionisten, Söhne von Affen und Schweinen, in der Luft zerreißen wird.»*

Am selben Tag hatte sich Machmud Ahmed Marmasch vor einem Supermarkt in Netanja in die Luft gesprengt. Er war wegen seiner Winterkleidung an einem heißen Frühlingstag aufgefallen. Eigentlich wollte er sich in dem Kaufhaus in die Luft sprengen; doch musste er es auf dem Parkplatz tun, als er die Sirene des Polizeiwagens hörte, der durch den dichten Freitagsverkehr nicht vorankam.

Unter einer Wolljacke, die ihm viel zu groß war, trug er einen 25 Kilo schweren Gürtel mit Sprengstoff, Nägeln und anderen Metallteilen. Fünf Menschen außer ihm waren auf der Stelle tot, 109 wurden verletzt.

Vor seiner Tat besorgte Machmud süßes Gebäck, das er seiner Mutter mit einem Brief zurückließ: «Wer glaubt, dass Gottes Religion siegen wird ohne heiligen Kampf und ohne Blutvergießen, der lebt in einer Illusion.»

Es ist ein Fall wie viele andere, blutiger als die meisten, umgeben von einer makabren sozialen Dynamik, die fast schon

* Thorsten Schmitz: Ins Paradies gesprengt. SZ v. 22. 6. 2001, S. 3

Routine ist. Es gibt jubelnde Nachbarn, welche die Familie beglückwünschen. Eine Mutter weint, weil sie ihren Sohn nicht begraben kann*, und rührt das hinterlassene Gebäck nicht an. Opfer und Angehörige haben ihr Weltvertrauen eingebüßt, ihre seelischen Verletzungen wollen nicht heilen, auch wenn die Wunden der improvisierten Splitterbombe vernarben.

Vor dem Haus der Familie des «Märtyrers» erscheinen maskierte Hamas-Kämpfer und schießen mit ihren Kalaschnikows in die Luft, Salut für einen Toten, der sich angesichts der Überlegenheit der gegnerischen Armee im offenen Kampf eben gerade nicht dieser Waffe bedienen durfte. Einige Tage später werden aus Kampfhubschraubern der Armee Israels «verdächtige» Palästinenser erschossen. Die Hamas beruft eine Versammlung an einem geheimen Ort ein; dort melden sich fünf neue Selbstmordattentäter.

Zwei Details sind eine genauere Analyse wert. Das erste ist der Brief an die Mutter mit dem merkwürdig rührenden Geschenk – Zuckerwerk, eine Liebesgabe, dem Leser der Märchen von 1001 Nacht wohl vertraut. In diesem Brief finden wir die Umkehrung der Argumentation wieder: Nicht der Täter, der glaubt, durch seine wahnsinnige Geste zum Sieg seiner Religion beizutragen, folgt einer Illusion. Nein, die Illusion liegt bei denen, welche nicht glauben, die Welt würde sich durch das Opfer junger Männer verändern, die sich an einem belebten Platz in die Luft sprengen.

In dem Brief an die Mutter steht ein ketzerischer, ein verzweifelter Satz für einen gläubigen Muslim: «Wer glaubt, dass Gottes Religion siegen wird … der lebt in einer Illusion!» Damit polemisiert Machmud (oder der, der ihm solche Briefe

* Der Staat Israel beschlagnahmt die sterblichen Überreste von Selbstmordattentätern und vergräbt sie an einem geheimen Ort – eine der vielen Gesten, welche die Eskalation zwischen den verfeindeten Völkern steigern und die Beteuerung widerlegen, es handle sich schließlich um «gewöhnliche Kriminelle».

diktiert hat) gegen die Lehre Mohammeds. Dieser hat gesagt, dass der wahre Glaube siegen wird. Er hat keine Blutopfer verlangt. Im Grunde nennt Machmud seinen Propheten einen Künder von Illusionen, einen Lügner. Er versteckt diese Ketzerei hinter der Forderung, den heiligen Kampf zu verschärfen. Aber was heiliger Kampf ist, bestimmt der Fanatiker, nicht der Koran. Solche hart an die Grenze der religiösen Legalität gehenden Äußerungen sind für den Apokalyptiker unvermeidlich. Ihm darf der normale Glaube nicht genügen, woher käme sonst die Überzeugung, dass der Untergang bevorsteht? Wie soll er sich von den vielen unterscheiden, die sich mit einer Realität abfinden, die er aufgrund seiner besonderen narzisstischen Verwundbarkeit unerträglich findet?

Daher ist dem Apokalyptiker die Ketzerei immer sehr nahe. Er kann den Glauben nicht steigern, ohne die meisten Gläubigen anzugreifen und sie zu entwerten. Entwertet muss werden, wer nicht bereit ist, für seinen Glauben zu sterben.

Geht es hier noch um Ziele, um Glauben? Oder bemäntelt der Glaube, das aberwitzige «Ziel» der terroristischen Aktion, nur die Todessehnsucht? Kaum eine Frage ist gegenwärtig so umstritten wie diese. Wiederholt habe ich betont, dass psychologische Deutungen ihren Sinn verlieren, wenn sie kulturelle und politische Aspekte nicht ergänzen und vertiefen, sondern ersetzen, indem sie «psychologisieren». Unter diesem Aspekt wird die oben gestellte Frage unsinnig: Es geht nicht um eine Alternative, sondern um eine Ergänzungsreihe. Unter bestimmten sozialen Umständen gedeiht die psychologische Todessehnsucht besser als unter anderen. Wie es keine Kultur gibt, die solche Taten erzwingen kann, so gibt es andrerseits keinen Menschen, in dem solche Gedanken nicht geweckt werden können.

Gegenwärtig differenzieren sich die Klischees, mit denen die Öffentlichkeit lange die Frage der menschlichen Bomben vereinfacht hat. Ging es früher darum, hochherzige Idealisten kriminellen Psychopathen gegenüberzustellen, wie in der Debatte zwischen Hamas und Israel oder der El Quaida und den USA, so wird heute in islamischen Ländern die Produktion von «Märtyrern» skeptisch beurteilt. Führend ist hier gerade der Iran, in dem diese Bewegung einen ihrer Ausgangspunkte hatte. Auf der anderen Seite beschäftigt die komplexe Motivation von Selbstmordattentätern inzwischen auch israelische Wissenschaftler.

Das zuzeiten gewebte, hochkonspirative Bild der langen und sorgfältigen Vorbereitung des Selbstmordattentäters scheint nach den neueren Beobachtungen nicht mehr zuzutreffen. Es gibt die verschworenen terroristischen Gruppen, die solche Aktionen genau planen, aber es gibt auch spontane Entscheidungen. Wie in anderen Situationen mit einem spektakulären Aspekt bestimmt auch hier Konkurrenz um Aufmerksamkeit das Bild. Strenggläubigen Gruppen (die nur Männer als Märtyrer zulassen) stehen weltliche gegenüber, die junge Frauen als Selbstmordattentäterinnen rekrutieren und den Sprengstoffgürtel als Schwangerschaft tarnen.

Die Explosion verhindert den Zusammenbruch

Jede Apokalypse enthält eine Untergangsdrohung. Was sonst diffus angekündigt wird – wie das Jüngste Gericht im Christentum –, soll unmittelbar bevorstehen, es wird in den nächsten Monaten geschehen. Weltuntergangskünder haben schon immer runde Zahlen geliebt. Die Christen haben das im Jahr 1000 und im Jahr 2000 erlebt.* In der islamischen Welt spielt

* Getreu dem Motto von Marx, dass eine Tragödie sich in der Geschichte als Farce wiederholt, wurde 2000 vor allem eine Apokalypse der Datennetze angekündigt, und auch hier schüttelte die Realität den Stachel der Untergangspropheten ab.

das Jahr 1979 eine wichtige apokalyptische Rolle; es entspricht dem letzten Jahr des 14. Jahrhunderts der Zeitrechnung «nach der Hedschra». 1979 hat angeblich Osama Bin Laden seine politische Berufung entdeckt, der Schah wurde gestürzt, die Sowjets errichteten ihr Regime in Afghanistan, und die Kaaba in Mekka war Ziel des Angriffs einer Gruppe todesmutiger Fanatiker.

Es gibt Menschen, die von solchen Untergangsankündigungen weit stärker angezogen werden als andere. Sie haben in ihnen einen Mythos für einen inneren Vorgang gefunden, den man als Kollaps des Selbstgefühls oder als narzisstischen Zusammenbruch beschreiben kann. Er gehört zu den bedrohlichsten seelischen Ereignissen. Viele bizarre Verbrechen und Verhaltensweisen, vom Amoklauf bis zur Sucht, zur Perversion oder zum Zwangsritual werden verständlich, wenn wir auf diese Gefahr im Hintergrund unserer Psyche achten. Sie entsteht durch die Fragilität der Stützen des Selbstgefühls. Solche Zusammenbrüche sind weder ein rein inneres noch ein rein von außen ausgelöstes Schicksal. Sichtbare und unsichtbare Einflüsse wirken zusammen.

Männer sind von diesem Kollaps ihres Selbstgefühls und damit vom apokalyptischen Narzissmus erheblich stärker betroffen als Frauen.* Das hängt mit der stärkeren Verletzlichkeit ihres Selbstgefühls, ihrer höheren Erfolgsorientierung und ihren Schwierigkeiten zusammen, sich in emotionalen Beziehungen zu stabilisieren. Wer sich mit seinen Gefühlen an andere Menschen bindet, der empfindet Mitleid. Er fühlt sich in andere ein und entdeckt dadurch immer wieder, dass seine Sicht auf die Wirklichkeit nicht die einzig mögliche ist. Dadurch entsteht ein wirksamer Schutz vor Extremen des

* Ein Zeichen für die Substanzverluste der Traditionen im Fundamentalismus ist die erste weibliche Selbstmordattentäterin, die sich Ende Januar 2002 in die Luft sprengte.

Fanatismus und der narzisstischen Gefährdung, die durch einsame Rechthaberei und Kontaktvermeidung gedeihen.

Alle monotheistischen Religionen sind von Männern dominiert. Das hängt mit einem zentralen Motiv der Bibel zusammen: der polemischen Abgrenzung gegenüber den Fruchtbarkeitskulten, die es an allen Küsten des Mittelmeers gab, der Verehrung von Kybele, Attis, Artemis, Isis in Kleinasien, Palästina und Ägypten. Robert Ranke-Graves und Raphael Patai* haben dokumentiert, an wie vielen Bibelstellen sich Spuren dieser alten Religion auffinden lassen, gegen die Moses und die Propheten kämpfen.

Zu den mosaischen Gebeten gehört der Dank an den Herrn, nicht als Frau geboren worden zu sein. Im Christentum hat sich die Entwertung der Frau in dem Verbot geweihter Priesterinnen niedergeschlagen, im Islam wurde sie durch Bräuche ergänzt, die zu einer nomadischen Kultur passen und die Töchter zu einem sorgfältig gehüteten Besitz der Väter machen. Es gibt in diesem Punkt keinen Grund für Juden oder Christen, sich über die Anhänger des Propheten Mohammed zu erheben. In der Rhetorik und in der rituellen Praxis aller dieser Religionen sind Frauen das eher entwertete Geschlecht, nicht das idealisierte. Überall wurde die Emanzipation zuerst gegen die Kirchen erkämpft und nicht von ihnen gefördert. Gleiche Entwicklungsmöglichkeiten für beide Geschlechter zu schaffen ist ein ehrgeiziges und unvollendetes Projekt der Moderne, zu dem sich inzwischen einige christliche, jüdische, aber auch islamische Richtungen bekennen, alle gegen hartnäckige und keineswegs überwundene Widerstände.

Dieses Projekt setzt enorme Kräfte bei beiden Geschlech-

* Robert von Ranke-Graves und Raphael Patai: Hebräische Mythologie. Über die Schöpfungsgeschichte und andere Mythen aus dem Alten Testament. Reinbek [Rowohlt] 1986

tern frei. Sooft auch Liebende scheitern, weil sie ihre Kraft überschätzt haben, sich auf dem Fundament dieser Liebe eine auf ihre spezifischen Bedürfnisse zugeschnittene Familie zu bauen, so faszinierend bleibt dieses Projekt.

Die islamistischen Extremisten verbindet auch die Erneuerung sexueller Diskriminierungen. Die Taliban, welche in Afghanistan den Frauen verboten, Schulen zu besuchen, außerhalb des Hauses zu arbeiten und ohne männliche Begleitung einkaufen zu gehen, sind ein besonders extremes Beispiel. Im Iran wurden Frauen bespuckt und verprügelt, wenn sie sich nicht verschleierten, in Bangladesh riskieren unbotmäßige Frauen, dass ihnen Säure ins Gesicht geschüttet wird, in Saudi-Arabien dürfen Frauen kein Auto lenken.

Als Mustafa Kemal Pascha (Atatürk) die Türkei modernisierte, verbot er Fes und Kopftuch. Heute tragen in Istanbul zwar nur wenige Männer wieder den Fes, aber in vielen Vierteln der Stadt sind Frauen zum Kopftuch zurückgekehrt. Immerhin ist es dort möglich, dass «moderne» und «traditionelle» Frauen sich problemlos mischen. Wo die Scharia (die Rechtsprechung nach wörtlicher Auslegung des Korans) wieder eingeführt wird, droht nicht nur Dieben die Amputation der rechten Hand, auch Ehebrecherinnen werden wieder gesteinigt. Allerdings hat der Prophet vier glaubwürdige Zeugen des Ehebruchs gefordert, so dass diese Strafe sehr selten vollstreckt wird.

Wer mit Mitteleuropäern über Reisen in ein traditionell islamisches Land wie den Jemen spricht, wo im Norden und in den Städten fast alle Frauen tiefschwarz verschleiert sind und Touristinnen angestarrt werden, wenn sie kein Kopftuch tragen, hört von Frauen manchmal den Seufzer, sie wollten in einem solchen Land auf keinen Fall eine Frau sein. Aber ist es wirklich so angenehm, dort ein Mann zu sein?

Die Frage ist so naiv wie der Stoßseufzer der weiblichen Reisenden. Aber sie hilft doch, die Situation genauer zu untersuchen. Das männliche Selbstgefühl ist empfindlicher und labiler als das weibliche. Das kleine Mädchen gewinnt in den meisten Fällen schon früh einen belastbaren Kern, weil es sich mit der Person identifizieren kann, die in aller Regel die erste und wichtigste im menschlichen Leben ist: mit der Mutter. Der kleine Junge identifiziert sich ebenfalls mit der Mutter, doch muss er diese Identifizierung auch wieder aus sich vertreiben, sie in sich bekämpfen, sie in eine Desidentifizierung überführen.

Daher ist sein Selbstgefühl weniger belastbar. Während die Frau lernt, aus einer unterlegenen Position das Beste zu machen, Kränkungen zu verarbeiten und sich in zäher Geduld durch geschickte Bündnisse und Intrigen durchzusetzen, sind Männer auf äußere Erfolge angewiesen und ungeübt, mit Kränkungen fertig zu werden.

Je dominanter die Rolle des Mannes in einer Gesellschaft ist, desto einsamer wird er auch. Oft klagen traditionelle muslimische Männer darüber, dass sie keine Chance gegen die Verbindung ihrer Frauen mit deren Müttern haben. Die Frau wird dem Mann von seiner Mutter ausgesucht, die alle wesentlichen Fragen mit der Mutter der Frau besprochen hat. Wenn es Schwierigkeiten in einer Ehe gibt, steht der Mann einer kompakten Wand aus Frauen gegenüber. Er kann natürlich die Scheidung aussprechen oder einfach gehen, aber er verliert dann den Kontakt zu seinen Kindern.

Der Mann dominiert den Harem, aber der Harem beherrscht den Knaben. Noch im Osmanischen Reich spiegelt sich diese Machtverteilung in der Rolle der Sultansmutter, welche nach dem Sultan den höchsten Rang am Hof einnimmt.

Der 22-jährige Machmud, der keine Freundin hat, aber seiner Mutter Süßigkeiten bereitlegt, ehe er sich auf den Weg in den Heldentod macht, ist höchstwahrscheinlich ein muttergebundener Sohn, der in seiner Explosion – «mein

Körper wird zu einer Bombe werden» – versucht, die Spaltung seines Mutterbildes wieder aufzuheben und die schmerzlichen Prozesse abzukürzen, die den Aufbau einer realen Beziehung zu einer altersgerechten Partnerin blockieren. Er verschmilzt in der Explosion mit der guten Mutter, vernichtet die böse Mutter und wird im Paradies entlohnt, ohne sich die Mühe machen zu müssen, auf Erden herauszufinden, ob er sich einer Liebesbeziehung stellen kann.*

Es gibt einige Einwände gegen eine solche Betrachtungsweise. Ist es nicht verwerflich, mit psychoanalytischen Begriffen ein derart grausames Delikt verstehbar, vielleicht sogar nachvollziehbar, schließlich gar verzeihlich zu machen? Dieser Kritikpunkt ist naiv. Was wir verstehen, können wir auch besser bekämpfen.

Ein zweiter Einwand wiegt schwerer. Ist das nicht westlich gedacht, wird da nicht unser Bild der seelischen Entwicklung, der Partnerschaft, der Liebesbeziehung auf eine ganz andere Kultur gepfropft? Aber das moderne Modell der Liebesbeziehung ist heute universell. Es kursiert, vom Bildschirm transportiert, auch in den traditionellen Gesellschaften, es ist als Gedanke da und kann nicht mehr zurückge-

* Die Spaltung des Mutterbildes ist ein Gedanke von Melanie Klein, der sich im Alltag beobachten lässt, wenn zum Beispiel ein Kleinkind laut «Mama, Mama» schreit, wenn es von der Mutter bestraft wird. Es ruft nach der «guten» Mutter und wünscht sich deren Hilfe gegen die «böse» Mutter. Nur ein Mann, der gute und böse Seiten seiner Mutter integrieren kann, ist auch in der Lage, eine stabile sexuelle Beziehung aufzubauen. Der Einwand, dass (selten einmal) Selbstmordattentäter verheiratet sind, zeigt die Uneindeutigkeit aller psychologischen Aussagen über die Motive unseres Verhaltens. Gegen ihn lässt sich anführen, dass Eheschließung und Zeugung von Kindern zwar auf eine Reife des Selbstgefühls hinweisen, aber sie nicht beweisen, weil sie auch die äußerliche Anpassung eines dennoch infantil strukturierten Mannes ausdrücken können.

nommen werden. Deshalb sind Gruppen wie die Taliban so entschlossen gewesen, die Frauen wieder in ihre alte Rolle zurückzuzwingen. Was also ist es, das dem politisch-religiösen Angebot der «heiligen Sprengung» entgegenkommt, wie die islamische Rhetorik das Selbstmordattentat nennt? Die seelische Komponente trägt Züge einer narzisstischen Störung in der sexuellen Rollenfindung, für die seinerzeit der Begriff der Hysterie geprägt wurde. Plakativ gesagt: Der Selbstmordattentäter ist ein hysterischer Mann, verführbar durch den Schein der Männlichkeit und voller Angst vor der Realität einer reifen Beziehung. Er fürchtet sich vor der Aufgabe, seine Rolle als erwachsener Mann zu erfüllen. Er verleugnet diese Ängste und kompensiert sie durch eine Größenphantasie.

Die bevorzugten Abwehrmechanismen der Hysterie sind Verdrängung und Projektion. Der Attentäter verdrängt den eigenen Tod und das Leid seiner unschuldigen Opfer, er verdrängt die schreiende Unmoral seiner Tat und projiziert die eigene Gnadenlosigkeit in seine Feinde. Der narzisstisch belastete Mann ist schlecht darauf vorbereitet, sich in der Suche nach sexueller Befriedigung an seiner Lust und an den gesellschaftlichen Normen zu orientieren. Das würde ja auf Beziehungen hinauslaufen, die «nur» real-befriedigend sind, die keine Aufwertung, nichts Überoptimales versprechen. Sie würden ein stabiles Selbstgefühl voraussetzen, das nicht den Kick braucht, um dem Elend zu entgehen.

Ein realistischer Bezug zur eigenen Sexualität (den die Psychoanalytiker als «Bewältigung des Ödipuskomplexes» beschreiben) wird gefunden, wenn die Eltern sowohl bewundert wie kritisiert werden dürfen und klar ist, dass ein Kind auch dann Schutz genießt, wenn es ihnen widerspricht. Freud hat sich in seiner Theorie und auch in seinen Fallgeschichten kaum mit den Persönlichkeiten der Eltern seiner Patientinnen und Patienten befasst. Die Art, in der vom Entdecker des Ödipuskomplexes die ödipale Situation beschrieben wird, ist extrem unvollständig. Dabei gibt es kaum eine reichere Fundgrube für Einsichten in das Unbewusste als die Geschichte der Eltern des Kindes und der sozialen Veränderungen, mit denen sie sich auseinander setzen mussten.

In Palästina ist heute eine Situation entstanden, die wahrhaft unheimliche Qualitäten hat. Die Perspektive der Palästinenser hat sich durch das Regime Arafats, der die Ressourcen des Landes vorwiegend in die eigene Machterhaltung leitet, nach der großen Hoffnung auf einen eigenen Staat noch einmal verdüstert. Dass in dieser Situation apokalyptische Strömungen an Macht gewinnen, liegt nahe.

In der israelischen Literatur über die Problematik der Selbstmordattentäter dominieren strategische Motive, die der Hamas und den anderen fundamentalistischen Bewegungen unterstellt werden. Es gibt Verführer und Verführte, es geht um Hass, nicht um reale Kränkung und Diskriminierung. Das mag alles richtig sein, aber es trifft nur einen Teil der Wahrheit.

In einem hoch technisierten Krieg trifft von tausend Explosionen oft nicht einmal eine. Daher sind die Kosten pro getötetem Feind sehr hoch; in Vietnam wurden sie schon auf mehrere Millionen Dollar geschätzt. Der Selbstmordattentäter aber kann ein hohes Maß an Schaden anrichten; seine Explosion ist fast immer genau gezielt, Sprengstoff, Kleineisen und Zünder sind billig. Die Kosten für eines seiner Opfer liegen im Bereich von einigen hundert Dollar. Die Drahtzieher müssen keinen Verrat fürchten. Die Attentäter geben keine Geheimnisse preis. Ihre Wirkung auf die Medien ist vielfach so, dass ein Schatten auf die Opfer fällt: Wenn der Täter das Äußerste getan hat – dann müssen sie es doch sein, die ihn dazu gebracht haben! Terror sät Misstrauen und Hass zwischen Bevölkerungsgruppen. Eine zentrale Errungenschaft der modernen Gesellschaft wird zurückgenommen zugunsten einer Burgenbildung. Es gibt keine Freizügigkeit mehr. Nur wer hinter hohen Mauern mit sorgsam bewachten Toren lebt, darf sich sicher fühlen.

Wer ein wenig klinische Erfahrung hat, der weiß auch, dass für Selbstmord anfällige Personen keineswegs «ungebildet, verelendet, unzurechnungsfähig»* sind, sondern meist äußerlich angepasst, gebildet, unauffällig, Kinder wohlsituierter Eltern. Auch die Selbstmordgefahr ist dann besonders groß, wenn Menschen hohen Idealen nachstreben, unbedingt geliebt werden wollen, wenn sie nicht bereit sind, Zurückweisungen und Misserfolge in ihren Lebensplan aufzunehmen und als Teil der menschlichen Existenz zu akzeptieren. Es gibt Hinweise darauf, dass auch die Psychodynamik der Attentäter solche Merkmale aufweist. Nasra Hassan hat mit einem überlebenden Täter gesprochen und die extreme Einengung des Erlebens nachgezeichnet. «Wir befanden uns in einem Zustand tiefer Andacht. Wir sagten uns, wenn die Israelis wüssten, wie fröhlich wir sind, würden sie uns zu Tode peitschen.** Es waren die glücklichsten Tage meines Lebens.» So berichtete ein Attentäter, der überlebte, nachdem er – angeblich unheilbar gehirngeschädigt – im Koma seiner Familie zurückgegeben wurde. Er gilt heute in Gaza als ein Held.

In ihrem Tod setzt die menschliche Bombe ein Zeichen für rücksichtslosen Mut. Unbewusst delegiert sie dem Feind die Schuld, ihn oder sie so weit gebracht zu haben. Es ist

* Nasra Hassan: Mit einem Knall ins Paradies. Süddeutsche Zeitung Magazin, 25. 1. 2002, S. 22

** Diese Äußerung bestätigt das Motiv des emotionalen Neides in seiner Umkehrung: Der Terrorist will den Frieden und das Glück aller zerstören, die nicht so leiden wie er; dieselbe Haltung unterstellt er hier den Israelis, die kaum ein Interesse haben, einen Araber deshalb zu foltern, weil er vergnügt ist.

schwer, auf einen Toten wütend zu sein. Unsere Tradition gebietet uns seit dem Römischen Reich, über die Toten nur Gutes zu sprechen («de mortuis nil nise bene»). Das mag mit einer primitiven Vorstellung zusammenhängen, dass sich Tote an den Lebenden rächen, wenn diese nicht ehrfürchtig mit ihnen umgehen. Aber es steht auch für eine existenzielle Scheu. Wer die Grenze zum Tod überschritten hat, den können wir nicht mehr verfolgen und bestrafen. Wir fürchten ihn, wenn wir ihn nicht verehren. Wir fühlen uns ihm gegenüber schuldig – schließlich leben wir noch.

Das Motiv der Reinheit

In den Berichten über Atta und über die palästinensischen Selbstmordattentäter erscheint ein auf den ersten Blick nebensächliches Motiv: die penible körperliche Reinigung vor der Tat. Bereits von den Kamikaze-Piloten wird dieses Motiv berichtet; ihr Kennzeichen war die blütenweiße Stirnbinde. Wer mit Menschen spricht, die einen Selbstmord planen, begegnet öfter diesem Wunsch nach Reinheit und Perfektion. Alles soll in Ordnung sein. Die Kleidung und die äußere Szene für die Tat werden sorgfältig gewählt. Eine Patientin, die ihren Suizid für einen bestimmten Termin vorbereitet hatte, erkrankte kurz vorher an einer Grippe. Es war ihr sofort klar, dass sie niemals mit einem Schnupfen Selbstmord begehen würde; sie musste dazu völlig gesund und fit sein.

Zu leben, das heißt auch, sich ständig mit Unvollkommenheiten auseinander zu setzen. In dem im 4. Kapitel erwähnten Roman «Auch Einer» wird dieser Alltagskampf gegen das Unwesentliche beschrieben. Shakespeare spricht in Hamlets Monolog von den «Pfeil' und Schleudern» des «wütenden Geschicks». So wächst die Phantasie, im Tod endlich einen Zustand vollkommener Ruhe zu erreichen, ein Nirwana.

Alle Religionen, die als soziale Einrichtung überleben wollen, müssen sich auch dazu eignen, die menschliche Psyche zu festigen und die soziale Struktur zu erhalten. Daher verhindern sie den Selbstmord, so gut es eben geht. Im Buddhismus, der die Sehnsucht nach dem narzisstischen Ruhezustand am eindeutigsten formuliert hat, ist es die Vorstellung einer üblen Wiedergeburt, die das rebellische Ich bestraft, wenn es sein Ende selbst bestimmt. Der Tod darf nicht dem Willen des Menschen unterworfen sein.

Fromme Tabus sind gegen die menschliche Selbstmordphantasie aufgerichtet wie Drogengesetze gegen Heroin. Es ist ein verführerischer Gedanke, sich ein für alle Male von allen Kränkungen und Belastungen zu verabschieden. Der Suizid ist ein Konstruktionsrisiko der menschlichen Entwicklung, der Fähigkeit, Einsicht in die eigene Geburt, das eigene Altern und den eigenen Tod zu gewinnen. Tiere und Pflanzen leben und sterben; wir aber können unser Leben durchdenken, seinen Beginn und auch sein Ende. Wir urteilen über Lebensziele, Lebensqualität, lebenswertes und lebensunwertes Leben.

In der seelischen Entwicklung wird der Keim zur Selbstmordphantasie während jener Strukturierungsprozesse gelegt, für die Freud das Modell der «analen Phase» geprägt hat. Es geht darum, dass das Kind schrittweise lernen muss, nicht mehr alles Eigene gut zu finden, eben weil es gar nicht unterscheiden kann zwischen gut und böse, zwischen sauber und schmutzig, zwischen erlaubter und unerlaubter Lust.

Freuds Modell ist deshalb wichtig, weil es mehrere seelische Probleme veranschaulicht und zugleich mit dieser Anschauung auch ein wenig von den beteiligten Gefühlen mobilisiert: Müssen wir wirklich in unserem sauberen wissenschaftlichen Diskurs an solche schmutzigen Einzelheiten denken? An unbefangen kotschmierende Kinder und den Schock der Eltern? An die «Sauberkeitserziehung» und die mit ihr verknüpften Versuche, den Willen des Kindes zu brechen, es durch Lob gefügig, durch Strafe gehorsam zu machen? Ihm beizubringen, was brav und frech, was gut und böse ist, ihm etwas einzuimpfen, was weit über unseren Egoismus als Eltern hinausgeht, was göttliches Gesetz ist oder kulturelle Regel, was uns lehrt, zu wissen, was richtiger und wichtiger ist als das innere Gefühl, als die spontane Lust-Unlust-Regulation?

In der analen Phase wird der Grundstein für beide zentralen Stützen der narzisstischen Grandiosität gelegt, deren Stabilität über die Festigkeit des Selbstgefühls entscheidet: den Erfolg und die Liebesbeziehung. Das «erfolgreiche» Kind, dem es gelingt, die Anpassungsforderungen zu erfüllen und seine Wut über die Einschränkungen seiner Autonomie zu verarbeiten, kann in ebendiesem Erfolg sich selbst auch als beziehungsfähig erleben. Das «erfolglose» Kind, das an einer Überforderung scheitert, erlebt sich Verlassenheitsängsten ausgeliefert, zwingt sich übermäßige Unterdrückungen auf und wird depressiv oder fixiert sich an die primitive Grandiosität und findet nicht mehr zu Möglichkeiten, sie sozial zu integrieren.

Als ich, vier Jahre alt, von der gefürchteten, strengen Kinderärztin eine Spritze erhalten sollte, kroch ich unter das Bett und schrie weinerlich: «I mog nimma lebn!» (Hochdeutsch: Ich mag nicht mehr leben!) Die Ärztin empörte sich über diese gottlose Aussage und ließ sich durch den verlegenen Hinweis meiner Mutter, ich sei doch noch recht klein und ein wenig Unlogik sei mir zuzubilligen, kaum beruhigen.

Ich vermute, dass die heftige Scham über die Empörung dieser mächtigen Autorität und die unverkennbare Schwäche und Verlegenheit meiner Mutter angesichts meiner Pein das Ereignis in meiner Erinnerung festgehalten haben. So lernte ich ein Tabu, das sich gegen diese Erlösungsphantasie richtet, zusammen mit ihr selbst kennen. Ich kann mich nicht erinnern, jemals vorher an ein Ende meines Lebens gedacht zu haben.

Der Wunsch war ja auch eindeutig nicht der, mein Leben, wie es bisher gewesen war, zu verlassen, sondern nur, der Gegenwart zu entgehen und in einen glücklicheren Zustand zurückzufinden. Ich wollte diese Quälerin, die zur bösen Seite meiner Mutter geworden war, wieder aus meinem Leben herausbekommen. Es ging also auch um Reinheit, um Säuberung meiner Umwelt von unerwünschten, nicht integrierbaren Bestandteilen. Ich hatte keinen Zünder, um mich und die Ärztin in die Luft zu sprengen. Ich hatte nur den Wunsch, dass das alles ganz schnell vorbei sein sollte.

Die frühen Phasen der Entwicklung sind verwundbar, wobei sich die Tiefe solcher Verletzungen im Alltag nur selten erschließt. Sie spiegelt sich nur in einer Unfähigkeit, sich zu freuen, in einer Einschränkung der Fähigkeit zu emotionalen Bindungen, zu Einfühlung und zu einer befriedigenden Kontaktaufnahme nach außen. Nur hohe Ideale und größte Ziele können die Wunde des Selbstgefühls plombieren, der Alltag scheint sinnlos, leer, die Freundschaften oberflächlich. Solche Menschen sind sozial angepasst, sie haben Kontakte, aber sie wirken ernst, unfroh, starr.

Fanatismus und Analität

Fanatismus ist eine der wichtigsten Möglichkeiten, eine solche Störung sozial umzusetzen. Die Orientierung an einer überwertigen Idee, welche alle anderen Gedanken zur Belanglosigkeit verblassen lässt, wertet das verarmte Ich auf und gibt ihm durch die Möglichkeit, sich einem Ideal zu unterwerfen, das mit anderen geteilt wird, ein Stück seiner verlorenen Kontaktfähigkeit zurück. Solche Mechanismen sind es, welche die kleinen Gruppen von Menschen mit einer problematischen Bindungsfähigkeit festigen, aus denen das Ideal der Rache eine verschworene Terrorgruppe schweißt.

Dass die Todessehnsucht in allen ihren Formen Regressionsabsichten enthält, ist einem nachdenklichen Betrachter schnell klar. Wir können keinen seelischen Zustand fassen, den wir noch nie erlebt haben. Was wir als Erlösung, als Paradies, als höchste Wonne imaginieren, ist immer ein Konzentrat vergangener Lust, überhöht durch eine Befreiung von allen Beeinträchtigungen – ebenjenen Pfeilen und Steinen, die das Geschick so reichlich zur Hand hat, um uns aus unseren Glücksgefühlen zu vertreiben.

Auf die Frage, was ihn am Märtyrertum reize, sagte einer der Gesprächspartner von Nasra Hassan: «Die Macht des Geistes zieht uns nach oben, die Macht des Materiellen zieht uns nach unten. Wer unbedingt Märtyrer werden will, ist immun gegen die Macht des Materiellen.»*

Diese Aussage ist unter psychoanalytischen wie unter geistesgeschichtlichen Aspekten gleich interessant. Sie enthält einmal die elementare Spaltung der analen Phase zwischen oben und unten, gut und böse, erwünscht und unerwünscht, zwischen der Reinheit und dem Schmutz. Und sie greift den Dualismus auf, der seit Pythagoras und Platon einen Teil des abendländischen Denkens bestimmt. Darin gibt es ein gutes Prinzip, das männlich, geistig, lichthaft und dem Göttlichen nahe ist; ihm steht ein schlechtes Prinzip gegenüber, das weiblich, materiell, dunkel und dem Teufel nahe ist.

Alles neuplatonische Denken will den Leib und die Sinne zu Feinden geistiger Vollkommenheit erklären. Die Frage liegt nahe, ob die missionarische Energie der Christen und der Muslime nicht zuletzt ihrer Nähe zu diesen leibfeindlichen Traditionen entspringen. Denn wer seinen Körper als

* Nasra Hassan: Mit einem Knall ins Paradies. Süddeutsche Zeitung Magazin, 25. 1. 2002, S. 22

Grab der Seele hasst, wer meint, ihn durch rituelle Waschungen und Fasten reinigen zu müssen, der kann es gewiss schlecht ertragen, wenn um ihn herum die Heiden ihren Lüsten nachgehen, ungesäubert, ungefastet, in fröhlichem Einklang mit ihrer Lust und ihren triebhaften Wünschen.

Daher müssen diese Heiden unbedingt bekehrt werden, sie müssen den wahren Glauben annehmen, sie müssen aus der sicheren Hölle, in die sie ihr bequemes Leben führen würde, erlöst werden zu dem unbequemen Leben, welches im Jenseits mit paradiesischen Befriedigungen aufgewogen wird.

Ob christliche Kreuzfahrer oder arabische Gotteskrieger ihr himmlisches Jerusalem predigen und erobern, die wahren Opfer sind wohl immer diese Heiden, die es mit allen frommen Vorschriften nicht so genau nehmen und es sich am liebsten nur gut gehen lassen wollen. Der Neid ist ein zentraler Affekt der analen Phase. Er spielt in allen faschistischen Diskursen eine große Rolle. Wer nicht der eigenen Rasse angehört, der eigenen Nation, dem eigenen Bekenntnis, der muss minderwertig sein und der darf eigentlich auch nichts haben, was besser ist als das, was ich habe. Der Neid trägt auch die typische Parasiten-Projektion. Wer sich über einen Parasiten beklagt und ihn mit Hasstiraden verfolgt, spricht fast immer aus Neid: Er möchte selbst ausnützen, Vorteile ergattern, Zuwendungen bekommen, die ihm nicht zustehen. Der «fleißige» deutsche Nazi, der den «faulen» jüdischen Parasiten seiner «gerechten Enteignung» zuführen wollte, war fast immer ein arbeitsscheuer Mann, den es nach dem Eigentum des hart arbeitenden jüdischen Mitbürgers gelüstete.

Dieser auf materielle Güter gerichtete Neid ist leichter verständlich, aber harmloser als der viel tiefer reichende und energischer geheim gehaltene Neid auf das Glück, die Lust, die entspannten sozialen Beziehungen anderer Menschen. Dieser Neid führt zu Entwertungsgefühlen, deren einzige

Lösung die destruktiven Formen des Narzissmus sind: der pharisäische Dünkel, der Kannibalismus und die apokalyptische Explosion, die «Endlösung».

Die Einzelheiten, welche Nasra Hassan* über die Organisation der Selbstmordattentate in Palästina herausgefunden hat, zeigen detailliert, wie hier eine narzisstische Störung verstärkt und Fanatismus kultiviert wird. Die Attentäter werden in familienähnlichen, aber geheim gehaltenen Kleingruppen geschult. Jede Zelle besteht aus einem Führer und höchstens drei Mitgliedern, die sich untereinander nicht kennen – nur der Führer kennt alle. Wenn sich zwei Mitglieder einer Zelle zufällig treffen, wissen sie nichts von dieser Gemeinsamkeit; allein der Führer kennt alle Kandidaten.

Wer in einer solchen Zelle vorbereitet wird, soll seine Bindungen an seine Familie und seine Freunde allmählich auflösen, seine Schulden bezahlen, mehrere Nachtstunden im Gebet verbringen. Oft verfasst der Kandidat ein Testament mit Hilfe einer Videoaufnahme. Er posiert mit einer Kalaschnikow vor einer Fahne oder einem Bild der Kaaba in Mekka, bekundet seine Entschlossenheit, zitiert aus den heiligen Schriften. Diese Videos werden später zur Schulung verwandt. Sie stehen für eine weltliche Unsterblichkeit, die hilft, die immer wieder von allen Beteiligten so energisch verleugneten Ängste und Gefühle von Sinnlosigkeit verdrängt zu halten. Denn in einem sind sich alle Sprecher dieser Form des Dschihad merkwürdig einig: Ihre Kämpfer sind völlig erhaben über jede Angst; in ihnen gibt es nur die Sorge, Allah nicht gerecht werden zu können.

* Hassans Darstellung ist stark von der offiziellen Position der entsprechenden Organisation – der Hamas vor allem – geprägt; die Realität ist ungleich chaotischer. Christoph Reuters Gewährsleute behaupteten zum Beispiel, dass inzwischen die sorgfältige Vorbereitung aufgegeben wurde.

Mir ist diese Rhetorik vertraut. Ich kenne sie aus den beiden Büchern, die es im Haushalt meiner bäuerlichen Großeltern gab: einer katholischen Heiligenlegende, die von den Freuden des Martyriums in unermüdeten Wiederholungen berichtete, und einem «Frontkämpferbuch», in dem die unerschrockene Kampfbegeisterung deutscher Soldaten im Ersten Weltkrieg glorifiziert wurde.

Blut

Die Phantasie der Explosion wurzelt im Widerspruch zwischen Trieb und Ideal, in der Spannung zwischen Phantasien von Reinheit und überlegenem Wert, die von der Lebensrealität schmerzlich enttäuscht werden. Dann wird die Explosion zum regressiven Wunschtraum der von ihrem unerfüllbaren Reinheitsideal geplagten Anhänger körperfeindlicher Religionen. In der Explosion wird das an seiner Unvollkommenheit leidende, sündhafte Ich erlöst und der Hass auf die Umwelt befriedigt. Die quälende, immer scheiternde Mühe, rein und unrein perfekt auseinander zu halten und ganz auf die reine Seite zu geraten, wird endlich von einem Erfolg gekrönt. Der Täter löst sich auf, er wird durch das vergossene Blut gereinigt.

Die im Islam verbreitete Blut-Mystik ist das Gegenstück zu der Schamhaftigkeit gegenüber den Ausscheidungen. Das Blut der Märtyrer reinigt nicht nur sie, sondern auch alle ihre Angehörigen von allen Sünden, die sie jemals begangen haben. Nasra Hassan berichtet von einem Imam, der an der Al-Azhar-Universität in Kairo studiert hatte, die heute als die führende Schule des sunnitischen Islams gilt. Er behauptete, dass bereits der erste Tropfen Blut eines Kämpfers im Dschihad alle Sünden von diesem nimmt. Der Märtyrer geht sofort in das Paradies ein und wird von 72 Huris – den

Paradiesjungfrauen, die wunderschön sind – bedient. Beim Jüngsten Tag darf er Fürsprache für siebzig seiner Freunde und Verwandten* halten, die dann auch ins Paradies kommen.

Ein geistiger Führer der Hamas, Scheich Ahmed Jassin, hat sich ausdrücklich gegen Versuche gewandt, die Taten der Märtyrer mit Phantasien über Belohnungen zu verknüpfen. Er spricht eher davon, dass sie Allah zufrieden stellen wollen und dass es letztlich auch Allah ist, der entscheidet, wer sein Leben für ihn hingibt. In solcher Zirkularität ist Allah – so wie ihn der Prediger sprechen lässt – alles und das Individuum nichts. Die politische Tendenz verschwindet in mystischem Dunkel.

Die Blut-Mystik spielt immer dann eine Rolle, wenn es um eine «heilige Sache» geht. Die Bereitschaft, «Blut zu vergießen», ist ein urtümliches Stärkeritual und zugleich ein Symbol für den narzisstischen Aspekt der menschlichen Triebhaftigkeit. Wer Blut vergießt, der signalisiert, dass er bereit ist, die Grenze zu überschreiten, die zwischen Leben und Tod besteht. Er ist nicht versöhnlich, nicht nachgiebig, er setzt sich über alle kreatürlichen Ängste und Rücksichten hinweg.

Wenn Blut fließt, alarmiert das eine menschliche Tiefenschicht, die jene Personen unverstellt erleben, die bei diesem Anblick in Ohnmacht fallen. Während es zu unserem Lebensrhythmus gehört, uns täglich mehrere Male von anderen flüssigen und halb flüssigen Stoffen zu trennen, die unserem Organismus sonst schaden würden, ist Blut kostbar; wo es sichtbar wird, droht Gefahr, dass etwas verloren geht, was nicht entbehrt werden kann.

Wie mächtig diese emotional fundierten Haltungen sind,

* Manche Organisationen entschädigen die Angehörigen der Täter bereits auf Erden. Die Familie erhält für den Toten ein Schmerzensgeld.

zeigt die individuelle und rituelle Aufregung, welche um die weiblichen Blutungen entsteht. Für unvorbereitete, einer leibfeindlichen Erziehung ausgesetzte Mädchen ist die erste Periode oft ein Schock, sie fürchten zu verbluten. Menstruationsschmerzen sind ebenso weit verbreitet wie Rituale, welche die blutende Frau «reinigen» und ihre Umwelt vor dem angeblich giftigen Blut schützen sollen.

Seltener ist der Neid auf die Frau, die sich durch ihre Fähigkeit, periodisch zu bluten, selbst reinigen kann. Er drückt sich in dem Ritual der australischen Aborigines aus, als Mannbarkeitszeichen den Penis nicht nur – wie so viele Stämme – zu beschneiden, sondern ihn aufzuschlitzen, um ähnlich bluten zu können wie die Frauen.

Die menschliche Angst, die Häute zu verletzen, welche das Blut unsichtbar im Körperinneren halten, ist ein Zeichen seelischer Normalität. Das Blut wird im gesunden Erleben als Kostbarkeit wahrgenommen, die im Körperinneren eingeschlossen bleiben muss und auf die niemand ein Anrecht hat. Diese emotionale Grundeinstellung kann in manchen kulturellen Konventionen forciert werden (wie bei religiösen Gruppen, die ihre Kranken lieber sterben lassen, als eine Bluttransfusion zu dulden), viel öfter aber wird sie als Zeichen von Schwäche demontiert.

Solange das in geregelten kulturellen Bahnen verläuft, wie in der Ausbildung von Wundärzten oder der Anwerbung von Blutspendern, ist dagegen wenig einzuwenden. Aber es bleibt nicht dabei, es entstehen Beziehungen, in denen die Bereitschaft, Blut zu vergießen, zu einem Machtgewinn führt. Hier ist große Aufmerksamkeit angebracht.

Es gibt ein soziales Muster, welches dem mehr Macht gibt, der diese Macht destruktiver handhabt. Es lässt sich mit dem Sprichwort illustrieren: «Der Klügere gibt nach!» Diese Nachgiebigkeit ist gut, wenn die vernünftigere Entscheidung auch tatsächlich dazu führt, dass insgesamt etwas Vernünftiges geschieht. Sie wird destruktiv, wenn auf diese Weise jemand mehr Macht bekommt, weil er mit einer Begrenzung seiner Macht zerstörerischer umgeht. Wenn beispielsweise die Ehefrau weiß, dass ihr Mann bei einem Konflikt zuschlägt, und deshalb nachgibt, wird die Ehe zerstört: Das destruktive Beziehungsmuster überlagert das konstruktive.

In Familien, in Teams, in Betrieben, überall gibt es Personen, die eine destruktive Macht durch ihre Bereitschaft gewinnen, einen Konflikt mit allen Mitteln auszutragen. Sie drohen mit Gewalt, mit Beziehungsabbruch, mit Selbstmord und dominieren auf diese Weise Personen, welche sich vernünftig fragen, ob die Angelegenheit nicht anders geregelt werden kann als durch Dominanz oder Nachgiebigkeit.

Die Bereitschaft, Blut zu vergießen, gehört in diesen Kontext. Einem brutalen Schläger ist es egal, was mit den Menschen geschieht, die er verprügelt. Ihm Spielräume zu gewähren und ihn nicht sofort dem Gewaltmonopol auszuliefern ist nur scheinbar eine menschliche und liebevolle Lösung. In Wahrheit handelt es sich um einen Mangel an Zivilcourage. Oft spielt heimliche Komplizenschaft eine Rolle. Wer angesichts von Faustrecht darauf verzichtet, die Polizei zu seinem Schutz zu beanspruchen, rechnet sich einen gesetzwidrigen Vorteil gegenüber dem Täter aus. Wer narzisstisch sehr bedürftig ist, kann sich auch durch die Opferposition gegenüber dem erklärten Bösewicht aufwerten.

Die Auflösung des Rechtsstaates durch faschistische Tendenzen hängt historisch eng mit dieser falschen Nachgiebigkeit zusammen. In allen faschistischen Bewegungen wird die Bereitschaft kultiviert, Blut für einen Führer zu vergießen, der sich nicht legitimieren muss, weil aus ihm Nation, Gott, Vorsehung sprechen. Wenn diese Haltung nicht kritisiert, sondern bewundert wird, entwickelt sich die Zivilisation zurück in ein Chaos des Faustrechts.

Der «Blutbrunnen» mit rot gefärbtem Wasser in Teheran, die «Blutfahne» und der «Blutorden» der Nazi-Partei, die Symbole blutiger Justiz bei den italienischen Faschisten signalisieren destruktive Entwicklungen in einer Kultur. Wer Blutvergießen billigt oder idealisiert, der zeigt, dass er menschliche Wirklichkeiten missachtet und sich nicht mehr an der Einfühlung in die lebende Kreatur orientiert. Sein Narzissmus ist explosiv geworden. Er durchdringt die empfindsame Haut seiner Nächsten im Dienst einer Macht-Projektion, um sich auf ihre Kosten auszudehnen.

Analität und Isomorphie

In der menschlichen Kindheit prallen Kultur und Triebhaftigkeit aufeinander. Es entstehen Verletzungen, Kompromisse, Überlebenstechniken. Die Religionsstifter haben durchweg versucht, sich dieses Konfliktpotenzial zunutze zu machen, das dadurch entsteht, dass ein schwaches, abhängiges Kind mit einer bereits großartig entwickelten, aber unfertigen Intelligenz gezwungen ist, sich mit den Werten der Erwachsenen auseinander zu setzen. Das Kind ist nicht fähig, die Ansprüche der ihm so wichtigen Erwachsenen zu verstehen und zu erfüllen. Es braucht Schutz, um brauchbare Kompromisse zu finden, seine Bedürfnisse nicht zu verdrängen und doch in die Kultur hineinzufinden. Je weniger Schutz es erhält und je komplizierter diese Kultur geworden ist, desto stärker wird das keimende Ich verletzt und mit ihm die reflektierende Kraft des Kindes – seine Fähigkeit, selbst wahrzunehmen, sich selbst zurechtzufinden, eigene Schlüsse aus seinen Wahrnehmungen zu ziehen.

Auf Traumatisierungen reagiert das Ich unter anderem mit einer Verstärkung des Isomorphiestrebens. Isomorphie, zu Deutsch Gleichförmigkeit, wird zu einem übersteigerten

– einem fanatischen – Bedürfnis, wenn der menschliche Organismus in seinem Streben nach Sicherheit und Gleichgewicht überfordert wurde. Es gibt zahlreiche Beobachtungen, wie traumatisierte Menschen unfähig werden, neue Reize zu verarbeiten. Robert Graves, dem wir eine sehr genaue Schilderung solcher seelischen Verletzungen verdanken, beschreibt seine Angstanfälle, wenn ein Telefon klingelte oder der Zug in den Bahnhof einfuhr.

Wenn uns im Wald ein umgestürzter Baum den Weg versperrt, suchen wir einen Durchschlupf neben dem Pfad. Wir fangen nicht an, gegen den Stamm anzurennen, uns den Kopf an ihm blutig zu stoßen. Wir bleiben nicht stehen und warten, bis jemand kommt und uns hilft. Wir kehren nicht um.

Um derart irrational und selbstschädigend auf ein Hindernis zu reagieren, müssen wir einmal von einem Hindernis so verletzt worden sein, dass wir nicht mehr in der Lage sind, unsere seelischen Fähigkeiten frei einzusetzen. Daher interpretieren wir das Hindernis in einer Weise, die aus dem kleinen, lösbaren Problem eine Katastrophe macht, den Ausdruck einer Feindschaft des Schicksals, die wir entweder mit aller Anstrengung bekämpfen oder vor der wir hilflos verzagen müssen.

Triebe lassen uns nach einer konkreten Befriedigung suchen. Sie unterstützen das forschende Ich darin, Vollkommenheitsansprüche schrittweise aufzugeben, um nicht leer auszugehen. Wenn das feine Lokal geschlossen hat, stehe ich nicht weinend davor und hungre, sondern ich gehe in die Kneipe an der Ecke oder schaue in den Kühlschrank zu Hause.

Narzisstisch besetzte, idealisierte Bedürfnisse, deren Befriedigung die Festigkeit unseres Selbstgefühls beweisen soll, erkennt man an dem Alles-oder-nichts-Prinzip. Entweder finde ich den Partner, der «es wert ist», mich durch seine Liebe aufzuwerten, oder ich gebe jede sexuelle Aktivität auf. Die

Isomorphie zwischen meiner Erwartung und ihrer Erfüllung muss vollständig sein, sonst bin ich von Vernichtungsphantasien bedroht.

Bei den so genannten «autistischen» Kindern sind diese Isomorphiebedürfnisse so ausgeprägt, dass lebende Menschen vor allem als Angstquelle erlebt oder ausgeblendet werden. Zuflucht bieten streng konstant und kontrollierbar gehaltene Teile der Außenwelt, etwa Spielzeug, das unaufhörlich überwacht wird. Fehlt nur ein Teil, setzt panische Angst ein, die bis zur Selbstbeschädigung gehen kann. Naturgemäß fällt es solchen Kindern sehr schwer, sprechen zu lernen oder normal zu spielen.

Auch bei schweren autistischen Störungen gibt es fast immer gesunde Anteile, auf denen eine Entwicklungsförderung aufbauen kann. Umgekehrt sind auch bei normalen Menschen solche autistischen Anteile nachweisbar, sie werden aber durch andere Einflüsse neutralisiert und gewinnen nicht so viel Macht über das Leben. (Der in Kapitel 4 zitierte Roman «Auch Einer» beschreibt eine Reihe der daraus resultierenden Szenen.) Zwanghafte Rituale, das Schaukeln allein gelassener Kinder, das Bedürfnis, dass mein Zimmer, mein Schreibtisch «richtig» aufgeräumt ist, ehe ich anfangen kann zu arbeiten – sie zeigen die fortbestehende Macht der Isomorphie über unser Leben.

In vielen Liebesbeziehungen führt das Isomorphiestreben zu massiven Schwierigkeiten, weil sich ein Partner nicht ändern, nicht aus dem vorgegebenen Bild hinausentwickeln darf, ohne dass das als massive Bedrohung erlebt wird. Wenn er/sie nicht mehr so ist, wie ich immer geglaubt habe, dass er es sei, muss beseitigt werden, was dem Isomorphiebedürfnis widerspricht. Die Isomorphie ist eine elementare Sicherheitsgarantie, sie erbt die Affekte, die in unseren neurologisch verankerten Beziehungsmustern dem Erhalt der lebenswichtigen Mutter-Kind-Beziehung gelten.

Je weniger Schutz ein Mensch erlebt, desto mehr wächst sein Isomorphiebedürfnis, desto weniger kann er ertragen, was anders ist als erwartet, was seine Grenzen durchdringt und ihn aus der Ruhe bringt. Desto weniger kann er auch lernen. Dabei entstehen durch das Isomorphiebedürfnis selbst neue Verletzungen. Wer seinen Liebespartner wütend bekämpft und verlässt, weil dieser in einem Detail anders ist als erwartet, verliert in dem blinden Bestreben, einen kompletten Reizschutz herzustellen, den unvollständigen, den er bereits aufgebaut hatte.

In emotionalen Beziehungen wird die Isomorphie vor allem in dem Bedürfnis nach einem Selbstobjekt fassbar. Das Selbstobjekt ist eine andere Person, die zur Stabilisierung des Selbstgefühls unentbehrlich ist. Solche Beziehungen werden von dem alten Wort «Hörigkeit» gut erfasst. Hörigkeit ist in traditionellen Hierarchien selbstverständlich: Der Sklave, der Leibeigene sind «hörig». Sie müssen sich fügen und erniedrigen, um den Schutz ihrer Herrn nicht zu verlieren. Auch in der Kindheit ist das normal; wenn aber ein Erwachsener mit Mord oder Selbstmord droht, um eine Beziehung nicht zu verlieren, dann ist das nicht mehr normal. Oft wird diese Hörigkeit dadurch verschleiert, dass ein scheinbar Starker eine scheinbar Schwache und Abhängige nach seinem Gutdünken formt. Aber auch hier zeigt sich die Verletzlichkeit des Selbstgefühls, sobald das bisher kontrollierte Wesen eine eigene Dynamik entfaltet und eigene Interessen zu erkennen gibt.

Wenn sich die Hörigkeit nicht auf einen Menschen, sondern auf einen Gott richtet, gewinnt das Individuum seine Autonomie zurück. Dieser Gott ist die Projektion eines idealisierten Ichs in eine metaphysische Welt. Der gemeinsame Gott formt den Zusammenhalt einer Gruppe; sein tüchtiger Prophet kann in wenigen Jahrzehnten aus untereinander verstrittenen Clans von Hirten und Händlern ein schlagkräftiges Heer machen, das auszieht, seinen Gott möglichst vielen anderen zu kräftigem Eigennutzen und Beutemachen aufzuzwingen.

Wenn dann allerdings dieser Triumphzug aufgehalten wird, wenn er sich gar in eine umfassende Niederlage zu verwandeln droht, dann ist die seelische Not groß. Das göttliche Selbstobjekt kann nicht aufgegeben werden, aber die entstehenden Aggressionen müssen in irgendeiner Form verarbeitet werden. Der große, gütige Allmächtige ist unantastbar. Angegriffen werden können die Gläubigen, die zu schwach sind, den Siegeszug ihres Gottes weiter zu fordern, oder aber die Ungläubigen, welche der Heilslehre noch widerstehen. Historische Niederlagen – wie die der islamischen Welt gegenüber der europäisch-amerikanischen Zivilisation im 19. und 20. Jahrhundert – lassen sich auch als massive Verletzung der Isomorphie verstehen. Die Dinge sind nicht mehr so, wie sie sein sollten; statt die eigene Kontrolle und die eigenen Vorstellungen von Werten und Sicherheiten auszudehnen und zu festigen, muss man sich einer fremden Kontrolle unterwerfen.

Die bei einer Verletzung der Isomorphie entstehenden Gefühle lassen sich als ein Gemisch aus Angst und Wut beschreiben. Die Angst erfasst die gesamte Umwelt, sie richtet sich auf alles, was in irgendeiner Weise mit einer Gefahr verknüpft werden kann. Die Angstquellen sind in unserer biologischen Konstruktion verankert: Die meisten Säugetiere fürchten sich in irgendeiner Form vor allem, was sie noch nicht kennen – es könnte gefährlich sein. Die Isomorphiebedürfnisse hängen mit dieser Grenze zwischen dem Bekannten und dem Unbekannten zusammen.

Das gesunde, gut mit Reizschutz versorgte Kind interessiert sich für das Unbekannte und erforscht es neugierig. Das traumatisierte Kind, dessen Reizschutz durchbrochen wurde, fürchtet sich vor dem Unbekannten und klammert sich an die vertrauten Personen. Diese Reaktionsmodelle sind universell und extrem hartnäckig. Wer traumatisiert wurde, wird unfähig, sich neugierig dem Unbekannten zuzuwenden. Er klammert sich an das Vertraute. In großen sozialen Systemen können gerade religiöse Vorstellungen und primitive Mythen über gut und böse (zum Beispiel eine gute und eine böse Rasse, eine wertvolle und eine wertlose Nation) traumatisierten Individuen und Gruppen solchen Halt bieten. Sie klammern sich an sie und können keine Neugier, sondern nur Wut gegen das Neue entwickeln, dem sie sich ausgeliefert fühlen.

Diese Wut ist vielschichtiger als die Angst. Wir glauben, sie auch Säuglingen anzuhören, wenn sie zu lange auf die Brust der Amme warten müssen. Ob wir das Säuglingsgeschrei deshalb für aggressiv halten, weil es tatsächlich solche Affekte ausdrückt, oder eigene Wut, so gereizt und belästigt zu werden, in dieses Geschrei projizieren, lasse ich offen. Jedenfalls schreit der Säugling genau auf jenen Frequenzen, auf die wir am heftigsten reagieren. Die Wut, welche ein Versagen der Fürsorge auslösen kann, lässt sich vor allem bei jenen Kindern beobachten, die gut versorgt werden. Traumatisierte Kinder oder Kinder, denen Wut- und Trotzreaktionen mit Gewalt «ausgetrieben» werden, zeigen viel mehr Angst und Rückzug als Wut.

Drohungen, Wutausbrüche, Beziehungsabbruch, Rache und Gewalt gehören zum Repertoire menschlicher Durchsetzung. Im zivilisierten Rechtsstaat werden sie durch das Gewaltmonopol des Staates, die Regeln der Höflichkeit und den demokratischen Respekt vor einer anderen Meinung als der eigenen zurückgedrängt. Aber das primitive Repertoire der Macht bleibt unter der Tünche dieser zügelnden Einflüsse erhalten. Je schwächer der Staat und seine zivile Rechtsprechung, je zarter das demokratische Bewusstsein, desto größer das Risiko, dass die Regeln primitiver Machtausübung um sich greifen und sich mit dem Diktat des Isomorphiestrebens traumatisierter Gruppen verbinden.

Je mehr traumatische Einflüsse ein Individuum oder eine Gruppe verarbeiten müssen, desto mehr wächst auch das Bedürfnis nach Isomorphie. Historische Entwicklungen, wie das Erstarken von Nationalismus und Rassismus nach Niederlagen, lassen sich damit verknüpfen. Es ist auch kulturgeschichtlich fesselnd, zu beobachten, wie die Isomorphiebedürfnisse parallel zur Unübersichtlichkeit und zum kulturellen Druck (spezifisch dem Druck, der in der analen Phase auftritt) zunehmen.

So gibt es in einer Primitivkultur eine extreme Vielfalt von Kostümierungen und Formen, sich zu schmücken. Im Mittelalter trug jeder Ritter ein anderes Wappen, eigene Farben, eine Rüstung, die ihn von anderen möglichst unterscheiden sollte. In der Neuzeit, als der Krieg zu einem erheblich komplexeren und bedrohlicheren Geschehen wurde, kam es zum Siegeszug der Uniform.

Je komplexer kulturelle Systeme werden, desto mehr Normierungen und Vereinheitlichungen müssen sie auch entwickeln. In mündlichen Überlieferungen verändert sich in wenigen Jahrzehnten der Wortschatz dramatisch (das haben vergleichende Studien der Sprache australischer Aborigines von den ersten Wörterbüchern der Missionare bis in die Gegenwart gezeigt). Die Schrift führt zu einer viel größeren sprachlichen Isomorphie; es entstehen heilige Bücher, die noch tausend Jahre später im Urtext studiert werden. Schriftliche Gesetze versuchen, berechenbare Regeln für den Alltag aufzustellen. In einem modernen Supermarkt sind alle Waren etikettiert, alle Preise absehbar; auf einem traditionellen Markt ist es üblich, um jedes einzelne Stück zu feilschen.

Die menschlichen Sicherheitsbedürfnisse, deren Verletzung zum zentralen Mechanismus der psychischen Traumatisierung gehört, entstehen vor allem durch die zu frühe Geburt, die Existenz als Tragling, der auf Erwachsene angewiesen ist und die Beziehung zu dieser schützenden Umwelt mit buchstäblich allen Mitteln sichern muss.

Ein zentrales, in unserer nervösen Struktur verankertes Mittel, die Beziehungen zu den überlebenswichtigen Personen der frühen Umwelt zu erhalten, sind Einfühlung und Identifizierung. Beide beruhen auf Isomorphien, die inzwischen in Ansätzen auch durch neurologische Forschungen nachgewiesen sind: Wenn wir eine Person in einem bestimmten Gefühlszustand – Wut, Begeisterung, Trauer – wahrnehmen und uns in sie hineinversetzen, werden in unserem Nervensystem dieselben Bezirke aktiv wie bei dem Menschen, auf den wir uns beziehen.

Diese Bezogenheit führt dazu, dass Kränkungen in Familien und Gruppen «vererbt» werden. Das Trauma der Eltern, beispielsweise die Vertreibung aus ihrer Heimat, bildet sich in den Kindern oft tiefer und mächtiger ab, als es für eine oberflächliche Beobachtung an den Eltern ablesbar ist, die sich in ihrer neuen Umgebung eingerichtet haben. Denn für das Kind sind die Eltern unendlich wichtig, und es reagiert auf sie, als ob es ihre inneren Verletzungen durch ein Vergrößerungsglas wahrnähme.* Während die Eltern sich mit der Realität auseinander setzen, nimmt das Kind Kontakt zu den Erlebnissen auf, die sich im Hintergrund der elterlichen Psyche abspielen.

* Freud hat diese Beobachtung mit dem Gedanken kommentiert, dass das Kind nicht das elterliche Ich, sondern das Überich in sich aufnehme. Es identifiziert sich mit der Struktur, welche das Innere der Eltern dominiert, nicht mit der Fähigkeit der Eltern, die äußere Realität zu bewältigen.

6 Das apokalyptische Bedürfnis

Der Tod ist für den Menschen ein Trauma. Es ist schwer, sich mit ihm abzufinden. Die meisten religiösen Lehren lassen sich als Versuche begreifen, die menschliche Phantasie zu aktivieren, um dem Tod seine verletzende Schärfe zu nehmen, seine Sinnlosigkeit und Ungerechtigkeit umzudeuten oder zu verrätseln. Solche erlösenden Entwürfe haben freilich einen Nachteil: Sie wirken nur, solange sie geglaubt werden, sie verschleißen an der Realität, der es doch immer wieder gelingt, die glühendsten Gläubigen in Zweifler und Skeptiker zu verwandeln.

So müssen sich Glaubenslehren, um zu bestehen, immer wieder erneuern, sei es, dass sie durch wirklich neue Göttinnen und Götter, Welterklärungen und ethische Grundsätze abgelöst werden, sei es, dass Prediger und Propheten einen ehrwürdigen alten Glauben gegen Verbrauchserscheinungen verteidigen und eine bessere Zukunft versprechen, wenn es doch endlich gelänge, die verehrten Prinzipien einer goldenen Vorzeit wieder fester im modernen Leben zu verwurzeln.

Nun gibt es unter den Versuchen, mit den Mitteln unserer Psyche den Tod zu entmachten, ein letztes und gewissermaßen verzweifeltes: die Identifizierung mit seiner Macht. Sie zeigt sich sublimiert in der kreativen Energie, mit der so viele Künstler die Macht des Todes darstellen. Deutlicher wird sie in der Leidenschaft von Propheten, die Rache ihres Gottes auf die Ungläubigen herabzubeschwören. Bußprediger lieben es, ihren Zuhörern die Strafen und Qualen auszumalen, die Zweifelnde im Jenseits erwarten. Sie erscheinen notwendig, um das Glück der Erlösten im Paradies vollständig zu machen. Nichts entzückt nach den christlichen und islamischen Jenseitsgedanken die mit Freuden belohnten Gläubigen im Paradies mehr als ein Blick auf die Folter der Ketzer in der Hölle.

Wo so dick aufgetragen werden muss, sind die Zweifel entsprechend mächtig. In der Tat scheint die Bereitschaft der Menschen, Prediger und Propheten auf Dauer ernst zu nehmen, fast immer geringer, als es sich diese wünschen. Fast alle Propheten sind chronisch erzürnt über etwas, das die Nicht-Propheten eher hoffnungsvoll stimmt: die Vergesslichkeit und Bequemlichkeit der Gläubigen, die sich allzu schnell nicht mehr genügend von den Ungläubigen unterscheiden.

Die zentrale Qualität des Todes ist das Definitive, die radikale Endlichkeit, der Schlusspunkt, hinter den kein zweiter gesetzt werden kann. Seine Anziehungskraft auf alle radikalen Rhetoren ist daher unwiderstehlich. Wer vom Tod spricht, wer den universellen Tod, den Untergang der Welt in seine Predigt aufnimmt, verleiht ihr einen letzten Nachdruck. Das Blut, von dem wir schon gesprochen haben, ist das gültigste Symbol für den Tod: Es zu vergießen, das Leben hinzugeben sind die mächtigsten Gesten, mit denen Propheten ihr inneres Zaudern beschwichtigen und den Zweifel der Gläubigen zum Verstummen bringen.

Die Todesgefahr, und sei es die selbst inszenierte, die autosuggestiv hergestellte, beflügelt den Menschen zu den höchsten Leistungen. Sie befreit ihn, wie es die Orgien in Pestzeiten lehren, von sonst unüberwindlichen Einschränkungen. Sie gleicht einem Aufputschmittel, das für kurze Zeit alle Grenzen der Leistungsfähigkeit sprengen hilft, dann aber zum Zusammenbruch führt. Wer sich dem Tode weiht, kann kurze Zeit glauben, er sei der Herr über Leben und Tod. In Tagen, Wochen, höchstens Monaten muss er dann entweder den Tod suchen, oder der seelische Tod (in Gestalt einer Depression) sucht ihn. Denn niemand ist Herr über das Leben. In der Behandlung von Menschen, die mit Suiziddrohungen Macht ausüben, wird dieses Dilemma sehr deutlich. Die Drohung verliert, je öfter sie ausgesprochen wird, jedesmal ein Stück ihrer Wirkung. Am Ende wird der Drohende zum Opfer seiner eigenen Inszenierung. Jetzt zeigt er in einem Suizidversuch, dass er es wirklich ernst meint. Aber auch Selbstmordversuche nützen sich ab. So muss er sich schließlich umbringen, obwohl er anfänglich nur ein bisschen Macht haben wollte.

Passt ein Prophet, der seine Visionen angesichts der Unzuverlässigkeit und Trägheit seiner Gläubigen mit apokalyptischen Bildern aufrüstet, neben den angsthysterischen Liebhaber, der sich den Trennungsabsichten seiner Angebeteten mit einer Selbstmorddrohung in den Weg stellt?

Den Ersten finden viele erhaben, den Zweiten lächerlich. Aber beide drücken die explosiven Qualitäten des Narzissmus aus. Es ist für den Menschen nicht leicht, seine Ohnmacht zu verarbeiten. Wie schnell tauchte nach den Selbstmordattentaten das Wort vom Kreuzzug auf, wie schnell wurden eigene blutige Opfer angekündigt! Das zeigt doch, wie schwer es uns fällt, Wirklichkeit und Illusion gerade dann zu unterscheiden, wenn uns eine fremde Illusion Leid zugefügt hat.

«Kreuzzug» ist das richtige Wort, wenn wir die universelle Neigung erfassen wollen, eigene Destruktivität durch die Destruktivität eines anderen zu rechtfertigen. Die Menschen sind von der Todesbereitschaft des Feindes, die sie verletzt hat, so erschüttert, dass sie glauben, auf dieses Mittel selbst nicht mehr verzichten zu können.

Wir sind vom Krieg vor allem deshalb so fasziniert und halten ihn für unausweichlich, weil er unseren Argumenten den apokalyptischen Kick hinzufügt. Krieg heißt, zu allem bereit sein. Wir würden uns lächerlich machen. Wir verhandeln nicht mit Terroristen!

Immer dann, wenn Verhandlungen abgebrochen werden, wird auch Energie verschwendet, wird ein Austauschprozess blockiert. Wer vernünftig ist, verhandelt mit allen, immer und jederzeit. Um mit sympathischen, gesetzestreuen Personen zu verhandeln und ehrliche Geschäfte mit ihnen zu machen, dazu brauchen wir nicht viel Talent. Erst in der Verhandlung mit Verbrechern und Terroristen zeigt sich eine politische Begabung.* Aber wer sich dazu bereit findet, muss auf die billige Aufwertung durch den apokalyptischen Kick verzichten. Er muss seine Macht teilen und weise handhaben. Er kann sich nicht anmaßen zu bestimmen, wer ein Partner ist und wer keiner, wer den Anspruch hat, als Mensch behandelt zu werden, wen ich auf einen Steckbrief drucke und mit Kopfgeldangeboten jage.

Die narzisstische Umwertung aller Werte, die gegenwärtig populär geworden ist, verdreht die Qualitäten von kritischem und naivem Denken. Die Kriegsparteien werfen sich als Personen in die Brust, die kritisch denken und tief blicken. Das genügt ihnen aber nicht. Sie müssen auch noch behaupten, Kriegsgegner seien naive Pazifisten, welche ihre Töchter

* Welcher nachdenkliche Mensch kann glauben, dass der enorme finanzielle Aufwand für einen Krieg entsprechende Gegenleistungen an Sicherheit bringt? Jürgen Todenhöfer hat darauf hingewiesen, dass die 30 Milliarden Dollar, welche die Bombardements Afghanistans gekostet haben, eine miserable Investition waren. Die Paschtunen mit ihren traditionellen Stammesidealen wären sicher bereit gewesen, den Saudi Bin Laden zu fangen und gegen Geld auszuliefern, wenn man ihnen geduldig und respektvoll nachgewiesen hätte, dass er für einen feigen terroristischen Überfall verantwortlich ist, der Tausende Unschuldiger das Leben kostete. So aber haben die Bomben noch mehr Unschuldige getötet. J. Todenhöfer, Ein mit Dollar beladener Esel kommt weiter als jede Armee. Süddeutsche Zeitung v. 29./30. 12. 2001, S. 14

achselzuckend einem feindlichen Vergewaltiger überlassen würden.

Das erinnert an die Neigung der Propheten, den ins Paradies entrückten Gläubigen den Anblick der in einer Hölle gefolterten Ungläubigen nicht vorzuenthalten. Beide Mechanismen verraten tiefe Unsicherheit, die das apokalyptische Argument kaschieren soll. Weil ich für meine Wahrheit sterbe, ist sie wahrer als jede andere? Im Gegenteil: Nur für Lügen muss gestorben werden.

Fast noch gefährlicher ist ein zweiter Aspekt der apokalyptischen Verführung: Sie löscht nicht nur den Zweifel an der Wahrheit, sondern auch das Wissen um die Ungerechtigkeit des eigenen Vorgehens aus. Ernst Jünger hat das platt formuliert: Auch wer für einen Irrtum stirbt, bleibt ein Held.* Das Verbrechen – und Terror ist nichts anderes – lässt sich niemals «besiegen». Wir können es immer nur eindämmen. In dem Augenblick, wo wir uns den Sieg zum Ziel setzen, haben wir den ersten Schritt getan, selbst terroristisch zu agieren. Es ist wie mit dem «einen Ring» in Tolkiens Mittelerde: Wer daran denkt, ihn zu benutzen, um Gutes zu tun, hat sich schon verderben lassen. Wer beschließt, das Verbrechen mit Stumpf und Stiel auszurotten, trägt den Keim zu eigenen Verbrechen schon in sich. Überall haben die Zivilisationen dazu beigetragen, die ökonomischen Regulationen der Primitivkulturen zu zerstören, die immer auch Regulationen der Kinderzahl waren. Von der Rechtssicherheit und Gewaltenteilung aber gaben sie nichts ab, mit deren Hilfe die zivilisierte Welt ihre eigenen Verblendungen korrigieren konnte.

Der heilige Krieg mit seinem gegenüber allen vormonotheistischen Feldzügen extrem gesteigerten Aggressionspotenzial ist eine biblische Tradition, welche Juden, Christen

* Ernst Jünger: Der Kampf als inneres Erlebnis. Sämtl. Werke Bd. 7, Stuttgart [Klett] 1980, S. 100, Erstausgabe 1922

und Muslimen gemeinsam ist. Sein Grundmotto entspricht dem apokalyptischen Kick: «Dem Besiegten keine Gnade, dem Sieger keine Beute». Unter diesem Motto kämpfte Israel während der ersten Landnahme gegen die anderen Stämme in Palästina, töteten sich die Belagerten von Masada und steuerte Atta die Boeing in den Wolkenkratzer. Die Kreuzritter, die bei der Plünderung Jerusalems 1099 nach dem Bericht eines Augenzeugen bis zu den Knöcheln im Blut wateten, versäumten immerhin keine Gelegenheit, Beute zu machen, ehe sie in die Grabeskirche gingen und unter Tränen dem Herrn für ihren Sieg dankten.

Die Gestalt von Jesus, komplexer als Moses oder Mohammed, uneindeutig zwischen Gott und Mensch, zwischen Held und Opfer, zwischen Sieger und Zweifler, könnte für eine andere seelische Realität stehen. In der Geschichte freilich haben unter den Christen Fanatiker ihre Macht gegen die menschlichen Botschaften des eigenen Evangeliums durchgesetzt und verteidigt.

Es gibt keine fromme Botschaft, die uns den Rechtsstaat ersetzen kann. Auch in christlichen Ländern wurde dieser nicht von den Priestern geschaffen, sondern von Kaufleuten, die in Sicherheit Handel treiben wollten. Wer handelt, der weiß auch, dass jeder Austausch scheitern muss, wenn eine Seite überzeugt ist, alles Recht – sozusagen das Göttliche – auf ihrer Seite zu haben. Erst wenn ich die Interessen meines Partners akzeptiere und ernst nehme, wenn ich aufhöre, ihn missionieren zu wollen, kommen wir als Kaufleute zusammen. Wo redlich und rechtlich gewirtschaftet wird, entsteht ein Höchstmaß an Sicherheit. Wie alles von Menschen Geschaffene ist es voller Mängel. Aber es ist real. Die Neigung vieler Politiker, ihre Macht auf Illusionen zu gründen, treibt gegenwärtig die Staatsverschuldungen in die Höhe, fördert die Bevölkerungsexplosion und führt ganze Nationen in den Ruin. Wo nach Abhilfe gesucht wird, ist der kritische Kaufmann erst nach einigen schmerzlichen Erfahrungen beliebter als der verlogene Demagoge, der allen alles verspricht und schließlich das Elend nur vergrößert. Und nichts taugt besser, Illusionen undurchschaubar zu machen, als die Religion.

Im Islam hat sich die rationale, aufklärende Tendenz früher entwickelt als im Christentum. Es war vielleicht zu früh, denn sie ist später wieder unterdrückt worden. Wie in anderen Religionen sind auch im Islam die Fundamentalisten besonders aggressiv. Sie setzen ihre Meinung geräuschvoll und mit Gewalt durch, während die Menge der Muslime, die terroristische Gewalt ablehnen, in den europäischen Medien kaum repräsentiert ist. Wäre es auch eine Meldung wert, wenn der Kommentator einer großen ägyptischen Zeitung oder der Imam einer Moschee Terrorakte und das Opfer von Zivilisten unmenschlich und unislamisch findet?

Das Bild vom Fahnen verbrennenden und Hassparolen schreienden arabischen Mob ist Teil einer psychologischen Kriegführung. Es sagt nichts über die Mehrheit der Araber und bestätigt nur Vorurteile. Wenn in unseren Medien «der Araber» mit diesem Fahnen verbrennenden Mob identifiziert wird, ist das so informationsträchtig, wie es Bilder vom kölschen Karneval für ein Bild «des Deutschen» wären.

7 Der weite Weg von der Phantasie zur Tat

Man zeigt zwei Gruppen zwei Filme, einen voller Liebe, einen anderen voller Gewalt. Dann lässt man die Zuschauer Auskunft geben über ihre Bereitschaft zu Gewalt. Wenn sie in der Gruppe, die den Gewaltfilm sah, größer ist, wissen wir, dass dieses Experiment dieses Ergebnis hatte. Sonst wissen wir nichts. Ähnlich wie Gewaltfilme oder sentimentale Geschichten, die im Suizid enden, sind auch Propheten einer Apokalypse zunächst Stoff für Phantasien, für fromme Unterhaltung, für den Genuss jener Angstlust, der junge Leute im Westen in Gespenster- und Zombiefilme treibt. Sich den Weltuntergang auszumalen ist lustvoll. Wenn das Jüngste Gericht tatsächlich stattfindet, ist man – so vorbereitet – vielleicht doch auf der guten Seite. Wenn es nicht stattfindet, gewinnt der öde Alltag den Charme des Davongekommenseins.

Die Menschen des Mittelalters wussten, was sie an den endzeitlichen Erniedrigungen und Erhöhungen hatten, die links und rechts neben dem Eingang der Kirchen und Baptisterien als Fresko oder Mosaik erschienen. Noch heute scheinen dem kunstbegeisterten Betrachter die Teufel und die Nackten dort attraktiver als die uniformierten Reihen der Seligen.

Gleichzeitig erinnern wir uns an die deutschen Spießbürger, die Hitlers brausenden Reden Beifall klatschten wie einem Schmierenkomödianten. Als dieser Komödiant zum Führer geworden war und ihre Kinder für ihn bluteten, verstummte ihr Applaus. Er verwandelte sich 1945 in Kritik an einem bösartigen Rattenfänger und gemeingefährlichen Verbrecher. Je stärker religiöse Traditionen wirken und prägen, desto weniger Amokläufer agieren im Westen wie im Orient. Die explosiven Gesten, die uns heute besorgt machen – mit Feuerwaffen um sich zu schießen, sich Dynamit und Kleineisen um den Bauch zu binden, ein Flugzeug zu kapern und es in ein Gebäude zu lenken, im eigenen Auto gezielt mit hoher Geschwindigkeit ein entgegenkommendes Fahrzeug zu rammen –, sind Entgleisungen einer modernen Entwicklung, in denen Individuen ihre narzisstischen Probleme lösen. Manche formulieren ihre Kränkung überhaupt nicht, wie die meisten Amoktäter, andere missbrauchen Gott, Allah, selbst Ideale der Freiheit oder Gerechtigkeit, um ihr Handeln zu begründen. Religion und Ideologie spielen dieselbe Rolle wie die Autobahn für den suizidalen Geisterfahrer in Deutschland. Sie bereitet den Weg. Aber wer ihn beschreitet, tut das nicht wegen der Autobahn. Er benutzt sie nur.

Um einen Dokumentarfilm über die Kinder von Jerusalem zu produzieren, hat ein amerikanischer Autor palästinensische und israelische Kinder interviewt und dann die Aufnahmen aus dem Flüchtlingslager den israelischen Kindern, die Aufnahmen der israelischen Kinder den Palästinensern gezeigt. Und siehe da, die arabischen Kinder, die zunächst ihren Hass und ihre Vernichtungswünsche gegenüber allen Israelis ausgesprochen hatten, wollten die israelischen Kinder sehen; die israelischen, die ebenfalls Freunde durch den Terror verloren hatten, waren bereit, sich mit den palästinensischen Kindern zu treffen. Das konkrete Bild und die persönliche Begegnung können einen abstrakten politischen Hass neutralisieren. In einer Szene, in der ein arabischer Junge seinen Hass auf alle Juden formuliert und möglichst viele von ihnen tot sehen will, sagt der Autor: «Aber ich bin doch auch Jude! Möchtest du mich denn tot sehen?» Der Junge stutzt und sagt dann schnell: «Aber du bist kein Israeli. Du bist Amerikaner. Das ist etwas ganz anderes. Du sprichst Englisch wie ich auch.»

Persönliche Nähe lässt nach Argumenten suchen, um ein Feindbild aufzugeben und Hass zurückzunehmen. Gefährlich sind nicht die Kinder. Gefährlich sind nicht die einfachen Menschen, die versuchen, das Beste aus einer augenblicklichen Situation zu machen, und andere nicht daran zu hindern, dasselbe zu tun. Gefährlich sind die Sicherheitsbedürfnisse und Größenphantasien der Mächtigen und jener, die sie bekämpfen, um selbst mächtig zu werden. Vertreibung und Terror in Palästina wie überall, wo solche Konflikte schwelen und aufflackern, sind Inszenierungen der Macht.

Obwohl die großen Machtkämpfe im politischen Raum von anderen Forschern untersucht werden als die Kräfte, welche unser Selbstgefühl festigen oder bedrohen, durchdringen sich beide Prozesse. Die Phantasie einer tödlichen Bedrohung steht am Anfang der meisten politischen Verelendungsprozesse in jüngster Zeit. Ob Serben und Albaner, Griechen und Türken, Katholiken und Protestanten in Nordirland, Hutu und Tutsi in Ruanda, Hindus und Muslime in Kaschmir – immer werden vorhandene, aber lange Zeit relativ friedlich gelöste Spannungen zu sozialem Sprengstoff gemacht, um daraus politischen Einfluss zu ziehen.

Die Ausbeutung der Jugend und die narzisstische Grandiosität

In den meisten Fällen spielt hier die narzisstische Ausbeutung der Jugend eine große Rolle. Kinder tun ungerne etwas, das ihnen körperlich schwer fällt, das Schmerzen bereitet und nicht konkrete Vorteile bringt. Jugendliche suchen Ideale und sind bereit, für sie zu kämpfen, zu leiden, sogar zu sterben. Sie wollen eine bessere Welt schaffen, sie suchen nach eindeutigen Feinden und eindeutigen Hoffnungen.

Wer etwas länger gelebt hat, blickt um sich und erkennt,

dass schon viele angebliche Weltverbesserungen die Welt schlechter gemacht haben, als sie es vorher war. Wenn er das annehmen kann, wird er weise, er wird gut für Kinder sorgen und von den Jugendlichen vielleicht belächelt werden.

Wenn er diese Kränkung nicht verarbeiten kann und nun einen Sündenbock für das Scheitern seiner eigenen Weltverbesserungspläne aufbaut und bekämpft, dann wird dieser Mensch gefährlich. Es ist die Situation, in der Hitler den Satz formulierte: «Ich aber beschloss, Politiker zu werden.»*

Er wird nicht für Kinder sorgen, er wird Jugendliche anlocken und begeistern. Er tut das auf eine ebenso heimtückische wie wirksame Weise. Er erfüllt ihr Bedürfnis, ihre kindliche Seite zu verleugnen, ihre Schutzbedürftigkeit, ihre Angst, ihre Sehnsucht nach Liebe. Er lehrt sie, zu hassen und sich im Hass erwachsen zu fühlen, stark, zu allem bereit.

Diese Fiktion ist im Inneren der Heranwachsenden wenig gefestigt, sie droht ständig unter dem Einfluss der Realität zu bröckeln. Daher muss sie durch Indoktrination erhalten werden.

Die Verwandlung einer narzisstischen Kränkung in eine politische Bewegung trägt oft noch Spuren der ursprünglichen, explosiven Qualität. Der Beiname «der Große» signalisiert auch die Grandiosität, der es gleichgültig ist, wie viele Menschen auf ihrem Altar geopfert werden. Alexander «der Große», Karl, Friedrich – sie sind so weit entrückt, dass nur noch die Historiker über die Zahl der erschlagenen Feinde und der geopferten eigenen Soldaten wissen. Später ist man mit dem Titel vorsichtiger geworden; Napoleon hat ihn besessen und verloren; Hitler ihn sogar zum «größten Feldherrn aller Zeiten» gesteigert und nach seinem Selbstmord gegen den des größten Verbrechers der Geschichte eingetauscht.

* A. Hitler: Mein Kampf. München [Zentralverlag der NSDAP., Frz. Eher Nachf.], 17. Aufl. 1943, 1. Aufl. 1925, S. 225

Wer den drohenden Verlust des eigenen Selbstgefühls aufschieben und in einen politischen Kampf umsetzen kann, ist stärker und gefährlicher als die Menschen, die sich dann selbst töten oder Amok laufen. Aber er hat gerade in den verhängnisvollsten politischen Entwicklungen die eigene Apokalypse nicht überwunden, sondern nur aufgeschoben und ihr Verhängnis um seine Diener und Anhänger vermehrt. Er kann nur kämpfen, nur expandieren, er darf nicht stillstehen, er darf sich nicht an dem Erreichten freuen, es bewahren, er muss es so lange steigern und ausweiten, bis der Ballon platzt.

Diese Entwicklung sieht der Durchschnittsverstand nicht voraus. «Er wird Ruhe geben, wenn er erst die Macht hat, die Beamten, die Fachleute, der Apparat werden ihn zähmen!» Nein, er wird keine Ruhe geben. Er wird für jeden besiegten Feind, für jedes Stück Erfolg zwei neue, noch schwieriger zu bezwingende Feinde suchen. Denn sein Ziel ist nicht die Ruhe, sondern die Explosion.

Der narzisstisch gestörte Politiker vernichtet lieber sich selbst und möglichst viele andere, als eine Realität zu akzeptieren, die seine Größenphantasie einschränkt. Er kann sich stabilisieren, solange er seine eigene Kränkung projiziert und in andere Menschen oder eine politische Situation hinausverlegt, an der er arbeiten und die er verändern will. Aber irgendwann wird ihn seine Störung einholen.

Das Verwirrende an den politischen Apokalyptikern ist ihre Maske als gläubige Anhänger einer religiösen oder völkischen Tradition. Wie hat Hitler vom heiligen Deutschland geschwärmt, wie führen die Islamisten Allah im Munde und die christlichen Fundamentalisten den Gott der Bibel, wenn sie in den USA Gynäkologen hinrichten! Aber ihr Ich ist der einzige Gott, dem sie dienen, und diesem Gott müssen sie, ehe er in ihnen zusammenbricht, auch Blutopfer bringen.

In Wahrheit haben diese Menschen ihren Glauben verloren und müssen nun den Eindruck überoptimalen Glaubens machen, um sich selbst zu überzeugen und ihre eigenen Zweifel zu bekämpfen. Es ist der hysterische Mechanismus, den wir heute meist als narzisstische Störung beschreiben: Um zu verbergen, dass etwas nicht da ist, wird der Schein des Fehlenden ins Extrem gesteigert. Don Juan ist ein hysterischer Mann, der seine Potenzängste mit Hilfe eines penibel geführten Eroberungsregisters vernichtet, der Fundamentalist ein Gottloser, der seine Unfähigkeit zum Glauben durch seine Rache an der Gottlosigkeit anderer wegbeweist. Der Gedanke des Heiligen Krieges passt zu einer narzisstischen Störung wie der Schlüssel zum Schloss. Heinrich von Kleist, selbst ein Apokalyptiker, ist diesem Zusammentreffen in der Geschichte über Michael Kohlhaas nachgegangen.

Wir haben bereits erwähnt, dass sich Osama Bin Laden unauffällig verhält, solange es einen eindeutigen Feind – die gottlose Sowjetunion – und mächtige Verbündete – die USA, die Saudis, Pakistan – gibt. Die Dynamik des gestörten Selbstgefühls kann durch solche Umstände kompensiert werden: Es lehnt sich an die mächtigen Freunde an, es wird durch die Anerkennung gefestigt und kann die Kränkungen, welche durch den unersättlichen Anspruch unvermeidlich sind, auf diese Weise kompensieren. Ebenso bezeichnend ist, dass der Sieg als Verlust des erlösenden Feindes verarbeitet wird und jede Erleichterung über den endlich hergestellten Frieden fehlt. Dieser Aspekt der narzisstischen Störung ist besonders schwer einfühlbar, aber er lässt sich in den Zeugnissen über die Verarbeitung von Kriegssituationen immer wieder dokumentieren. Die meisten Menschen sind erleichtert, wenn es Frieden gibt oder wenn sie zumindest persönlich aus der Kampfzone herauskommen. Einige aber ertragen das nicht und suchen möglichst schnell eine neue Front.

Die Führer der faschistischen Bewegung in Italien und der

Nationalsozialisten in Deutschland gehörten zweifellos in diese Gruppe. Es wäre wichtig, zu verhindern, dass sich in Palästina auf beiden Seiten solche Personen vermehren und gegenseitig anstecken. Dann wird vom Frieden nur noch geredet, um die Verbündeten nicht gegen sich einzunehmen, die sich vor einer Eskalation fürchten. In Wahrheit aber braucht jeder den Feind, um seine defizitäre Kränkungsverarbeitung zu kompensieren. Und während er vom Frieden spricht, rüstet er für den Krieg.

Ist die narzisstische Störung stabil?

Jede Lebensgeschichte lässt sich als Besserung und Schlimmerung einer narzisstischen Störung erzählen, und in jeder Phase dieser Geschichte kann sich ihre Dynamik verändern. Wir wissen heute, dass zum Beispiel Hitler zu keinen echten Freundschaften fähig war. Aber es war nicht vorauszusehen. Es fand sich kein Mann und keine Frau, der es gelungen wäre, zu ihm vorzudringen und den psychotischen Kern zu erreichen. Aber das gelingt in anderen Fällen durchaus, die sich in der Ausgangssituation nicht von den bösartigen Verläufen unterscheiden. Die betreffenden Personen können den Bannkreis ihrer Störung verlassen.

Diese scheinbare Unberechenbarkeit der narzisstischen Störung ist nicht leicht zu akzeptieren. Unsere eigenen Sicherheitsbedürfnisse würde es befriedigen, wenn (wie es naive Erb-Theorien nahe legen) die betreffenden Personen durch und durch böse wären, Dämonen, auf die wir unsere eigenen Vernichtungswünsche richten dürfen. Entlastend ist das durchaus, realistisch ist es aber nicht. Es wäre bei einem derart in Beziehungen lebenden, von Beziehungen abhängigen und durch sie auch fast immer veränderbaren Geschöpf wie dem Menschen eher sonderbar, wenn es eine seelische

Beschaffenheit gäbe, die völlig unabhängig von der sozialen Umwelt konstant bleibt. Die narzisstische Störung ist das jedenfalls nicht. Der hohe soziale Halt in traditionellen Kulturen und stabilen Gesellschaften, der die Folgen narzisstischer Störungen einschränkt und in weniger destruktive Bahnen lenkt, geht nach traumatisierenden sozialen Ereignissen oft erst in der zweiten Generation verloren.

Verständnisvermeidung

Jeder Mensch ist sozusagen potenziell eine Bombe. Wir müssen die Illusion aufgeben, dass nur Psychopathen oder Hirngeschädigte zu einem Amoklauf oder einem Selbstmordattentat fähig sind. Eine unüberbrückbare Distanz, die zu diesen Tätern aufgebaut wird, ersetzt Verständnismöglichkeiten durch Ahnungslosigkeit und sucht Zuflucht bei einer künstlichen Naivität. «Die Psychologen haben noch keine Antwort mit einem gemeinsamen Nenner für alle diese Fälle», sagte etwa Manfred Rowold in der «Welt» nach dem Gemetzel der beiden Amoktäter, des 18-jährigen Eric Harris und des 17-jährigen Dylan Klebold an der Columbine-Highschool in Littleton. «Ist es Einsamkeit? Geltungssucht? Todessehnsucht? Ein Machtwahn, gefördert durch die unterhaltsame Gewalt auf dem Bildschirm? Wie sagte Bill Clinton: Vielleicht werden wir es niemals wirklich verstehen.»

Derlei Beteuerungen sind ein Zeichen, dass ihre Autoren sozusagen innerseelisch das Weite suchen, bis sie nichts mit der narzisstischen Explosion zu schaffen haben. Auch Wolfgang Sofsky greift in «Zeiten des Schreckens» zu diesem Stilmittel. «Die Zahl der sozial Geschädigten und Beschädigten geht in die Millionen, Amoktäter jedoch sind eine ziemlich rare Spezies. Die meisten sind von so unauffälliger Durchschnittlichkeit, dass nichts, aber auch gar nichts auf einen spektakulären Gewaltakt hinweist.»*

Die Motive der Amoktäter sind uns nur allzu vertraut, jeder Mensch mit ein wenig Feinfühligkeit für die Schattenseiten seiner eigenen Natur kennt sie. Was die Täter auszeichnet, ist ein Mangel an Gegenkräften, an Hindernissen, die in einer normalen Entwicklung aufgebaut werden.

Ganz kleine Kinder schlagen in einer grenzenlosen Kränkungswut ohne jede Rücksicht um sich. Schrittweise lernen fast alle Menschen, diese Impulse zu zügeln, sie wissen um ihre Gefahren, fürchten sich vor Strafen, können sich auch in die Opfer und in ihre Schmerzen einfühlen und erwerben das schlichte Prinzip, dass man niemandem etwas antun sollte, das man selbst nicht erleiden mag. Aber diese Schritte zum zivilisierten Verhalten sind immer von Rückfällen bedroht.

Gegenwärtig sind in den Konsumgesellschaften die Aggressionshemmungen überfordert; Eltern und Pädagogen können sie gar nicht so schnell aufbauen, wie sie von den Medien und dem Waffenangebot wieder ruiniert werden. Wer sich in grenzenloser Wut gehen lässt und nur seine Fäuste hat, richtet Schaden an, aber wird nie in den Machtrausch verfallen, den eine Waffe erzeugt. Keulen oder Messer sind gefährlicher, aber sie machen doch das Opfer zu einem Menschen, dem man sich nähern, den man spüren, riechen kann und muss. Ein Gewehr verspricht Distanz und eine Mordpotenz, so groß wie das Magazin – so viel Macht über so viele andere Leben, wie ich Schüsse gespeichert habe. Blut und Schmerz der Opfer bleiben fern von mir und ohne Gefahr für mich. Das Gewehr des Amokläufers und der Bombengürtel des Attentäters funktionieren auf Knopfdruck. Das Vorbild der Tat ist das Zapping vor dem Bildschirm: Ein unerwünschtes, ödes

* W. Sofsky: Zeiten des Schreckens. Amok, Terror, Krieg. Frankfurt [S. Fischer] 2002

Leben soll verschwinden und einem besseren Bild Platz machen.

Im Umweltschutz ist es selbstverständlich geworden, von einer toxischen Gesamtsituation zu sprechen. Nehmen wir an, einige wenige Kranke unter uns würden durch einen Stoff in der Atemluft geschädigt, den mächtige Industrieunternehmen produzieren. Gesunde vertragen die freigesetzte Dosis problemlos. Wie entscheidet der Staat? Opfert er die Kranken der Bequemlichkeit der Gesunden? Oder schätzt er sie als kostbare Zeichengeber, die verraten, was gegenwärtig Gesunde noch nicht verletzt, aber es auf lange Sicht vielleicht doch tun wird?

Wir sollten die Außenseiter unter den Jugendlichen, die nicht wissen, wie sie ihr Gewaltpotenzial unter Kontrolle bringen, nicht als unverständliche Wahnkranke abschreiben. Wir sollten sie als Seismographen bewerten, deren Erschütterung uns anzeigt, wie sehr wir alle in Gefahr sind, an Zivilisiertheit einzubüßen.

Wenn hier versucht wird, die Amokläufer und die Selbstmordattentäter nebeneinander zu diskutieren und ihnen ähnliche Psychodynamiken zu unterstellen, gehört nicht viel Voraussicht dazu, sich auf die kritischen Einwände vorzubereiten. Ist die Begrifflichkeit des Narzissmus nicht zu vage? Gewiss doch – aber haben wir eine bessere? Oder entfernen wir uns mit diesem pseudokritischen Wissenschaftskult nicht noch mehr von der Realität in Haarspaltereien und Unentschiedenheiten nach dem Motto: «Wir wissen ja immer noch nicht genau, ob Atomkraftwerke wirklich gefährlich sind!» Sind es nicht ganz unterschiedliche Kulturen? Einerseits ja. Aber es gibt Probleme, die alle Jugendlichen in der Moderne gemeinsam haben: Wie finde ich einen sinnvollen Platz in der Zukunft? Wie kann ich unter schwierigen Bedingungen mein Selbstgefühl aufrechterhalten?

So wird unter psychologischen Gesichtspunkten der Anfangsverdacht angesichts der Angriffe des «11. September» wieder in seine Sinnhaftigkeit eingesetzt. Waren das jetzt Selbstmordattentäter aus der arabischen Welt oder Amokläufer aus dem Herzen Amerikas, wie in Oklahoma oder Littleton? Es waren Araber, aber das bedeutet doch nicht, dass die psychische Disposition zu solchen Taten im Mittelwesten oder in der Schweiz nicht existiert. Aus solchen Überlegungen lässt sich ableiten, wie verfehlt überall eine Politik der Kränkung und Entwertung ist, mit der Gruppen «zur Vernunft» gebracht werden sollen, die sich bereits entwertet fühlen. Es ist wie der Versuch, einen Brand mit Benzin zu löschen. Die politische Intention ist es, den Gekränkten zu vermitteln, dass ihre Aktionen aussichtslos sind. Dabei zeigt die psychologische Analyse, dass gerade Aussichtslosigkeit ein bestimmendes Motiv für selbstmörderische Explosionen ist. Wer den Glauben der potenziellen Täter erschüttern, ihnen ihr Selbstgefühl rauben, ihre Chancenlosigkeit klar machen will, bekämpft sie nicht, sondern fördert sie. Er stärkt ihre Radikalität und schwächt ihre Einsicht, die – wie in jedem Menschen – auch in ihnen schlummert.

Je mehr Anerkennung und Zuwendung ein potenzieller Täter erhält, je mehr Perspektiven er entwickeln, je leichter er echte Frömmigkeit aufbauen kann, desto weniger wird er zur selbstmörderischen Geste verführt. Oft wäre mit ein wenig Zeit schon außerordentlich viel gewonnen. Der Selbstmord ist immer auch Teil einer verengten Perspektive: Der Blick läuft auf ihn zu, und dieser verengte Blick verhindert es auch, dass Ablenkungen an Macht gewinnen.

Wir alle müssen irgendwann sterben, und doch hängen die meisten Menschen am Leben, trotz ihrer Ängste und Schmerzen. Das liegt an ihrem Zugang zu einer ebenso banalen wie wesentlichen Frage: Warum schon heute sterben? Es könnte doch morgen etwas passieren, das mir die Welt in einem neuen Licht erscheinen lässt!

In jedem Menschen ist der Entschluss labil, seine schöpferische Unsicherheit gegen die unschöpferische Ruhegarantie des Todes zu tauschen. Jeder Mensch, und sei er auch noch so fanatisiert, weiß darum, dass der Tod ein Ende ist, dass er ihn kreativer Möglichkeiten beraubt und Überraschungen ein für alle Male ausschließt.

Alle Ablenkungen sind hilfreich, wenn sie die Selbst-Hinrichtung noch ein wenig aufschieben. Den Generälen in Israel, die Sanktionen nach palästinensischen Selbstmordattentaten planen, fällt leider nichts Besseres ein als Flughäfen oder Radiostationen in die Luft zu sprengen. Ohne Fernsehen und Radio, ohne Reisemöglichkeiten, ihrer Perspektive beraubt, noch mehr auf Aussichtslosigkeit und Ohnmacht zurückgeworfen – wie soll da Einsicht in den Wahnsinn der eigenen Verbrechen wachsen?

Amokabwehr

Die Amokabwehr in malaiischen Dörfern bestand in einem gegabelten, mit Widerhaken versehenen Gerät an einer Stange, das es erlaubte, den mit einem Dolch bewaffneten Täter zu Boden zu werfen und dort so lange festzuhalten, bis er zur Besinnung kommen konnte. Die Möglichkeiten, sich gegen Amoktäter zu wehren, die mit Schusswaffen ausgerüstet sind, sind weniger augenfällig, aber sie existieren.

Ein eindrucksvolles Beispiel ist der Lehrer, der den Amoklauf von Robert Steinhäuser in Erfurt beendete, indem er den Täter mit seinem Namen ansprach und aufforderte, ihn zu erschießen. Dadurch erwachte der Amokläufer aus seiner Rollentrance als Counter-Strike-Kämpfer und musste sich entscheiden, einen persönlich bekannten Menschen zu töten oder nicht. Er entschied sich dagegen, ließ sich einsperren und beging Selbstmord.

Der Lehrer ging ein hohes Risiko ein; wenn der Täter seine Rollentrance nicht aufgegeben hätte, wäre er nicht mit dem Leben davongekommen; wenn er in dem abgeschlossenen Raum in seine Rolle zurückgefunden hätte, wäre es für ihn ein Leichtes gewesen, die Tür aufzuschießen und seinen Mordweg fortzusetzen.

Der häufig (auch vom Ministerpräsidenten von Thüringen) zitierte Spruch, dieser Täter sei von «auffälliger Unauffälligkeit» gewesen, ist angesichts von Amokläufern ebenso beliebt wie falsch. Die Täter haben verschiedene Gesichter und können unterschiedliche Rollen einnehmen. Nur wer nicht genau hinsehen will, sieht nichts anderes als das angepasste Fragment, das nur jenen Beobachter überzeugt, der sich überzeugen lassen will. So arbeiten der Täter, der gerne «ganz normal» wäre, und eine desinteressierte soziale Umwelt zusammen, die ihn lange Zeit (trotz eindrucksvoller Gegenbeweise) gerne ganz normal hätte. Wo sich aber Erwachsene wirklich für einen jungen Menschen interessieren, finden sie es nicht normal, wenn er – wie der Täter von Erfurt – für seine Schwierigkeiten die Umwelt verantwortlich macht und nicht über sich selbst nachdenken kann, wenn er seine Probleme niemandem mitteilt, wenn er Atteste fälscht, damit sein Wegbleiben in der Schule nicht auffällt, wenn er viel Geld für Waffen ausgibt, die er in seinem Schützenverein gar nicht benutzen kann.

Natürlich ist es nicht leicht für Eltern und Erzieher, einzugreifen, wenn 19-Jährige den Kontakt zu ihnen abbrechen und sich in eine Phantasiewelt zurückziehen. Wenn das «Kind» sich noch schlecht und recht versorgen lässt, dient das dem Selbstgefühl der Eltern besser als Streit und drohender Abbruch auch noch dieser Beziehungsreste, dank derer man den Glauben nicht opfern muss, immer noch gute Mutter, guter Vater sein zu können.

Aber Eltern, die sich ihrer Aufgabe stellen, müssen sich

auch damit auseinander setzen, dass ihre Kinder volljährig werden, Verantwortung für sich selbst haben und Verwöhnung schadet. Wer wissen will, ob ein Schüler die Schule tatsächlich besucht und etwas in ihr lernt, der erfährt das auch. Wer denkt, es ist alles in Ordnung, obwohl nichts in Ordnung ist, der will auch glauben, es sei alles in Ordnung, weil er angesichts der erahnten Unordnung resigniert hat.

Den meisten Reportern fällt die Schuldzuschreibung leichter als die Ursachenforschung. Sie suchen nach plakativen Tätern und Opfern; die Realität, in der es meist um tragische Verstrickungen und scheiternde Kommunikation geht, ist ihnen zu kompliziert. Eine Eltern-Kind-Beziehung kann gelingen – dann wächst das gegenseitige Interesse, und je weiter das Kind heranreift, desto intensiver kann es sich mit den Eltern über die unterschiedlichen Lebenswelten austauschen. Sie kann scheitern. Dann wissen Kinder und Eltern umso weniger voneinander, je länger sie beisammen sind. Sie verstehen sich nicht und können sich nicht verständigen. Das Beste, was möglich ist, ist es dann, aneinander vorbeizuleben und sich möglichst wenig wehzutun.

Wenn es einem Menschen nicht gelingt, befriedigende Gefühlsbeziehungen herzustellen, führt das zu einem Maß von innerem Elend und ständiger Angst, das sich «normale» Personen nicht vorstellen können. Die narzisstische Beziehungslähmung führt zu einem quälenden Neid auf alle Menschen, die in jenen «guten», entspannten Beziehungen leben, die sich der Gestörte nicht zutraut und nicht vorstellen kann.

Er steht gewissermaßen draußen in Kälte und Dunkelheit, während er sieht, wie – keinen Schritt entfernt und doch unerreichbar – andere Menschen in Wärme und Licht zusammenleben, sich austauschen, einander lieben und befriedigen. Er fühlt sich unfähig, diesen Zustand zu erreichen, und wenn die Wut in ihm wächst, wird er beschließen, wenigstens das Glück der anderen zu zerstören – beispielsweise das der

Schüler und der Lehrer, die zusammenarbeiten und sich gegenseitig bestätigen können.

Wer professionell mit solchen Personen beschäftigt ist, benötigt intensive Supervision und ständige Selbstkontrolle, um ihnen mit der notwendigen Distanz und Einfühlung zu begegnen. In «normalen» Beziehungen wird unsere eigene Fähigkeit zur Empathie und zum Austausch ständig durch unseren Beziehungspartner gefestigt und entwickelt. Angesichts eines narzisstisch schwerer gestörten Menschen gelingt das nicht. Daher neigen wir spontan dazu, uns zurückzuziehen oder mit ihm zu streiten, wir fühlen uns nicht wohl, sondern gelangweilt, irritiert, gereizt, ausgesaugt, verärgert. Eine konstant höfliche, einfühlende, freundliche Beziehung zu halten ist sehr schwierig.

Eltern sind genauso auf Kontakt und Entgegenkommen ihrer Kinder angewiesen wie umgekehrt Kinder auf ihre Eltern. Narzisstisch stabile Eltern können den Kontakt halten, wenn ihre Kinder sie kränken und zurückweisen. Dadurch werden Krisen in der Entwicklung überbrückt, und es ist möglich, nach einer solchen Krise den Kontakt wieder aufzunehmen. Belasteten Eltern gelingt das nicht. Sie verlieren den Kontakt und können ihn nicht mehr knüpfen; umgekehrt sind belastete Kinder immer weniger in der Lage, von sich aus die «verlorenen» Eltern neu zu sehen und zurückzuerobern.

Der Einfluss der Eltern ist in der Moderne geschwunden; die Anforderungen an sie sind gewachsen. In einer traditionellen Gesellschaft lebt das Kind im Kreis von Familie und Sippe, von Erwachsenen und Altersgenossen. Dieser Kreis bestimmt die äußeren Einflüsse auf die kindliche Entwicklung.

In unserer gegenwärtigen Situation ist dieser Kreis in vier Sektoren zerfallen. Nur ein Viertel der Einflüsse auf das Kind prägen die Eltern. Ein zweites Viertel prägen die *peers*, also die Gleichaltrigen in von der Familie unabhängigen Räumen, zum Beispiel Kindergarten, Schule, Disco, Sportverein. Ein drittes Viertel bestimmen Freizeitindustrie, Medien und Technik – die speziell für Kinder und Jugendliche entwickelten Spielsachen, Apparate, Computerspiele, Fahrzeuge. Das vierte Viertel gehört den Institutionen und ihren Vertretern – dem Kindergarten, der Schule, den Lehrern, Sozialpädagogen, Therapeuten, Jugendleitern.

Angesichts des Amoklaufs von Erfurt kann man sich durchaus Interventionen vorstellen, die möglich gewesen wären und das Ereignis verhindert hätten:

1. Einem Kinderarzt oder einer Erzieherin im Kindergarten fällt auf, dass da ein Junge instabil gebunden ist, dass er sich nicht in andere hineinversetzen und mit ihnen nicht konstruktiv spielen kann. Sie schlagen eine Kindertherapie vor; die Eltern sind dazu bereit. Die Bindungsfähigkeit bessert sich.

2. Den Eltern fällt auf, dass sie mit einem Kind einen schlechteren Kontakt haben. Sie kämpfen um diesen Kontakt, vernetzen sich mit den Lehrern in der Schule, lassen nicht locker.

3. Einer Mitschülerin fällt auf, dass Robert vor seinem drohenden Schulversagen die Augen verschließt, dass er sich selbst und seinen Eltern etwas vormacht. Sie setzt sich mit ihm so lange auseinander, bis er das ändert.

4. Im Schützenverein wundert sich ein älterer Kamerad, dass Robert zwei Combat-Waffen gekauft hat, mit denen er im Verein gar nicht schießen kann. Er kommt mit ihm ins Gespräch. Sie beschließen, sich ein eigenes Übungsgelände zu suchen, tauschen sich aus, gehen zusammen in einen verlassenen Steinbruch und schießen dort auf verschiedene Ziele. Sie entwickeln Pläne, zusammen einen Wachdienst aufzubauen. Robert soll sich erst mal freiwillig beim Bundesgrenzschutz melden.

5. Ein modernes Gymnasium ist nicht damit zufrieden, einen Schüler auszuschließen, weil er sich falsch verhalten hat. Es sieht seine Verpflichtung darin, mit anderen Einrichtungen zusammenzuarbeiten, um ihm eine neue Bildungsperspektive zu erschließen. Als Robert den schriftlich angebotenen Termin nicht wahrnimmt, besucht ihn der zuständige Sozialpädagoge im Elternhaus. Er erkundigt sich nach den Interessen und Fähigkeiten des jungen Mannes und gewinnt ihn für ein erlebnispädagogisches Projekt – eine Fahrt nach Norwegen auf einem umgebauten Krabbenfänger. Robert ist von der Seefahrt begeistert und beschließt dabeizubleiben.

Angesichts der labilen Struktur eines 19-Jährigen wäre in jedem Fall unendlich viel gewonnen, wenn es gelänge, die prekäre Balance zwischen narzisstischer Wut und einfühlender Realitätsorientierung um ein Geringes zu verschieben.

In solchen Tätern mischen sich mörderische und lebenserhaltende Anteile. Dafür spricht auch die lange Zeitspanne, die oft zwischen den ersten Schritten zur Tat und ihrer Ausführung verstreicht. Die Täter warten. Sie fachen in sich immer wieder die Hoffnung an, dass etwas geschieht, was die Todesphantasie kompensiert, die ihnen selbst bedrohlich erscheint und die ein Mensch nur verwirklicht, wenn ihm gar nichts anderes mehr einfällt.

Selbstmörder befragen Orakel, sie sprechen mit Freunden in Andeutungen, sie hoffen darauf, dass jemand kommt und sie rettet, und schützen sich gleichzeitig davor (wie eine Borderline-Patientin, die das Telefon ausschaltet und sich mit einer Rasierklinge verletzt, weil sie es nicht mehr erträgt, darauf zu warten, dass endlich jemand anruft).

Ein immenses Bedürfnis nach Zuwendung ist bei diesen Tätern mit einer ebenso immensen Unfähigkeit gepaart, sich dadurch ausreichend mit Liebe zu versorgen, dass sie selbst lieben. Sie können nur Vorwürfe verbreiten, dass andere in ihrer Liebe versagen, sie ausnützen, oder aber behaupten, sie seien völlig cool und stünden über derlei lächerlichen Bedürfnissen. Sadistische Kontrolle (wie sie die Waffe dem Waffenträger verspricht) ersetzt bei traumatisierten Menschen die fehlende Basis des Gefühlslebens in Vertrauen, Liebe oder Freundschaft. Kontrolle greift auf die Mechanismen des Autismus zurück: Sie schützt die traumatisierte, verängstigte Psyche durch Isomorphie davor, von unerwarteten Reizen überschwemmt zu werden. Viele der «Kampfspiele» im Computer beziehen sich auf dieses Prinzip: Indem auftauchende Monster erschossen werden, verschwindet die von ihnen in den Weg des Spielers getragene Verunsicherung. Je mehr dieser Monster der Spieler erledigen kann, desto sicherer kann er sich seiner Kontrolle über die Spielwelt sein.

Gewaltdarstellungen in Film und Videospiel befriedigen elementare Bedürfnisse in einer langweiligen, verwalteten Welt, in der fast niemand, der aus dem Haus geht, noch einer Gefahr begegnet, die der Rede wert ist, oder eine Gelegenheit hat, den Adrenalin-Endorphin-Stoß zu spüren, den Kampfeswut oder panische Flucht erlauben.

Wenn ein Jugendlicher mit guten Beziehungen und ausreichenden sozialen Erfolgen sich in eines der Ballerspiele vertieft, in dem möglichst viele Gegner abgeknallt werden, dann schadet ihm das nicht. Er wird keine Phantasie entwickeln, seine Lehrer zur Zielscheibe zu machen. Wenn aber ein kontaktgestörter, massiv gekränkter und sehr einsamer Jugendlicher solche Spiele spielt, dann kann er in eine Art Autohypnose verfallen, eine «Rollentrance». Er wird zu einer neuen Persönlichkeit, die er in Tagträumen fortsetzt und – wenn er die Mittel und die Gelegenheit dazu hat – zur blutigen Realität macht. Daher ist es ebenso absurd, die Mediengewalt als Ursache anzuprangern, wie sie zu entschuldigen. Sie ist ein Knoten in einem Ursachennetz. Sie stumpft ab gegen die Gefahren der Gewalt. In Actionfilmen und Videospielen fehlt jede Aufmerksamkeit für die Folgen der Tat, für das seelische Trauma, für die langsamen Abläufe der Wundheilung, für das Leben als Behinderter, Verletzter, mit Amputationen oder Lähmungen.

Das bedeutet, dass bei einer bereits vorliegenden narzisstischen Störung diese vertieft wird: Die Wut wird stimuliert, die Gegenkräfte der Einfühlung, des Mitleidens werden geschwächt, Humor und Kreativität werden nicht entwickelt. Der Zuschauer beziehungsweise Videospieler bleibt in einer sadistischen Welt, er erlebt keine Alternative; was er perfektioniert, ist die Koordination von Wahrnehmung und schneller Reaktion «am Drücker».

8 Explosion und Implosion

> «Hunderte, ja Tausende von Intellektuellen sollten tun, was Virginia Woolf, Ernst Toller, Stefan Zweig, Jan Masaryk getan haben. Eine Selbstmordwelle, der die hervorragendsten, gefeiertsten Geister zum Opfer fielen, würde die Völker aufschrecken aus ihrer Lethargie, so dass sie den tödlichen Ernst der Heimsuchung begriffen, die der Mensch über sich gebracht hat durch seine Dummheit und Selbstsucht.»
> Klaus Mann*

Es fällt uns schwer, im Selbstmord den Versuch zu erkennen, eine von den Tätern als noch schlimmer, noch beängstigender erlebte Katastrophe zu vermeiden. Dennoch sind sich die psychodynamisch interessierten Forscher weitgehend einig, dass das eigentliche Ziel der Suizidalität nicht die Tötung des Selbst ist, sondern eine fiktive Wiederherstellung seelischer Stabilität. Der suizidale Mensch lebt in einem Zustand seelischer Hochspannung. Nur wenn er plant, sich umzubringen, meint er, verhindern zu können, dass seine Beziehungen zu anderen Menschen und/oder sein eigenes Selbstgefühl zusammenbrechen.

Es gibt viele klinische Forschungen über den Suizid und sehr viel weniger über den seelischen Hintergrund von Mord. Auch ist die Bereitschaft von Mördern geringer, sich

* Klaus Mann: Die Heimsuchung des europäischen Geistes. In: Auf verlorenem Posten. Aufsätze, Reden, Kritiken. Reinbek [Rowohlt] 1994, S. 542. Den Hinweis auf diese Passage verdanke ich dem Herausgeber des Bandes, Dr. Uwe Naumann. Der Aufsatz entstand im Jahr von Klaus Manns Suizid, 1949.

einem Therapeuten zu öffnen. Dennoch belegen vor allem die Forschungen an jugendlichen Mördern, dass auch hier die Tat häufig den Versuch darstellt, einen seelischen Zusammenbruch zu verhindern.

Vor einigen Jahren wurde in München ein Nervenarzt von seinen zwei Söhnen – guten Schülern in der Oberstufe desselben Gymnasiums, das auch der Vater besucht hatte – durch mehr als vierzig Messerstiche getötet. Es war ein kaltblütig geplantes Verbrechen. Die Täter warteten hinter der Tür, bis ihr Vater das von ihnen mit ihrer Mutter bewohnte Einfamilienhaus betreten hatte. Dann fielen sie mit Knüppel und Messer über ihn her.

Ich kannte das Opfer aus einer Gruppe von Kollegen und auch aufgrund von Berichten einiger seiner Patienten, die ich nach seinem Tod behandelt habe. Als Therapeut hatte er gute Erfolge bei schweren Störungen. Er setzte sich extrem für seine Klienten ein, neigte jedoch auch zu haarsträubenden Übergriffen und Machtmissbrauch. Kritik an diesem Verhalten nahm er hin, entwickelte aber keine wirkliche Einsicht.

Die Söhne sahen keine andere Möglichkeit, sich von dem Vater zu lösen, als ihn zu töten. Das extreme Bedürfnis meines Kollegen, als grandioser Retter und Heiler idealisiert zu werden, machte eine Trennung im Guten von ihm unmöglich. Die Wut und die Grausamkeit, mit der die beiden Jugendlichen gegen ihn vorgingen, sind ein verschlüsseltes Zeichen der Idealisierung. Wie wichtig muss ein Vater sein, wenn seine Kinder sich diese selbstzerstörerische Mühe aufladen, um sich von ihm zu befreien! In diesem Alter können schließlich viele Gymnasiasten schon über die Borniertheit ihrer Eltern lächeln.

Welche noch schlimmere Katastrophe sollte durch diese narzisstische Explosion vermieden werden? Wenn wir sagen: der völlige Zusammenbruch des Selbstgefühls, nähern wir uns dem Dilemma der Tiefenpsychologie. Sie lebt von Metaphern. Metaphern sind etwas anderes als Erklärungen. Sie sind Bilder, Vergleiche, Anstöße zum Denken, Fühlen, zur Neu-Strukturierung einer Situation. Metaphern sind nicht beliebig, es gibt genaue und ungenaue, treffende, «gerade» und solche, die «schief» sind und ihr Ziel verfehlen. Metaphern sind ein letztlich nie ganz befriedigendes Mittel, sich menschlichem Erleben sprachlich zu nähern, es zu verstehen und durch Einsicht zu verändern. Wenn ich sage: «Diese Frau ist schön wie eine Rose», teile ich mehr über eine Beziehung und ein Erleben mit als durch alle Messwerte über ihre Figur oder die Länge ihrer Wimpern. Metaphern sind nicht exakt, aber in vielen wichtigen Bereichen unseres Lebens doch das Genaueste, was wir haben, um Zustände und Zusammenhänge zu erfassen.

Wie wird der «Zusammenbruch des Selbstgefühls» erlebt? Es ist die Vertreibung aus dem Paradies, der Verlust der Heimat, die Erschütterung des Vertrauten, die Negation einer für unverrückbar gehaltenen Perspektive. Unser Selbstgefühl hat unter anderem die Funktion, uns das Empfinden von Selbständigkeit, von Autonomie und von Berechenbarkeit unserer Umwelt zu geben. Aber kaum ein Mensch ist wirklich unabhängig von äußeren Strukturen, die er in sein Selbstgefühl einbezieht, den «Selbstobjekten». Der ermordete Vater in unserem Beispiel war ein solches Selbstobjekt, so mächtig, beherrschend, manipulativ und angesichts von Ablösungswünschen bedrohlich, dass er vernichtet werden musste, wenn die Söhne der Phantasie entgehen wollten, von ihm erdrückt und vernichtet zu werden.

Der Begriff der Individualisierung ist zu einem Schlagwort geworden, um die sozialen Veränderungen der «Risikogesellschaft» (Ulrich Beck) zu beschreiben. Aber diese Individualisierung ist, psychologisch gesehen, höchst unvollständig. Die Freisetzungen und Traditionsverluste, die sich überall bemerkbar machen, haben nicht zu einem autonomen Menschen geführt, sondern zu einem sozialen Zwang, mit allen, notfalls auch destruktiven Mitteln einer Illusion von Autonomie gerecht zu werden. Die narzisstische Explosion, die Bombenwerdung des Individuums, ist eine Folge dieser Situation.

In den schriftlichen oder mündlichen, auf Videos aufgezeichneten Anweisungen, die Selbstmordattentäter hinterlassen, wird in jedem zweiten Satz Allah zitiert. Es ist ein Allah, der alle Aufgaben eines Selbstobjekts erfüllt: Er ist immer da, er bestätigt und spiegelt alles, was der Täter vor seiner Explosion tut, er wird den Täter nach der Explosion bei sich aufnehmen und wunderbar belohnen.

Im explosiven Narzissmus der menschlichen Bombe verbinden sich die beiden wesentlichen Formen der suizidalen Kränkungsabwehr: die Verschmelzung mit dem verlorenen Selbstobjekt im Tod und die Vernichtung des Ich, um die Kränkung zu rächen. Für den Analytiker, der sich in die Dynamik des Selbstmordes vertieft, ist die Beobachtung recht vertraut, dass die narzisstische Wut nach einer Kränkung keineswegs nur den trifft, der mich gekränkt hat. Sie trifft auch mich selbst, denn die Tatsache, derart verletzbar zu sein, verletzt die Ansprüche an die eigene Grandiosität zutiefst.

Die normale Reaktion auf eine Kränkung befriedigt den Wunsch, der belastenden Situation künftig zu entgehen, sei es, dass wir uns verachtungsvoll abwenden, sei es, dass wir den Kampf aufnehmen und versuchen, das Recht auf unsere Seite zu bringen. Je ausgeprägter aber die Selbstobjekt-Qualität in einer Beziehung ist, desto schwerer wird beides. Da gekränktes Ich und kränkendes Objekt gar nicht getrennt erlebt werden, ist es unmöglich, sich abzuwenden. Der Suizidforscher Jürgen Kind vergleicht solche Personen mit einem Katamaran. Die beiden miteinander verbundenen Schiffsrümpfe sind stabil; bricht das System aber auseinander, muss es untergehen.*

Schon lange haben die Suizidforscher beobachtet, dass es gar nicht selten Tötungsrituale gibt, die merkwürdig friedlich anmuten. Die Opfer fahren in eine schöne Landschaft oder ans Meer, oft dorthin, wo sie mit einem jetzt verlorenen Liebespartner waren. Sie stellen sich vor, im Wasser zu treiben oder sich in der Natur aufzulösen, sie legen sich in die Badewanne und nehmen dort ihre Schlaftabletten mit Wein oder Cognac. Es ist eine symbiotische, verschmelzende, ichauflösende Geste, ein Wiedereingehen in die verlorene Mutter oder in das verlorene Paradies.

Je umfassender und zugleich diffuser die Beziehung zu einer Gottes-Illusion, desto stärker gefährdet diese Komponente der Suizidalität das Ich. Gerade der Kampf gegen einen unerreichbaren Feind wird in der Verbindung mit diesem starken und zugleich wenig strukturierten Gottesglauben zu einer brisanten Mischung. Der Hass auf den Feind kann zu einer kritischen Situation führen, je ausgeprägter geglaubt wird, dass Gott selbst alles lenkt. Wieso hat er in seiner Allmacht gerade diesem Feind so viel Überlegenheit geschenkt? Will Gott mich prüfen, will er mir sagen, dass ich gefehlt habe? Nur ein Extrem des Opfers kann diese Zweifel zum Schweigen bringen, das Ich für seine gefährlichen Gedanken bestrafen und ihre weitere Entwicklung verhindern.

Der Selbstmordattentäter tötet sich also, um sich sowohl mit seinem Gott zu vereinen (diese Version ist bewusstseinsnah), wie auch um seine Zweifel an diesem Gott endlich zum Schweigen zu bringen und sich für diese Zweifel nachdrücklich zu bestrafen. Er unterscheidet in seiner Wut

* Jürgen Kind: Psychodynamische Aspekte von Suizidalität. In: Giernalzyk, Th. (Hg.), Suizidgefahr. Tübingen [dgvt-Verlag] 1997, S. 75

nicht zwischen sich und seinen Feinden, zwischen Schuldigen und Unschuldigen. Für seine Rache gibt es keine Schuldlosen, denn nach der Logik der narzisstischen Explosion ist jeder, der den eigenen Kränkungsschmerz nicht teilt und sich seines Lebens freut, ein Verräter an einer Sache, die alle Menschen genau so bewegen müsste, wie sie ihn bewegt.

Diese universelle Rache wird in den meisten Fällen unbewusst bleiben, aber sie führt zur extremen Rücksichtslosigkeit von Selbstmordattentätern. Indem er sein eigenes Leben opfert, gewinnt der politisch motivierte Selbstmörder nach der elementaren Logik des Narzissmus das Recht, dieses Opfer des Lebens auch so vielen anderen abzuverlangen, wie es ihm gerade möglich ist. Er ist für sich selbst Richter und Henker in einem. Er kann es für alle sein. Je stärker Glaubenszweifel und Glaubenskonflikte einen Menschen aufwühlen, desto gefährlicher wird die Radikalität, mit der er versuchen wird, seinen Glauben zu *beweisen*. Wer eifersüchtig reagiert, Zuwendung erpresst, mit Gewalt und Drohung eine Liebesbeziehung aufrechterhalten will, wird oft von einem solchen Beweisdruck zermalmt. Weil er selbst nicht daran glauben kann, einen Menschen zu lieben, muss er diesen kontrollieren und ständig über Beweise der Liebe (oder ihres Mangels) rechten. Je mehr er rechtet, desto weniger kann er daran glauben, dass er liebenswert ist. So muss er immer mehr rechten, kämpfen, sich selbst und andere bedrohen. Das gilt nicht nur für die Liebe zu einem Menschen, sondern fast mehr noch für die Liebe zu Gott.

Aus solchen Überlegungen wird auch verständlich, was immer wieder in den Biographien der Selbstmordattentäter auftaucht. Es sind ehrgeizige Menschen, die ihren Glauben nicht aus der Tradition schöpfen, die ihn mildert und festigt, sondern ihn erobern und beweisen wollen – und müssen. Immer sind es die frisch Bekehrten, die am leidenschaftlichsten dabei sind, Ungläubige zu verfolgen: Sie tragen sie noch so sehr in sich, dass der Druck in ihnen überaus mächtig ist, sie zu bekämpfen und sich den neuen Glauben immer und immer wieder selbst zu bestätigen. Wer in Gott ruht, muss ihn nicht ständig im Munde führen.

Die fünf Komponenten der narzisstischen Explosion

Das hier entworfene Modell der psychischen Disposition zur narzisstischen Explosion entwirft fünf Felder, welche dieses Geschehen beeinflussen:

1. Die frühen Verletzungen des Reizschutzes
2. Triebtätigkeit und Phantasie
3. Aktuelle Kränkungssituation
4. Die kulturelle Gestaltung des Werterlebens
5. Die Warenwelt

1. Die frühen Verletzungen des Reizschutzes (die Dimension der «Frühstörung», der «frühen Bindung»)

Das Kind ist darauf angewiesen, dass ein ihm zugewandter Erwachsener es dann «stillt», wenn es durch sein Schreien zeigt, dass es aus eigenen Kräften sein seelisch-körperliches Gleichgewicht nicht aufrechterhalten kann. Eine stabile, von Vertrauen und Zuversicht getragene Beziehung zur Umwelt und zu anderen Menschen kann sich nur entwickeln, wenn das Kind von genügend guten (das heißt nicht: perfekten) Personen begleitet wurde und den Austausch mit ihnen verinnerlicht hat. Wenn diese Verinnerlichung nicht gelingt, wünschen sich die Betroffenen perfekte, ideale Bezugspersonen und neigen dazu, diese vollständig zu entwerten und an ihnen zu verzweifeln, wenn sie als Selbstobjekte versagen. Dadurch wachsen Selbsthass und Krisenpotenzial.

2. Triebtätigkeit und Phantasie

Die menschliche Psyche bietet viele Möglichkeiten, die Gefahren traumatischer Einflüsse zu verringern und ein Versagen von Bezugspersonen auszugleichen. Eine der wichtigsten ist die Phantasietätigkeit. Durch sie kann das Individuum Bilder entwerfen und verinnerlichen, die reale Verletzungen ausgleichen und neue Entwicklungsmöglichkeiten erschließen. Das menschliche Gedächtnis ist keine Tontafel, in die Zeichen eingebrannt werden, sondern ein dynamischer Prozess, in dem wichtige Geschichten immer wieder neu geschrieben und verändert werden. Auf diese Weise kann das Individuum traumatische Erfahrungen vertiefen oder bewältigen, indem es sie gestaltet und durch diese Gestaltung von seinen Mitmenschen bestätigt oder bekämpft wird, was neue Gestaltungsversuche zur Folge hat. Zum Beispiel kann eine Mutter, die ihr Kind im Sinn der Frühstörung traumatisiert hat, weil sie es nachlässig versorgt und zeitweise in ein Heim gegeben hat, diese Verletzungen später kompensieren, indem sie die Wutanfälle und Ängste des Kindes akzeptiert, sie erträgt, nicht aufhört, den Kontakt zu dem Kind zu suchen und es zu lieben. In anderen Fällen werden solche Verletzungen vertieft, weil die Mutter das wütende Kind entwertet und ihm Schuldgefühle einflößt, weil es der Mutter so wenig dankbar ist, dass sie es aus dem Heim geholt hat, um ihm eine «richtige Familie» zu bieten.

3. Aktuelle Kränkungssituation

Die Stabilität des menschlichen Selbstgefühls hängt von drei Faktoren ab: von den frühen Traumatisierungen, den späteren Kompensationen und von der aktuellen Kränkungslast. Wie beschrieben, entwickelt sich der Narzissmus nach dem Modell der gestützten Grandiosität. Wenn zu viele Stützen zusammenbrechen und die kompensatorischen Ansprüche an Grandiosität, Perfektion, souveräne Überlegenheit über Schwächen und Demütigungen so sehr gewachsen sind, dass die Betroffenen ihr Selbstgefühl von einem Zusammenbruch bedroht empfinden, bietet die Dynamik des explosiven Narzissmus einen Ausweg. Das Ich vernichtet alle Stützen und beweist in einer letzten, vernichtenden Dynamik die eigene Größe und Macht. Es gibt keine Perspektive außer einem grandiosen Untergang.

4. Die kulturelle Gestaltung des Werterlebens

Der natürliche Narzissmus nährt sich von Wertvorstellungen, sobald das Kind mit seiner sozialen Umwelt kommunizieren kann. In der Frühphase der Entwicklung sind es die zärtliche Geste, der Ausdruck der Freude, das Leuchten im Auge, die Körpersprache von Sicherheit, Zärtlichkeit und Fürsorge, deren Präsenz oder Mangel das frühe Selbstgefühl prägen. Das Werterleben gehört nach unserem Modell immer in eine Entwicklungsphase, in der es darum geht, die frühen Mängel zu kompensieren und zu einer persönlichen oder sozialen Entwicklung beizutragen, welche zum Überleben der nächsten Generation beiträgt.

Den Höhepunkt erreicht die Suche nach dem «Sinn des Lebens», als die dem Jugendlichen das Werterleben entgegentritt, während der Adoleszenz, deren Aufgabe es ist, einen eigenen, persönlichen, der gegenwärtigen sozialen Situation angemessenen Sinn, eine eigene «Vision» zu finden. Diese Aufgabe macht Jugendliche besonders anfällig für narzisstische Krisen und für Spannungen zwischen Idealisierung und Entwertung, für hochfliegende Überzeugungen und beschämende Versagensgefühle.

Die kulturelle Prägung in dieser Zeit ist intensiv und unentbehrlich; sie drückt sich in den Übergangsritualen der Primitivkulturen, den *rites de passage* oder der *vision quest* aus. Religiöse oder militärische Indoktrination spielt eine große Rolle. Die spielerische Grandiosität der Kindheit, in der die

Abhängigkeit von den Selbstobjekten selbstverständlich und akzeptabel ist, wird zur ernsthaften Grandiosität des Heranwachsenden, der um seine Autonomie ringt, nach eigenen Selbstobjekten sucht und in seiner Unsicherheit gerade durch besonders schwierige, extreme Forderungen angezogen wird. Eine Sekte, die anders ist als der Glaube der Eltern, ist in diesem Alter besonders attraktiv, weil sie die Selbstfindung zu erleichtern, die Ablösung von den Eltern zu beschleunigen scheint. In diesem Alter finden Jugendliche ihre Berufungen und formulieren in ihnen die bisherige Entwicklung ihres Selbstgefühls, ihrer Fähigkeit, Kränkungen zu bewältigen und ihre Risiken, in einer grandiosen Explosion ihre Kränkbarkeit zu transzendieren.

5. Die Warenwelt

Dieser Aspekt der Selbstgefühlsdynamik ist neu. Er ist aus der Kultur entstanden, funktioniert aber längst unabhängig von ihr. Eine Gesellschaft kann Dinge verbieten, ihren Erwerb behindern, und dennoch können diese Dinge große Macht über Einzelne entfalten. In der Konsumgesellschaft transportieren die Dinge Botschaften, die nicht mehr von einer Kultur, einem Staat, einer abgrenzbaren Gesellschaft kontrolliert werden. Das Automobil zum Beispiel formiert durch seine Struktur und Funktion den persönlichen Narzissmus. Es entfaltet Einflüsse, die weit über kulturelle Prägungen hinausgehen und durch sie nicht mehr erfasst werden können. Das Gleiche gilt für eine Maschinenwaffe, ein Fernsehgerät, einen Computer. Die zentralen Qualitäten dieser kulturübergreifenden Erfindungen sind explosiv: Sie steigern die traditionell mögliche Kraftentfaltung des Menschen ebenso wie seine traditionell mögliche Geschwindigkeit. Welten entstehen, Welten verschwinden auf Knopfdruck.

Die narzisstische Bedeutung des Menschenopfers

In den Trivialisierungen schamanistischer und magischer Überlieferungen, welche den ideologischen Hintergrund der populären Kampfsportfilme* prägen, taucht ein Thema auf, das im Zusammenhang mit der narzisstischen Explosion bedeutungsvoll ist. Es ist die Vorstellung, dass die im Kampf getöteten Gegner als eine Art Seelensklaven die Stärke eines Kämpfers ins Unermessliche steigern. Diese Vorstellung lässt sich in vielen Kulturen nachweisen. Sie bestimmt den Schmuck der Krieger – der eine hängt sich Skalps an den Gürtel, der andere schnitzt Kerben in den Gewehrkolben.

Verwandt, aber nicht identisch mit diesem Glauben ist der in Sagen und einigen ethnographischen Berichten dokumentierte Brauch, wonach beim Tod eines Mächtigen seine Frauen und Pferde getötet werden, um ihm in der Geisterwelt zu dienen. Eine Entwicklung dieser Rituale hat wohl zu dem ausgearbeiteten Begräbniskult der Ägypter geführt, in dem zum Beispiel hölzerne Figuren von Dienerinnen und Dienern die Seele des Toten betreuen. Das Menschenopfer, dessen Überwindung ein zentrales Thema des Alten Testaments ist, diente ursprünglich wohl auch einer magischen Erneuerung der Kräfte von Vegetationsgottheiten.**

Vielleicht können wir bereits in der Etymologie den Distanzversuch gegenüber dem Phänomen der narzisstischen Wut aufspüren. *Amok* ist ein malaiisches Wort, das ursprünglich nichts anderes heißt als «im Kampf sein Letztes geben». Die älteste Bedeutung von Amok entspricht genau der Kampf-

* Vgl. die Serie «Mortal Combat», in der das Überleben der Erde vom Sieg eines irdischen Kämpfers gegen den Vertreter von «Outworld» abhängig ist, der jedem besiegten und getöteten Gegner die Seele raubt, um durch sie seine Kraft zu steigern.

** Vgl. Robert von Ranke-Graves: Griechische Mythologie. Reinbek [Rowohlt] 1960

begeisterung, die in der germanischen Überlieferung mit den «Berserkern» verbunden ist.

Die gewissermaßen «terroristische» Bedeutung des Amok«laufs» beruft sich auf einen Bericht aus dem 16. Jahrhundert. Sie stammt von einem portugiesischen Seefahrer und Gewürzhändler, Duarte Barbosa, der von den Bewohnern Javas schreibt: «Wenn sie schwer krank sind, geloben manche ihrem Gott einen ehrenhafteren Tod für den Fall, dass sie wieder gesund werden. Sobald sie wohlauf sind, nehmen sie einen Kris (den Stoßdolch, die typische Blankwaffe Indonesiens), gehen auf die Straße und töten, wen sie treffen, Männer, Frauen und Kinder. Sie wüten wie tolle Hunde und töten, bis sie getötet werden.»* Auch diese Geschichte deutet auf die Verwandtschaft zu einem Todesritual hin. Der Gedanke, dass an der Stelle des kostbaren eigenen Ichs ein anderer den Tod finden sollte, ist ein klassisches mythologisches Thema. Sie ist im Alkestis-Mythos überliefert und bearbeitet worden.

Alkestis ist die Tochter des Pelias und Gemahlin von Admetos, dem König von Thessalien. Der Gott Apollon hat ihm versprochen, dass er mit dem Tod verhandeln kann: Wenn an seiner Stelle freiwillig ein anderer stirbt, darf Admetos weiterleben. Als nun der Tod tatsächlich kommt, findet Admetos niemand, der sich für ihn opfert – seine alten Eltern hängen zu sehr am Leben, ebenso seine Freunde. Schließlich verzichtet seine geliebte Frau Alkestis auf ihre Jugend und ihre Kinder und folgt dem Tod.

Im Drama des Euripides erfährt Herakles von dem trauernden Admetos, was geschehen ist, eilt dem Tod nach und nimmt ihm in einem mächtigen Ringkampf Alkestis wieder ab. Der grausame Brauch des Opfers «Leben für Leben» wird

* The Book of Duarte Barbosa, London 1921, vgl. a. W. M. Pfeiffer: Transkulturelle Psychiatrie. Stuttgart [Thieme] 1971

auch in der Alkestis-Sage abgeschwächt: Der Tod ist freiwillig und wird wieder aufgehoben. Ähnlich ist das Opfer der Erstgeburt, ein im alten Palästina weit verbreiteter Brauch, in der biblischen Überlieferung zwar erhalten (der moabitische König Mescha opfert seinen ältesten Sohn ebenso wie die hebräischen Könige Ahab und Manasse, vgl. 2. Könige 3, 26–27, 2. Könige 16, 3 und 2. Könige 21, 6). Aber das Sohnesopfer wird in der Szene in Genesis (1. Mose 22) abgebrochen und durch das Opfer eines Widders ersetzt.

Der biblische Gott tritt das Erbe eines älteren Gottes an, der das Opfer nicht nur des erstgeborenen Sohnes, sondern auch jeder Erstgeburt von Rind und Schaf verlangte, eine Regel, die später von den Propheten interpretiert wurde: Sie sei nur als Strafe für Israels Götzendienerei verhängt worden (Ezechiel/Hesekiel 20, 24–26). Ähnlich wurde das Opfer des erstgeborenen Sohnes durch das Opfer der Vorhaut bei der Beschneidung ersetzt.* Auch im griechischen Mythos ist das Menschenopfer überall präsent, vorwiegend in der Verneinung und als Ziel drakonischer Strafen. Tantalos beispielsweise wird im Hades mit seinen sprichwörtlichen Qualen dafür bestraft, dass er seinen Sohn Pelops den Göttern opferte, in der späteren Überlieferung als Braten zubereitet, um deren Allwissenheit zu testen. Dem biblischen Mythos ähnelt die Geschichte von Phrixos, dem Sohn des Königs Athamas von Böothien, der von seinem Vater aufgrund eines Orakels wegen einer Hungersnot geopfert werden sollte. Zeus, der Menschenopfer ablehnte, schickte einen Widder mit goldenem Vlies, auf dessen Rücken Phrixos in das Land Kolchis entkam.

Das Opfer der Erstgeburt und die grausame Behandlung der nächsten Generation in den zahllosen Riten genitaler

* R. von Ranke-Graves und R. Patai, Hebräische Mythologie. Reinbek [Rowohlt] 1986, S. 219

Verstümmelung zeigen, dass eine archaische Schicht der menschlichen Psyche von der Phantasie beherrscht ist, das eigene, bedrohte Leben dadurch sichern zu können, dass fremdes Leben genommen wird.

Der zugrunde liegende Mechanismus gehorcht der Formel: «Aus Passivität Aktivität machen!» Er ist ein Grundmerkmal unserer Psyche und sprengt die Grenzen, welche der Begriff des «Abwehrmechanismus» in der Psychoanalyse ihm auferlegen würde. Die aktive Gestaltung und Vorwegnahme des passiv Erlittenen ist ein Prinzip der menschlichen Realitätsorientierung und des Lernens.

Angesichts der Schrecken des Todes werden verletzte Menschen besonders dazu neigen, sich mit diesem Schrecklichen zu identifizieren. In «Mortal Combat» trägt der Herrscher der Finsternis die Maske des Todes. Immer wieder geht es darum, dass sich «böse» bezwungene Kämpfer im Augenblick ihrer Niederlage in Skelette verwandeln. Diese magische Logik lässt sich umkehren: Indem ich den Impuls, mich selbst zu töten und dadurch für ein Übermaß an Kränkungen unempfindlich zu machen, gegen andere richte, steigere ich mein Leben *und* meinen Tod. Beide gewinnen an Bedeutung. Ich bin nicht allein, ich gehe nicht unbegleitet in die Unterwelt. Der Amokkrieger, der in den Truppen der Malaien ebenso gefürchtet war wie der Berserker in den Mannschaften der Wikinger, suchte zweierlei: den Tod möglichst vieler Feinde und den eigenen Tod. Er sollte möglichst viele Leben mitnehmen und sein eigenes nicht achten.

Das heißt auch, dass Amok nicht das extrem seltene und unverständliche Ereignis ist, als das ihn die Medien so gerne behandeln. Er speist sich aus mythischen Modellen und psychischen Grundstrukturen, er wird im Kränkungsfall von den entsprechenden neurologischen Strukturen (der Mandelkern, das limbische System, die linke Gehirnhälfte) sozusagen entworfen und von den kritischen Funktionen dann wieder verworfen.

Diese kritischen Funktionen sind freilich weniger verlässlich, als es sich die menschliche Vernunft erträumt. Wenn äußere Umstände ihr soziales Gedeihen begünstigen, werden auch in modernen Gesellschaften so viele Berserker und Amokläufer entstehen, wie unter den kriegerischen Malaien oder Wikingern.

Wenn wir eine Stahlkette belasten, wird irgendwann eines ihrer Glieder reißen. Erst dann wissen wir, dass es sich um das schwächste Glied dieser Kette handelte. Wenn wir vorher jedes einzelne Glied unter einem Mikroskop untersuchen und zusätzlich noch mit Röntgenstrahlen fotografieren würden, wäre uns vielleicht eine Voraussage möglich, welches Glied als erstes brechen wird. Wir könnten winzige, mit dem bloßen Auge unsichtbare Risse finden, durch die Korrosion eindringen konnte, oder Mängel im Gefüge der Legierung, die während der Fertigung der Glieder oder später beim Schweißen aufgetreten sind.

Wir würden einen Betrachter für naiv halten, der behauptet, Stahlketten seien unberechenbar, die brechenden Glieder hätten die ganze Zeit genauso ausgesehen wie die stabilen. Wir würden ihm entgegenhalten, dass er nichts von Metallurgie versteht und kein Mikroskop handhaben kann und sich daher hüten sollte, sein Urteil, das auf seinem Augenschein beruht, für der Weisheit letzten Schluss zu halten.

Angesichts der Amoktäter, Terroristen und Selbstmordattentäter der Gegenwart ist diese Naivität weit verbreitet. Weil die Suche nach den psychischen Dispositionen fast immer erst dann einsetzt, wenn der Amoklauf stattgefunden hat, ziehen sich viele Autoren in eine billige Kritik nachträglicher Analysen zurück. Aber damit wird eine Frage vernebelt, die durchaus beantwortet werden kann. In jedem Amoklauf müssen zwei Komponenten untersucht werden:

die traumatischen Einflüsse, welche die Kränkungsaggression geweckt haben, und das Versagen der Hemmung primitiver, magischer Reaktionen, in denen die Gewalt allmählich zur universellen Lösung einer narzisstischen Krise wird.

Insofern ist die Metapher der Explosion auch angesichts der Entwicklung solcher narzisstischen Krisen sinnvoll. Zur Explosion kommt es, wenn verschiedene Bedingungen zusammentreffen. Fehlt der Funke, verweht der nächste Luftzug das explosive Gasgemisch. Ob ich eine Gewehrpatrone oder einen Lippenstift in der Tasche trage, bedeutet im Alltag nichts; erst wenn ein kleines Plättchen am Boden der Patrone zerquetscht wird, explodiert sie. Wenn wir die Zeit für eine gründliche psychologische Untersuchung hätten, wäre es möglich, potenzielle Amokläufer und Attentäter etwa ebenso verlässlich zu erkennen wie Suizidgefährdete. Da die Gelegenheit dazu fehlt, können wir immer noch das Bedingungsgefüge untersuchen und Hinweise geben, welche Schritte prophylaktisch sinnvoll sind und welche nicht. Ob diese dann durchgeführt werden, ist eine andere Frage. So ist es beispielsweise schon lange bekannt, dass die wichtigste einzelne Ursache von Kriminalität eine unsichere Bindung in der Kindheit ist. Aber die familienpolitischen Maßnahmen, um eine ausreichende Versorgung kleiner Kinder mit zufriedenen, ausgeglichenen Bezugspersonen zu sichern, hinken hinter solchen Einsichten her.

Der Tod ist der Sieg

«O Roma o Morte!» Entweder Rom oder der Tod! Diese Parole steht auf dem Sockel des Denkmals von Giuseppe Garibaldi in der umbrischen Kleinstadt Anghiari, wo er mit seinen Freischärlern Station machte, ehe er daranging, den Kirchenstaat zu erobern. Niemand würde Garibaldi, nach dem in jeder italienischen Stadt mindestens eine Straße oder eine Bar benannt ist, mit Amok verbinden. Die Parole «Sieg oder Tod» gehört in das Repertoire aller Kriegshelden; wie in vielem anderen waren Faschisten und Nazis nicht originell, sondern nur radikal, als sie versuchten, Männer, Frauen und selbst Kinder ihrer Nation diesem Motto zu unterwerfen.

Die Amokkrieger in Java waren gefürchtet, weil sie keinerlei Rücksicht auf das eigene Leben nahmen. Allerdings ist derlei physische Tapferkeit nur dort nützlich, wo Mann gegen Mann gekämpft wird. Daher hat wohl Johann Gottfried Herder die Feuerwaffe auch für einen Fortschritt der Humanität gehalten: Je mehr der Streit eine mechanische Kunst werde, desto mehr würden die Leidenschaft Einzelner und ihre wilde Stärke unnütz. Trommelfeuer und Bombenkrieg hätten den Dichter wohl eines Besseren belehrt. Der Krieg ist durch unsere mechanischen Künste nicht human geworden. Im Gegenteil hat die Technik, die in den modernen Kriegsmitteln gespeichert ist, Unterschiede zwischen Kämpfern und Nichtkämpfern verwischt. Sie hat den Schaden vertausendfacht, den der einzelne Soldat anrichten kann. Den Amoklauf in Java und die Berichte über die Berserker in den Überlieferungen der Wikinger würden wir heute wohl dissoziative Zustände oder Trance nennen, vielleicht auch mit dem Begriff der multiplen Persönlichkeit belegen. Menschen verlieren unter äußeren oder inneren (autosuggestiven) Einflüssen ihre bisherige Verhaltensform und zeigen abrupt eine neue, ganz andere. In germanischen Kulturen wurden solche Kipperscheinungen als Verwandlung in einen Bären oder in einen Wolf beschrieben. Die Berserker heulen wie tolle Hunde, sie beißen in ihre Schilde, ohne dass ihnen das etwas anhaben kann, ebenso wenig wie Feuer oder Eisen. Sie werden periodisch von solcher Kampfeswut überfallen, dass sie ihre Schiffe verlassen und auf Felsen und Bäume losgehen müssen, denn wenn sie das nicht tun, werden sie die eigenen Gefährten erschlagen und die Schiffe verwüsten. Niemand kann sie besiegen, es sei denn, sie werden überlistet und eingesperrt. Da sie gegen die Schärfe des Schwertes unempfindlich sind, werden sie mit Knüppeln von einer Übermacht erschlagen.*

Der Hintergrund dieser Sagen ist vermutlich ein Kampfbrauch: Wer sich in das Fell eines erlegten Bären oder Wolfes kleidet, gewinnt die wilde Kraft dieser Tiere. Wer sich für unverwundbar hält, hat keine Angst und zieht deshalb mit einer Rücksichtslosigkeit in den Nahkampf, die ihm große Vorteile über alle Gegner verschafft.

Allerdings wären diese Rituale nicht so ausgearbeitet und die ganze Verkleidung überflüssig, wenn es nicht Gegenkräfte zu überwinden gäbe. Die Tierverwandlung ist ein magisches Ritual. Sie gleicht den afrikanischen Maskenritualen. Immer hat die Maske auch einen besonderen Gang, einen besonderen Appetit, einen besonderen Ton. Die Berserker hatten den spezifischen «Berserkergang», an dem man sie erkannte, sie tranken Blut und aßen rohes Fleisch, und sie brummten und heulten.

Ob die Berserker (*ber* ist im Altnordischen der Bär und *serkr* das Hemd) glaubten, sie seien «wirkliche» Bären? Nach den Forschungen über dissoziative Zustände muss man hier wohl antworten: ja und nein. Es ist ein charakteristischer Mythos des 19. Jahrhunderts (der von den psychologieabstinenten Autoren der Gegenwart, wie Wolfgang Sofsky, in ihrer Diskussion über den Amok übernommen wird**), dass sich nach dem Trance-Zustand der Betroffene an nichts mehr erinnert.

Was in solchen falschen Sicherheiten vergessen wird, ist

* W.-E. Peukert: Geheimkulte. Heidelberg 1951, S. 88 ff.

** W. Sofsky: Zeiten des Schreckens. Amok, Terror. Krieg. Frankfurt [S. Fischer] 2002, S. 46

die Abhängigkeit der Dissoziation von Umwelteinflüssen. Hier begegnet eine individualisierte Gesellschaft einer archaischen Welt, in der das Wünschen noch geholfen hat und der Glaube tatsächlich Menschen nicht nur intellektuell, sondern physisch erfasste. Daher «vergisst» der Betroffene, was im Zustand der Dissoziation, in dem er ein Tier oder ein Gott war, mit ihm geschehen ist, wenn seine Umwelt der Meinung ist, es sei das Beste für alle, es zu vergessen. Wenn seine Umwelt jedoch will, dass er sich erinnert, dann erinnert er sich auch.

Die frühen Berichte über hypnotische Trance sind voller Übertreibungen, sowohl was die Kräfte der Menschen im Ausnahmezustand als auch was ihre Erinnerungslosigkeit angeht. Wie beim Amokläufer und beim Berserker wuchsen auch beim Hypnotisierten die Körperkräfte ins Übermenschliche, während die Empfindung für Schmerz und Hitze abnahm. Und wie bei diesen erinnerten sie sich, aus ihrer Trance erwacht, an nichts mehr. Nur erneute Hypnose, hieß es, könne diese Amnesie aufheben. Aber das ist nicht richtig; bereits Freud hat beobachtet, dass es auch ohne Hypnose möglich ist – durch energische Aufforderung und Zuversicht, dass die Erinnerung schon zugänglich werden wird –, das Vergessene ans Licht zu holen.

Die Mythen von der Verwandlung des normalen Menschen in etwas Bedrohliches, ein Tier oder einen Teufel, sind alt und vielgestaltig. Sie beschäftigen ihre eigene Polizei: Parallel werden immer auch Mythen erzählt, wie gefährlich es ist, das Geheimnis der Maske zu verraten oder sie zu lüften. Die Geschichten von den völlig rätselhaften Amokläufern, die nachher nicht mehr wissen, was sie getan haben, sind späte Erben dieses Mythos, und da auch die Täter an ihnen teilhaben, dienen sie ihrer Entlastung.

Vor Gericht sagt der moderne Mörder, er könne sich an nichts mehr erinnern, er sei offensichtlich ein ganz anderer geworden, für den er keine Verantwortung übernehmen könne, er leide an einer Persönlichkeitsspaltung oder gar einer multiplen Persönlichkeit. Amerikanische Richter quittieren das mit einem Achselzucken, sie haben es zu oft gehört. Nietzsche hat das moderne Verständnis begründet, dass unsere inneren Bilder immer neu entstehen, in einem dynamischen Prozess, einem Kampf unterschiedlicher Interessen, von denen die faktische Wahrheit nur eines und keineswegs immer das stärkste ist. Der Philosoph formulierte den inneren Kampf, der zur Verdrängung führt: «‹Das habe ich getan›, sagt mein Gedächtnis. ‹Das kannst du nicht getan haben› – sagt mein Stolz und bleibt unerbittlich. Endlich – gibt das Gedächtnis nach.»* Menschen können glauben, dass sie sich in etwas verwandeln. Dieser Glaube wird ihr Handeln bestimmen, aber es ist fast immer auch möglich, diese autohypnotischen Zustände zu durchbrechen, sich von der angenommenen Rolle zu distanzieren und sich danach an sie zu erinnern. Ob und wie das geschieht, ist von Interessen bestimmt. In einem Wikingerlager gab es kein Interesse, das Rollenspiel der Bärenhemdträger zu durchkreuzen; in einem afrikanischen Dorf sind die tanzenden Masken unantastbar.

Die kalten Fanatiker, welche ein Selbstmordattentat planen, haben jedes Interesse der Welt, dass alle Journalisten und Politologen die Überzeugung gewinnen, die Täter seien gegen jeden inneren Einwand gewappnet, vollständig mit ihrem Auftrag identifiziert, für Angst und Schmerz nicht mehr zugänglich. Gleichzeitig belegt das Wenige, was wir über die Schulung der Täter wissen, dass sie lernen müssen, immer wieder ihren göttlichen Auftrag zu memorieren und sich vollständig als Instrument Allahs zu erleben. Die narzisstischen Quellen solcher Identifizierungen, sei es mit einem

* F. Nietzsche: Jenseits von Gut und Böse. Werke Bd. 2, München [Hanser] 1966, S. 625

machtvollen Tier, sei es mit einem noch machtvolleren Gott, sind unverkennbar. Das eigene, grandiose Selbst, das der Adoleszente ebenso verwirklicht und gespiegelt haben möchte, wie er es als bedroht und von der Realität dezimiert erlebt, wird in solchen Entwicklungen periodisch nach außen projiziert und dann wieder verinnerlicht. Der Täter handelt in göttlichem Auftrag und wird durch seine Tat selbst zum Gott, zum Gegenstand höchster Verehrung von Seiten aller, die um ihn und seine Tat wissen. So kann er seine eigene innere Unsicherheit für immer besiegen.

Will-Erich Peukert, ein Pionier der europäischen Ethnologie, hat die Berserker als Bund einer männlichen Initiation gedeutet. In den Sagas gibt es viele Hinweise, die zeigen, dass es Aufnahmerituale gab und die Berserker, wenn sie die Phase ihrer Verwandlung in Kampftiere überlebt hatten, normale Hausväter wurden.

Die Verwandlung in eine menschliche Bombe steigert die Grandiosität und die Unverwundbarkeitsphantasie. Sie spielt sich in einem Feld ab, in dem sich die Kräfte von Trance-Ritual und Flugsimulator, von fundamentalistischer Religiosität und Medienwelt überschneiden. «Ziad hatte doch alles», sagte der Vater eines der Piloten vom 11. September 2001. «Er war Pfadfinder, er spielte in einer Basketballmannschaft, er brachte die Familie zum Lachen, er ging mit seinen Schwestern zum Strand, und natürlich trugen die immer Bikinis.»*

Mit fünf Jahren baute der kleine Ziad seine ersten Flugzeuge aus Legosteinen, mit zwölf Jahren las er alles über das Fliegen, mit 23 Jahren studierte er Flugzeugbau in Deutschland; dort lernte er Mohammed Atta und seine islamistische Gruppe kennen. Ziads Vater war ein libanesischer Beamter und Geschäftsmann, der sich als toleranten Muslim bezeich-

* St. Aust und C. Schnibben (Hg.): 11. September. Geschichte eines Terrorangriffs. Stuttgart und Hamburg [DVA/Spiegel-Verlag], S. 147

net und seine Kinder in eine christliche Schule schickte, weil dort der Unterricht besser war. 1999 bat ihn der Sohn um mehr Geld: Er wolle Pilot werden und Flugzeuge nicht nur reparieren, sondern auch selbst fliegen.

Ziad war 26 Jahre, als er zum ersten Mal eine Boeing flog: Es war der Flug United Airlines 93. Sie stürzte auf ein Feld bei Shanksville.

In den modernen terroristischen Entwicklungen kehren Söhne den bequemen und toleranten Welten der Väter den Rücken. Sie beginnen, zwischen den Kulturen nach etwas zu suchen, das ihrem Leben Sinn gibt, und finden es schließlich in der Zerstörung einer Welt, die sie als böse, wertlos und zukunftsfeindlich erleben.

Narzisstisch gesehen, leben wir tatsächlich in einer verrückten Welt. Wer erfolgreich Flugzeuge baut und sie vom Start zur sicheren Landung fliegt, erhält sein Gehalt und keine weitere Aufmerksamkeit. Wer aber, unsicher, ob er jemals diesen Arbeitsplatz haben wird, ein solches Flugzeug im Kampfrausch einer verschworenen Gruppe kapert und in eine Bombe verwandelt, triumphiert in beiden Welten. Im Westen wird er so sehr gefürchtet, dass ganze Airlines in Konkurs gehen, im Osten wird er als Märtyrer bewundert und verehrt.

Die aggressiven Potenziale der menschlichen Adoleszenz sind auch in jenen Kulturen gefürchtet und problematisch, die wir im Rückblick als traditionsgebundene Idylle idealisieren. Von der Tanzbodenschlägerei, dem Wildern und Schmuggeln der deutschen Folklore führt ein gerader Weg zu den Skins und Hooligans der Gegenwart; dort, wo sich die Entwurzelten sammeln – wie in den Slums von Los Angeles –, bestimmen Jugendbanden das Bild, die ihre Farben und ihre Reviere in blutigen Kämpfen weihen.

In der Adoleszenz legieren sich ödipale und soziale Probleme zu einer brisanten Mischung. Es geht darum, die Rivalität mit den Eltern noch einmal zu verarbeiten und sie mit den Möglichkeiten zu versöhnen, welche die Gesellschaft dem grandiosen Entwurf des eigenen Selbst bietet. Wie die Biographien von Osama Bin Laden, Atta oder Ziad zeigen, soll der neue, der zukunftsweisende Schritt zurückführen in ein verlorenes Paradies.

9 Wütendes Heimweh

Der Fortschritt besitzt eine unheimliche Qualität. Er beraubt die Menschen ihrer Heimat, indem er ihnen eine bessere verspricht. Wenn sie schließlich feststellen, was er sie gekostet hat, und sich zurücksehnen nach dem Paradies, von dem sie erst wissen, sobald sie es verloren haben, dann gibt es nur eine Möglichkeit, sich vor Verzweiflung zu schützen: die Hoffnung zu wecken, dass es nicht der Fortschritt selbst war, der das Paradies zerstört hat, sondern seine Unvollkommenheit, seine Unvollständigkeit, die Tatsache, dass er auf halbem Weg stehen geblieben ist.

Wenn wir einige der geistigen Bewegungen betrachten, die seit dem Beginn einer immer stärkeren Beschleunigung des Fortschritts als Trost und Hilfe ersonnen wurden, können wir in ihnen stets auch Versuche erkennen, das Heimweh der Menschen zu beschwichtigen, ohne ihnen zu vermitteln, dass sie auf einem höchst gefährlichen Weg Unersetzliches verloren haben.

In diesen Versuchen ist es immer wichtig, einen Schuldigen zu finden, der als Sündenbock dienen kann, und eine Hoffnung zu wecken, nach einem Umweg den Hintereingang zum verlorenen Paradies zu finden. Robespierre hat die Aristokraten als diesen Sündenbock verfolgt, Stalin die freien Bauern, Pol Pot die Städter, Hitler die Juden.

Inzwischen ist es uns deutlich geworden, dass Stalinismus, Faschismus und religiöser Fundamentalismus ihre Ziele nicht erreichen werden. Wir können uns damit trösten, dass vielleicht diese Heilslehren selbst das Übel sind, dessen Auflösung sie uns versprechen. Vielleicht werden wir uns endlich dann im Fortschritt beheimaten können, wenn wir sie endgültig besiegt haben?

Wenn Christen einmal geglaubt haben, ihre Religion sei gegen fundamentalistische und terroristische Anwandlungen gefeit, so müssen wir nicht lange suchen, und wir finden die üblichen Entgleisungen ebenfalls in der Welt der Bibelgläubigen. Und auch hier entdecken wir die Phantasie, sich zurückzubomben in ein verlorenes Paradies.

Jesus Christus war kein Jude, sondern Arier.
Weiße Angelsachsen und nicht Juden sind das auserwählte Volk.
Es tobt eine Schlacht zwischen den Kindern der Dunkelheit (den Juden und Farbigen) und den Kindern des Lichts, der arischen Rasse, des wahren Israels der Bibel.
Wenn erst das Papiergeld und die staatlichen Steuern abgeschafft sind und es keine Regierung über der Kreisebene mehr gibt, werden wir uns endlich wieder in Gottes eigenem Land zu Hause fühlen können.

Diese Glaubensartikel, die auf den Kongressen der Aryan Nations vehement vertreten werden, sind denen der islamischen Fundamentalisten verwandt. Auch dort gibt es eine einfache Teilung der Welt in gute Rechtgläubige und schlechte Ungläubige. Wenn die Rechtgläubigen endlich die Macht gewinnen, die ihnen zusteht, dann werden paradiesische Verhältnisse einkehren, wie sie zu der Zeit herrschten, als das Kalifat noch bestand und der Herrscher dieser Welt auch der Herrscher aller Gläubigen war.

Unfähige und korrupte Angehörige der eigenen Religion haben zu früh den Heiligen Krieg beendet. Deshalb müssen die Gläubigen jetzt leiden. Sie müssen, um sich vor Verzweiflung zu schützen und die Grandiosität ihrer Geschichte neu zu beleben, den Heiligen Krieg wieder beginnen und bis zum

Ende ausfechten. Dann wird ihnen das Paradies gehören. Die amerikanischen Siedler, die einmal das Gelobte Land erobert haben, werden es neu erobern, indem sie es den Verrätern, den Kindern der Dunkelheit, wieder abnehmen und keine Autorität mehr über sich haben als den Sheriff und den Prediger der Gemeinde im Herzen des Landes, das nur ihnen gehört und allen unerschöpfliche Befriedigung spendet.

Im Terrorismus scheinen sich die Sehnsucht nach einem früheren Zustand und der Kampf gegen einen übermächtigen Feind, der einer Erfüllung dieser Sehnsucht im Weg steht, zu verbinden. Was Terroristen in die Zukunft projizieren, ist meist sehr vage; viel wesentlicher ist die Störung der Ruhe aller, die sich mit Zuständen abzufinden bereit sind, die den Gekränkten unerträglich scheinen. In diesem Kampf um ein verlorenes Paradies laufen sie Gefahr, die Störung der selbstzufriedenen («paradiesischen») Ruhe ihrer Feinde mit einem Erfolg zu verwechseln. Terroristen setzen Aufmerksamkeit, Auffälligkeit, Beachtung mit politischer Durchsetzung gleich.

Wenn deutlich wird, dass dem ersten Schritt des Gewinns der Aufmerksamkeit kein zweiter folgt und die Widerstände gegen die ungerecht vertretene Sache erstarken, dann führt die Logik des Terrorismus (die eine regressive Logik ist, das heißt Lösungen in einer immer lauteren Wiederholung des Schreis nach Aufmerksamkeit sucht) dazu, die spektakuläre Aktion zu steigern. «Endlich hören mich alle» wird verwechselt mit «Endlich werde ich bekommen, was mir zusteht!».

Der Auszug aus der Sklaverei und die lange Suche nach dem verheißenen Land sind nicht nur Mythen der Bibel, sondern mächtige Motive der Gegenwart. Es sind Parabeln für das Selbsterleben in einer Welt, die sich verändert. Biblisch ist aber auch das Motiv des heiligen Krieges, der den Sieger ohne Beute lässt und dem Feind die Gnade verweigert. Wo in der Antike ein heiliger Krieg geführt wurde, wurden Menschen geopfert (und nicht als Sklaven genützt), wurden Felder verwüstet (und nicht Ölbäume und Reben des Feindes für die eigene Ernte kultiviert). Die Landnahme Israels in der Bibel ist ein zentrales Dokument solcher Kriege, die vorwegnehmen, was heute ein Atomkrieg bedeuten würde: Tod und Schrecken für alle, Gewinn für keinen.

Magie, Fetischverehrung, Animismus und Polytheismus sind konkrete, sinnliche, an bestimmte Orte, Jahreszeiten, Völker und Stimmungen gebundene Religionen. Niemals würde es einem Gläubigen einfallen, für sie zu missionieren, im Gegenteil. Herodot beschreibt, wie die Griechen an allen Stränden, an denen sie landeten, ihre eigenen Götter wiederfanden. Die Römer hatten sogar einen eigenen Ritus *(elicere)*, mit dessen Hilfe sie bei der Belagerung einer feindlichen Stadt die Götter der dortigen Tempel in die eigenen Reihen locken wollten. Es war noch nicht Sitte, die eigenen Götter für die richtigen zu halten und die der Feinde für die falschen, für Teufel.

Der Eingottglaube ist ein immenser Schritt zu einer geistigen Abstraktion, zu einer Zusammenfassung von Macht im Himmel ebenso wie auf Erden. Er führt fast zwangsläufig in missionarische Aktivität. Er liefert das Modell dafür, nicht unterschiedliche Göttinnen und Götter nebeneinander anzuerkennen, sondern einen einzigen zu schaffen, dem alles Licht und alle Macht gehören. So fühlen sich seine Gläubigen aufgerufen, die Welt zu erleuchten und sich ihrer mit einer Rücksichtslosigkeit zu bemächtigen, die monotheistische Religionen in der Konkurrenz der Glaubenssysteme so viel erfolgreicher gemacht hat als ihre polytheistischen Vorläufer. Oder sollten wir sagen: Als die Erde enger wurde und der Streit der verstreuten Pflanzer, Hirten und Bauern um das fruchtbare Land an den Flussläufen heftiger, da erfanden die Gierigsten unter ihnen den Monotheismus?

So zweckgerichtet funktioniert die kulturelle Evolution nicht. Aber es könnte so sein, dass vor dieser explosiven historischen Situation, dem wachsenden Bevölkerungsdruck und der Zersplitterung einheitlicher Reiche der Monotheismus schon öfter erfunden worden war und sich wieder verloren hatte.

Warum ist der Monotheismus die «erfolgreichere» Religion? Sowohl das Christentum wie der Islam haben zahlreiche Völker ihren ursprünglichen Göttern entfremdet und sind auch heute noch damit beschäftigt. Zu missionieren ist eine historisch neue Form der Eroberung, die besondere Kräfte im Zusammenhalten des Eroberten entfaltet.

Freud hat in «Massenpsychologie und Ich-Analyse» beschrieben, wie der idealisierte Führer für die Massen seelisch dieselbe Rolle spielt wie der Hypnotiseur gegenüber dem Medium oder der Verliebte gegenüber dem Gegenstand seiner Empfindungen. Vielleicht liegt hier ein zentraler Punkt für den sozialen Erfolg des Monotheismus. Er bereitet ein Volk darauf vor, einen einzigen Führer zu idealisieren und ihm zu folgen.

Nach den Beobachtungen der Ethnographen ist Führerschaft in Primitivkulturen so wenig entwickelt, dass an vielen Orten die weißen Kolonisatoren erst Häuptlinge einsetzten oder definierten, um einen Ansprechpartner für ihre Verhandlungen zu haben. Bei den Jägervölkern werden gute Jäger als Anführer auf einem Jagdzug akzeptiert, gute Kämpfer, wenn es darum geht, ein Dorf zu überfallen. Aber jeder Kämpfer hat jederzeit das Recht, aus einem Feldzug, der ihm nicht mehr gefällt, auszusteigen und etwas zu tun, das ihm mehr Freude macht. Der Anführer hat keine Macht, ihn dafür zu bestrafen.

Wie lange solche Probleme die Kriegsführung bestimmten, zeigt eines der ältesten Dokumente der abendländischen Literatur. Die «Ilias» Homers handelt davon, dass ein Mitstreiter bei der Belagerung Trojas nicht mehr kämpft, weil er sich bei der Beuteverteilung benachteiligt fühlt. In einer disziplinierten Armee wäre das undenkbar. Es hat lange gedauert, bis sich diese Disziplin entwickelte. Der Monotheismus war sicher eine wichtige Hilfe dabei. Er bereitet schon Kinder darauf vor, dass es nur *eine* höhere Macht gibt, der sie unbedingten Gehorsam schulden.

Ein Gott und *ein* heiliges Buch sind mächtige Mittel, *ein* Gesetz für alle Gläubigen durchzusetzen und damit größere, stabilere soziale Einheiten zu schaffen. Mit diesen Mitteln schmiedete Moses aus den verstreuten Beduinenstämmen des Sinai, die zwei Muttergottheiten – Lea und Rahel – anbeteten, die «Kinder Israels», welche sich anschickten, das Gelobte Land mit großer Grausamkeit und Schlagkraft zu erobern.

Der Rolle von Moses im Judentum entspricht bei den Christen Paulus. Er ist das Siegel der Apostel, wie Mohammed das Siegel der Propheten war, der letzte aus dem Mythos in die Geschichte greifende Prophet. Paulus kannte Jesus gar nicht mehr und wehrte die Faszination durch dessen Botschaft bis zu einem hysterischen Zusammenbruch ab. Nach diesem wurde er der erfolgreichste Missionar des neuen Glaubens. Er setzte die christliche Botschaft in zahlreiche Gemeindegründungen um. Auch Mohammed entdeckte sich selbst in seinem Gott und gewann seine Macht über andere aus der Bereitschaft, sich selbst den Visionen zu unterwerfen, die er von diesem Gott hatte. Das scheint ein sehr wirksames Modell charismatischer Führerschaft zu sein: Der Führer unterwirft sich nicht dem eigenen Ich, sondern er entwirft ein Prinzip, dem er ebenso gehorchen muss wie alle anderen.

Seine Macht beruht darauf, dass Gott nur zu ihm oder aus ihm spricht und er genügend rücksichtslose Energie besitzt, diesen Vorrang vor allen Rivalen zu behaupten. Die Gesetze vom Sinai und der Koran sind Dokumente einer solchen Unterwerfung unter den eigenen Entwurf, der Re-Introjektion des Projizierten.

In den Mythen wird das Paradies von einem Cherub, die Unterwelt von einem dreiköpfigen Hund bewacht. Im terroristischen Mythos sind es der Hund, das Ungeziefer, der Abschaum, die zwischen den Guten und ihrem Paradies stehen. Sobald sie vernichtet sind, wird das Paradies zugänglich werden. Sollte das bedeuten, dass dieses Paradies die Hölle ist? Im Mythos natürlich nicht, in der Realität durchaus. Der praktizierte Terrorismus bringt Täterinnen und Täter in eine traumatische Situation, welche die immer wieder beobachtete Spirale der Gewalt beschleunigt. Es ist eine Illusion, anzunehmen, dass es ohne Folge bleibt, mit einer Pistole unter dem Kopfkissen zu schlafen und in jedem Unbekannten einen Feind zu vermuten. Wer so lebt, wird regressive Entwicklungen zementieren.

Der seelische Prozess, in dem Terroristen das werden, was sie sind, hat typische Eigenarten, auch wenn sich die Täter in ihren Persönlichkeiten und die Gruppen in ihrer Struktur erheblich unterscheiden. Dabei ist es sehr wichtig, festzuhalten, dass die «terroristische» Reaktion immer die primäre ist. Sie entspricht der ursprünglichen, infantilen Reaktion auf Kränkungen. Wenn Erwachsene in dem Schreien eines vernachlässigten Säuglings mörderische Wut erkennen wollen, kann das natürlich ihre Phantasie sein. Aber ein Verhalten, das eigene Befriedigung und Sicherheit der radikalen Demonstration opfert, ist im Modell vermutlich angeboren.

Der knapp Einjährige schreit nachts. Der Vater bringt, wie jede Nacht, das Fläschchen. Er hat im Halbschlaf vergessen, den Deckel zu entfernen, der zwischen Sauger und Inhalt befestigt war, um die Mischung gut durchschütteln zu können. Nach einigen Minuten vergeblicher Anstrengung schreit das Kind in einem deutlich aggressiveren Timbre. Die Ursache seiner Unzufriedenheit wird entdeckt und beseitigt. Aber das hilft ebenso wenig wie das beruhigende Zureden, Herumtragen, Schaukeln, immer wieder Anbieten der mundgerechten

Flasche. Es dauert eine halbe Stunde, bis sich das Kind beruhigt hat und bereit ist zu trinken. Der Sinn dieser elementaren narzisstischen Wut ist eine Zeichensetzung. Die Selbstobjekte sollen wissen, was sie nicht tun dürfen, was das Selbstgefühl traumatisch überfordert. Es muss ihnen um den Preis der eigenen Befriedigung klar gemacht werden. Wer seine narzisstische Wut nicht beherrscht, wird immer weit über die traumatische Kränkung hinaus zurückschlagen, um zu verdeutlichen, dass sie niemals hätte geschehen dürfen.

Der Terrorist wird sich in keinem einzelnen biographischen Merkmal von anderen Personen unterscheiden, wohl aber in einer Sequenz, in der seine Fähigkeit, Kränkungen ohne Regression auf Gewaltausübung zu verarbeiten, blockiert wurde. Wer eine belastete Kindheit hat, wird deshalb kein Terrorist. Wenn aber jemand mit einer erhöhten Verwundbarkeit in eine politische Situation gerät, die ihn massiv kränkt und gleichzeitig Möglichkeiten anbietet, eigene Gewaltausübung zu legitimieren, ist er stärker gefährdet als eine vergleichbare Person ohne solche Vorbelastungen. Aber auch wer bereits als Terrorist agiert hat, kann unter konstruktiven Einflüssen – etwa einer Liebesbeziehung, einem politischen Asyl im Ausland – diese Karriere aufgeben und wieder in eine normale Kränkungsverarbeitung zurückfinden. Der Terrorist und der Suizidale sind sehr eng verwandt – wie eng, das zeigen die Selbstmordattentate und die Amokläufe. Beiden gemeinsam ist ein aggressives Heimweh, das in dem einen Fall von Anfang an das Paradies im Tod sucht – endlich werde ich Ruhe haben, endlich von allen Kränkungen verschont sein –, im anderen das Paradies durch Zerstörung der Dämonen, welche den Eingang bewachen, auf Erden finden möchte.

Die Traumen von Flucht, Vertreibung und Migration

Es ist in klinischen Untersuchungen gut dokumentiert, dass der Verlust einer vertrauten Umgebung ein wichtiger Auslöser für Störungen in der Aggressionsverarbeitung ist, in unserer Gesellschaft meist Depressionen («Umzugsdepression»). Die Alters- und die klimakterische Depression lassen sich in denselben Zusammenhang stellen: Die Erkrankten können sich nicht damit abfinden, dass sie in einen Körper geraten sind, der nicht mehr jener ist, in dem sie sich beheimatet fühlen wollen.

Wenn wir unsere biologische und kulturelle Evolution betrachten, erkennen wir, dass die Menschen auf altsteinzeitlichem Niveau (die «Sammlerinnen und Jäger») ein weit größeres Revier durchstreifen als sozial ähnlich organisierte Primaten. Affen begnügen sich mit einem Zehntel der Fläche, welche eine vergleichbare Gruppe von paläolithischen Jägern nutzt. Beide Arten jedoch verlassen nur extrem selten ihr angestammtes Territorium, das sie in allen landschaftlichen Details kennen – was wir in unserer Kultur vielleicht am ehesten vergleichen können, ist das Wissen des engagierten Pilzesuchers um «seine Wälder».

Sammeln und Jagen hat mehr als 95 Prozent unserer menschlichen Entwicklung beherrscht. Wir haben immer so gelebt, dass wir hinauszogen aus dem ganz Vertrauten in das weniger Vertraute bis in ein Übergangsfeld zum gänzlich Fremden. Auf diesem Weg erbeuteten und sammelten wir, was es gab, und kehrten zurück in das Zentrum des Vertrauten, zu den Menschen der eigenen Gruppe.

Wenn es in dieser Gruppe Konflikte gab, gingen wir zu einer anderen Gruppe, die uns etwas weniger vertraut war. Wenn sich zu viel Müll an unserem Lagerplatz angesammelt hatte, verließen wir ihn und schlugen an einem anderen Ort ein neues Lager auf, ebenso, wenn die Gegend um das Lager weniger essbare Pflanzen und Tiere bot als eine andere. In der menschlichen Triebstruktur sind zentrifugale Kräfte so gut wie zentripetale nachweisbar. Michael Balint hat von «Oknophilie» und «Philobatie» gesprochen: Der Oknophile möchte möglichst dicht bei den vertrauten Orten und Personen bleiben und sich an sie klammern; der Philobat hingegen strebt hinaus in die Weite und will sich nicht binden. Beide reagieren auf eine narzisstische Störung; sie haben den Rhythmus des Jägers oder des Seefahrers verloren, der hinauszieht und heimkehrt.

In Homers «Ilias» geht es um gekränkten Stolz eines großen Kämpfers vor Troja; in der «Odyssee» um die Sehnsucht nach Heimkehr und Geborgenheit, die nach zehnjährigem Krieg zehn weitere Jahre unerfüllt bleibt und schließlich doch Erfüllung findet. Horkheimer und Adorno haben Odysseus den «ersten modernen Menschen» genannt, weil er vor der Fahrt zu den Sirenen die eigene Unvernunft vorausschauend bekämpft.* Odysseus steht aber auch für die Gefahren der Mobilität, und es liegt nahe, den tödlichen Sirenengesang mit ihr zu verknüpfen. Die Sirenen sind schön anzusehen und haben wunderbare Stimmen. In ihrem unwiderstehlichen Gesang verheißen sie dem Seefahrer ewiges Glück und Erfüllung seiner geheimsten Wünsche auf der Insel, zu der sie ihn locken. Wenn er vertrauensselig dort landet, zerreißen sie ihn.

Die typische Reaktion des Menschen auf alles, was ihn bedroht und kränkt, ist der Kampf/Flucht-Mechanismus. Dabei ist die Flucht erheblich beliebter und weiser: Wer erst einmal Abstand herstellt, kann die Situation prüfen und in

* Er verschließt den Gefährten die Ohren mit Wachs und lässt sich selbst, da er neugierig ist auf die tödliche Verführung des Sirenengesangs, von ihnen an den Mast binden: Sie dürfen ihn um keinen Preis befreien.

einem zweiten Schritt klären, ob er ihr lieber ausweicht oder ob seine Kräfte reichen, sich ihr zu stellen.

In den altsteinzeitlichen Kulturen werden Konflikte fast immer durch Rückzug gelöst. Man geht sich aus dem Weg, «bis Gras über die Sache gewachsen ist» – im Vergehen der Vegetation darf auch die menschliche Kränkung vergehen.

In agrarischen Gesellschaften ist diese Lösung nicht mehr möglich. Daher sind sie auch erheblich kriegerischer, nach außen wie nach innen. In ihnen entstehen feudale Strukturen, Herren und Sklaven, Krieg. Wenn sie expandieren, bilden sie Kolonien. Es gibt hier einen typischen Ritus, der uns zeigt, wie eine psychologische Risikogesellschaft* bereits im Neolithikum entsteht: Wenn die griechischen Kolonisten einen Ort besiedelten, wurden die Schiffe, mit denen sie gelandet waren, feierlich verbrannt. So sollte signalisiert werden, dass die Kolonisten jede Sehnsucht nach der verlorenen Heimat aufgaben und sich mit allen Kräften daranmachten, eine neue aufzubauen.

Die zentrifugale Tendenz im Menschen kann von ihm nur so lange ohne seelische Gefährdung gelebt werden, wie eine Heimat erreichbar und psychisch verfügbar bleibt. Die seelische Stabilität eines Migranten hängt im Grunde davon ab, ob er die Möglichkeit hat, entweder eine neue Heimat aufzubauen oder aber in die nur für eine abgrenzbare Zeit verlassene Heimat zurückzufinden.

Die griechischen Kolonisten oder die Emigranten, die in der Neuen Welt siedelten, brachten ihre Familien und ihre Kultur

* Der Begriff der Risikogesellschaft wurde von Ulrich Beck geprägt; er bezieht sich auf eine fortgeschrittene, hoch individualisierte technische Zivilisation, die Risiken eingeht, welche sie im Grunde nicht kontrollieren kann. Eines der von Beck zitierten Beispiele dafür ist die Tatsache, dass die Risiken der Atomkraftwerke – anders als bisherige Risiken, etwa von Kohlekraftwerken oder Schiffen – nicht mehr ausreichend durch Versicherungen gedeckt sind.

mit. Im 20. und 21. Jahrhundert wird aus dem Kolonisten oder Emigranten der Flüchtling. Die Nationalstaaten machen fremde Volksgruppen zu Sündenböcken und stoßen sie aus.

Der 1993 publizierte Flüchtlingsreport der UN meldete, dass einer von 130 Erdbewohnern auf der Flucht sei. Die Attentäter vom 11. September 2001 waren keine Flüchtlinge. Dennoch verband sie ein Trauma der Heimatlosigkeit. Sie fühlten sich ihren Familien in Ägypten, Saudi-Arabien und im Libanon entfremdet. In der Ent-Idealisierung und Kritik ihrer Eltern vollzogen sie eine moderne Bewegung; in der Wende zu einer fundamentalistischen Auffassung ihrer Religion einen Rückschritt. Die Welt des Westens, an der sie auf der Ebene des technischen Wissens teilzuhaben suchten, bot ihnen keine Heimat und keinen emotionalen Halt.

Heimat ist die Garantie nicht nur körperlicher, sondern vor allem auch seelischer Versorgung. Wer in der Heimat ist, wird von allen gegrüßt, ist für alle bedeutsam, hat in jeder Krise seine Nachbarn zur Hand.

In den modernen Migrationen zerfallen materielle und narzisstische Versorgung. Um sich materiell besser zu stellen, um eine Zukunft aufzubauen, in der sie mehr Geld verdienen, müssen die Migranten zahlreiche Kränkungen in Kauf nehmen. Wer aus seiner Heimat aufbricht, um im Ausland zu studieren, wie die Selbstmordattentäter vom 11. September 2001, gehört in der Regel zu Hause zu einer Elite. Er ist narzisstisch verwöhnt. Jetzt gerät er in eine Welt, die ihm jede Anerkennung verweigert. Sie tut das manchmal bösartig durch Diskriminierung, meist jedoch durch Gleichgültigkeit, durch bürokratische Versachlichung, durch eine schwere Last von Bedeutungslosigkeit. Wer die psychologische Situation von Migranten untersucht, findet tiefe, oft sehr bewusstseinsferne Kränkungen. Dauernde narzisstische Beraubung weckt unbewussten Neid und Hass auf jene, die nicht beraubt sind.

Dieser Hass auf die Ruhe und das Glück aller, die nicht so beraubt sind wie er, macht den Heimatlosen so gefährlich. Vielleicht sind die traditionellen, ausgearbeiteten Rituale, wonach der Fremde zum Gast gemacht wird, indem man ihn bei weitem besser behandelt als die eigenen Kinder, ein elementarer Versuch, sich vor diesem archaischen Hass zu schützen. Wer weise ist, wird den vermummten Bettler, der da draußen steht, hereinbitten und sein Essen mit ihm teilen. So bewahrt er sich vor dem weit größeren Schaden, den dessen unabgemilderte Wut anrichten kann.

Derlei traditionelle Lösungen stehen uns in unserer modernen Umwelt nicht mehr zur Verfügung. Es gäbe andere Lösungen, um solche narzisstischen Kränkungen zu mildern, etwa eigene Institutionen, in denen sich Therapeuten und Berater der Traumata der Heimatlosigkeit annehmen. Aber die Bereitschaft zu solcher Vorsorge ist noch wenig entwickelt, der herrschende Umgang mit dem seelischen Trauma ist in allen Kulturen die Verleugnung. Warum sollen andere in aller Ruhe ihre Olympischen Spiele, ihre Fernreisen, ihre Marktwirtschaft genießen können, während uns diese Ruhe und dieser Genuss unmöglich sind? Ist es dann nicht unser Recht, diese satten und selbstzufriedenen Menschen aus ihrer Ruhe zu reißen? Narzisstische Regressionen führen regelmäßig zu Phantasien, dass die eigene Benachteiligung durch jene verursacht wurde, die nicht unter ihr leiden. Wo andere Feinde nicht gefunden werden können, wütet jeder massiv Traumatisierte sozusagen aus Prinzip gegen jene, die sein Trauma nicht teilen. Der Geifer, den die Faschisten und die NS-Redner gegen satte, selbstzufriedene Bürger so unermüdlich verspritzt haben, gehört in diesen Kontext. Tragischer noch muten jene Situationen an, in denen traumatisierte Eltern sadistisch mit dem Glück und der Entspannung ihrer Kinder umgehen. Sie können es nicht ertragen, dass diese in einer Weltzuversicht und mit Glückspotenzialen leben, die ihnen selbst ein grausames Schicksal genommen hat.

«Wenn es mir gut ging, wenn ich gespielt habe, wenn ich gesagt habe, was ich mir Schönes für die Familie vorstellen kann, hat der Vater immer gesagt: ‹Was die schon wieder herumspinnt!›» So die älteste Tochter eines Vaters, der mit schwersten körperlichen und psychischen Verletzungen Krieg und Gefangenschaft überlebt hatte.*

Die inszenierte Apokalypse: Aus Leiden Handeln machen

Die Eskalation von Terror hängt sehr häufig damit zusammen, dass Terroristen auf jene Gefährdungen reagieren, die sie zuerst durch ihre eigenen Projektionen in ihre Umwelt verlegt haben. Wie wir beschrieben haben, hängen Selbstmordattentate eng mit apokalyptischen Visionen zusammen. Der eigene Untergang wird als schicksalhaft drohende, von außen kommende Vernichtung wahrgenommen; indem der Terrorist sich und andere tötet beziehungsweise töten lässt, gestaltet er dieses Schicksal aktiv, statt es nur zu erleiden.

Diese Dynamik lässt sich durch den Giftgasanschlag in der U-Bahn von Tokio illustrieren. Im März 1995 platzierten Anhänger eines japanischen Sektengründers Pakete mit dem Nervengas Sarin in verschiedenen Zügen. Die Tat sollte Verheerungen anrichten und einen heiligen Krieg gegen die USA auslösen, von denen sich der Sektengründer schon seit längerer Zeit (unter anderem mit Giftgas) verfolgt fühlte.

Die Geschichte dieses Anschlags wirft ein Licht auf die Verwandlung von Passivität in Aktivität im Terrorismus.

* Vgl. W. Schmidbauer: «Ich wusste nie, was mit Vater ist». Das Trauma des Krieges. Reinbek [Rowohlt] 1998

Shoko Asahara ist ein traumatisierter, sehr begabter Mann, klinisch gesehen eine Borderline-Struktur, körperlich sehr belastet (er ist stark sehbehindert). Er begann als Händler mit «Heilkräutern» und wurde wegen eines Verstoßes gegen ein japanisches Arzneimittelgesetz 1982 verurteilt. Unruhig und immer auf der Suche, kehrte er einige Jahre später von einer Reise in den Himalaja mit der Überzeugung zurück, er sei zum Führer einer neuen Rasse bestimmt, die als einzige eine ungeheuere Katastrophe um die Jahrtausendwende überleben würde.

Er änderte seinen bisherigen Namen Chizou Matsumoto in Shoko Asahara und nannte die Gruppe der Auserwählten, die er um sich scharte, Aum Shinrikyo (Höchste Wahrheit). Die Aum wuchs bereits 1987 auf über tausend Mitglieder und hatte nach knapp einem Jahrzehnt in Japan mindestens zehntausend straff organisierte Anhänger.

Asahara nannte sich selbst den einzigen Wissenden, den Erlöser der Welt, er identifizierte sich mit dem indischen Gott Schiwa, dem Zerstörer, der ein neues Weltzeitalter durch Vernichtung des alten ermöglicht. Wie Bhagwan im indischen Poona und später in Oregon, aber auch wie Hitler oder Mussolini war Asahara ein begabter Redner, der Bruchstücke der verschiedensten Glaubenslehren und Mythologien sammelte, um seine Hörer zu beeindrucken und sich als ihr erleuchteter Führer aufzubauen.*

Das Bedürfnis nach der Idealisierung von Menschen, die sich vor allem durch ihre wahnhafte Selbstüberschätzung zu solchem Zweck anbieten, ist in den modernen Konsumgesellschaften immens. Asahara berief sich auf Visionen und Intuition, um eine höchst persönliche Paranoia seinen Gläubigen einzuimpfen. Für völlige Unterwerfung und energi-

* David E. Kaplan und Andrew Marshal: The Cult and the End of the World. London [Hutchinson] 1996

sche Missionierung versprach er ihnen, die Welt vor dem Untergang zu retten.

Je erfolgreicher er wurde, desto mehr wuchsen auch Asaharas Ansprüche und Ängste. Er fühlte sich verfolgt, vor allem von den Amerikanern, dann von ihren «Lakaien» in Japan, schließlich von allen, die kein Interesse an seinen Lehren hatten. Wie oft in paranoiden Entwicklungen (bei denen ein Wahnsystem neben einer gut funktionierenden und durchaus realitätstüchtigen Rest-Persönlichkeit besteht) war Asahara überzeugt, er werde systematisch mit Nervengas vergiftet. Dieses Gift steht für die narzisstische Empörung, die der in seinem Größenwahn Gekränkte in eine Umwelt projiziert, die ihn mit ebendem Hass verfolgt, mit dem er gegen ihre Gleichgültigkeit wütet. Wer sich so groß und so verkannt glaubt, der ist auch überzeugt, dass seine alltäglichen Missempfindungen durch nichts anderes verursacht sein können als durch Giftgase, die von amerikanischen Kampfjets auf angeblichen Übungsflügen versprüht werden.

In Pamphleten, die das Ende der Welt ankündigten, warnte Asahara vor einer riesigen Giftgaswolke, mit der die Vereinigten Staaten Japan auslöschen würden. Kurz danach begann Asahara mit dem Aufbau eines eigenen Arsenals, in dem genau die Waffen eine zentrale Rolle spielten, von denen er sich wahnhaft bedroht fühlte.

Paranoiker können sehr überzeugend sein; immer wieder veröffentlichen sie ihre Erlebnisse und entwickeln theoretische Vorstellungen über sie. Im ausgehenden 18. Jahrhundert erfand Franz Anton Mesmer das Konzept eines «tierischen Magnetismus», eine frühe Beschreibung von Erscheinungen der Suggestibilität, die später als «Hypnose» beschrieben wurden. Wenig später erschien ein Pamphlet «Notschrei eines magnetisch Vergifteten», in dem ein Paranoiker auf diese Entdeckungen reagierte. 1903 kam ein weiterer Text heraus, der Sigmund Freud zu einer eigenen Arbeit veranlasste: die

«Denkwürdigkeiten eines Nervenkranken». Der Autor, ein ehemaliger sächsischer Senatspräsident Dr. jur. Daniel Paul Schreber, war ein Sohn des Orthopäden und Pädagogen Dr. med. Daniel Gottlob Moritz Schreber, der die in Deutschland als «Schreber-Gärten» bekannten Anlagen für städtische Bürger eingeführt hatte.* Auch Schreber fühlte sich von einem seiner Ärzte, später von Gott selbst auserwählt und homosexuell verfolgt; er sei ein Erlöser der Welt und Erzeuger einer neuen, höheren Menschenrasse.

Als die japanische Polizei nach dem Giftgasattentat in der U-Bahn von Tokio die Laboranlagen der Sekte durchsuchte, fand sich Sarin in einer Menge, die ausgereicht hätte, um mehr als vier Millionen Menschen zu töten. Dazu beschlagnahmten die Beamten Pläne, Grundstoffe und zum Teil fertige Produkte verschiedener anderer Kampfstoffe von einfachen Giftgasen wie Senfgas (Stickstoff-Lost, das zuletzt von den italienischen Faschisten im Äthiopien-Krieg 1936 verwendet worden war) bis hin zu den Nervengasen Tabun und Soman und biologischen Waffen wie Anthrax. Die Sekte hatte auch einen Hubschrauber gekauft, mit dessen Hilfe man Kampfstoffe versprühen konnte, sowie ein riesiges Gelände in Australien, um dort Uran zu schürfen und eine Atombombe zu bauen.

Der Angriff auf die U-Bahn war koordiniert, aber überhastet. Informanten aus der örtlichen Polizei hatten Asahara von einer bevorstehenden Razzia unterrichtet. Er wollte zuschlagen, um das zu verhindern. Elf Päckchen mit Sarin wurden in fünf Zügen deponiert; planmäßig hätten sie alle zusammen den Zentralbahnhof unter dem Regierungsviertel vergiften

* Später wurde noch nachgewiesen, dass die merkwürdigen «Erziehungsmethoden» des Vaters den Wahn des Sohnes verständlich machen. Freuds Analyse von Schrebers Autobiographie findet sich in dessen Ges. Werken Bd. VIII, S. 285 f., vgl. auch E. Jones: S. Freud, Bd. 2. München [dtv] 1984, S. 320.

sollen. Der Kampfstoff verteilte sich aber viel langsamer als geplant und sehr ungleichmäßig. Die meisten Opfer konnten fliehen. Geplant war der Tod von Tausenden, aber es starben «nur» zwölf Menschen. Mehr als viertausend wurden zum Teil schwer verletzt.

Der Verletzten wird nach solchen Anschlägen immer zu wenig gedacht. Die Todesopfer sind die Zahl, welche in den Medien klingt. Aber die massive Traumatisierung von Verwundeten, die keinerlei Sinn in ihrem Schaden erkennen können, als zur falschen Zeit am falschen Ort gewesen zu sein, geht oft weit über die Belastung der Familien durch einen Todesfall hinaus. Noch Jahre nach dem Anschlag klagen die Opfer, es wäre besser gewesen, sie hätten damals den Tod gefunden. Mit schwersten Brandwunden, Atembeschwerden, dauernden Schmerzen und Behinderungen weiterzuleben, ist für die Opfer und ihre Angehörigen eine Last, mit der verglichen die zunächst so viel grausamere Last des Todes wie eine Gnade erscheinen kann. Wie viel Zeit es kostet, bis Brüche heilen, Wunden vernarben, wie unvollkommen oft solche Heilungen sind, das wird aus dem Bewusstsein der Öffentlichkeit und aus dem Kalkül der Täter ebenso verdrängt wie die unendlich größere Mühe, die darin liegt, ein zerstörtes Gebäude wieder aufzubauen, verglichen mit dem grandios-primitiven Schritt, es in die Luft zu sprengen.

Entwicklungen wie die der Aum-Sekte erscheinen als die größte Gefahr der Moderne. Visionäre, die andere für sich einnahmen und Menschen dazu brachten, in ihrem Auftrag zu töten oder zu sterben, hat es in der Geschichte oft gegeben. Wir nennen sie verrückt, wenn sie scheitern, und verteidigen sie als große Männer und wahre Propheten, wenn sie erfolgreich sind. Es ist nicht leicht, den Zweifel aufzugeben, ob nicht so mancher gescheiterte Verrückte eigentlich ein großer Mann war und so mancher verehrte Große eigentlich verrückt. Primitive Waffen setzen solchem Wahnsinn natürliche Schranken. Explosivwaffen tun das nicht; die in ihnen gespeicherte technische Rationalität vergrößert ihre Gefahrenpotenziale. Weil es bisher nicht gelungen ist, die Macht über solche Explosionen dem Rechtsstaat zu unterwerfen, leben wir mit unkontrollierbaren Risiken und können uns glücklich schätzen, dass unser Planet den angehäuften potenziellen Explosionen bisher noch standgehalten hat.

10 Begrenzung – Behandlung – Heilung

Aus der psychologischen Analyse des explosiven Narzissmus lassen sich zwei Modelle ableiten, wie wir mit ihm umgehen und seine Gefahren mäßigen können. Das erste ist negativ – es läuft darauf hinaus, alles zu vermeiden, was die Explosionsgefahr erhöht, und so das Risiko zu vermindern. Das zweite ist positiv: Es enthält Strategien, wie es gelingen kann, die Explosionsgefahr zu senken oder sie gar nicht entstehen zu lassen.

Beide Wege aus dieser Gefahr haben einen Nachteil: Sie erfordern Aufmerksamkeit und Disziplin. Sie bieten nicht die bequemere (Schein-)Lösung der Verleugnung. Und sie widersetzen sich dem Wunsch, durch eine «gute» Explosion die «böse» Explosion ein für alle Male aus der Welt zu schaffen.

Wer verspricht, angesichts der Erschütterung unserer Weltsicht durch die menschliche Bombe einen nach narzisstischen Grundsätzen konstruierten Gegner anzugreifen und selbst einen heiligen Krieg zu gewinnen, ist schon von dem Übel angesteckt, das er zu bekämpfen glaubt. Wer die Entwicklung zur Explosion aufhalten will, darf sich nicht in seinen eigenen konstruktiven und einfühlenden Haltungen beirren lassen, wenn er auf einen Partner stößt, der destruktiv ist, der sich nicht einfühlen kann, der ihn angreift und entwertet.

Die Kunst der Diplomatie liegt darin, eine Kränkungsreaktion nicht zu eskalieren, sondern durch Standhaftigkeit, Sachlichkeit und Grenzziehung das Selbstgefühl eines Gegners so zu stärken, dass er verhandlungswillig bleibt. Aber es fällt allen Menschen schwer, konstruktiv zu bleiben, wo sie sich destruktiv behandelt, entwertet, beschimpft, bedroht fühlen.

Das Muster der konstruktiven Interaktion lässt sich an einem Beispiel aufzeigen. Wenn der Schüler einen Fehler macht und der Lehrer ihn darauf hinweist, wehrt sich das grandiose Selbst des Schülers: Er soll einen Fehler gemacht haben? Er ist doch gut, groß, klug, ihm passieren keine Fehler. Also hat er erstens keinen Fehler gemacht, zweitens, wenn der Fehler da ist, hat ihn ein anderer gemacht, beispielsweise der Lehrer, der als Pädagoge eine glatte Null ist und nichts erklären kann, und drittens ist es kleinlich und unverschämt, auf diesen Fehler hinzuweisen.

So kritisiert, steht der Lehrer am Scheideweg. Er kann seine professionelle Haltung bewahren, die ihn von einem Schönwetterpädagogen unterscheidet, der nur dann arbeiten mag, wenn er geliebt wird. Oder er kann beginnen, seinerseits den Schüler zu entwerten – nicht er ist ein unfähiger Pädagoge, der Schüler ist faul, frech und unfähig, mit solchen Schülern muss er sich doch nicht plagen, die muss er sich ersparen.

Auf diesem Weg wachsen in beiden Parteien die Potenziale des explosiven Narzissmus. Sie steigern sich auch in der Institution, denn ein so geschurigelter Schüler wird dem nächsten Lehrer noch mehr Schwierigkeiten machen, und ein entwerteter Lehrer wird seinen Unterricht defensiver und damit schlechter gestalten.

Der Lehrer kann aber auch noch einen zweiten Weg gehen, durch den das explosive Potenzial der Szene gesteigert wird. Er kann die Regression des Schülers ignorieren, seinen Fehler nicht einzusehen und aus ihm zu lernen. Er erklärt sich zum Klügeren, der nachgibt, macht den Konflikt nicht zum Thema, lässt den uneinsichtigen Schüler in Ruhe, umgeht ihn. Mit derart gestörten, eitlen Kindern kann man nicht richtig arbeiten, die wollen nichts verstehen, die bilden sich noch was auf ihre Dummheit ein, die stellt man kalt, die können einen nicht beleidigen, die sollen krakeelen, man hüllt sich in Schweigen, in ein ironisches Lächeln und lässt sie abblitzen.

Aus dieser nachlässigen und pseudosouveränen Haltung ergeben sich zwei weitere destruktive Mechanismen: die indirekte Aggression, etwa indem der Schüler schlechte Noten erhält, weil er den Lehrer geschmäht hat. Oder aber die Nachgiebigkeit und Unterordnung gegenüber einer Person, die ihre narzisstische Aggression auslebt. Wer sich einer drohenden Explosion unterwirft, belohnt den narzisstisch Gestörten mit einem Machtgewinn. Er stimuliert so dessen Bereitschaft, mit Gewalt zu drohen, wenn er sich mit anderen Mitteln nicht durchsetzen kann.

Der Schüler gerät in größere Spannung, wenn er keine Grenze findet. Er wird in etwas bestätigt, das nicht in Ordnung ist. Weil er krakeelt, kann er andere einschüchtern und etwas haben, das andere nicht bekommen, die nicht losschreien und drohen.

Wer professionell mit dem explosiven Narzissmus umgeht, leugnet ihn nicht und bekämpft ihn nicht mit Kränkungen. Er grenzt sich gegen die Entwertung sachlich ab und macht einen Vorschlag, wie beide Parteien aus der Sackgasse herausfinden.

Im Folgenden sollen die Strategien des Umgangs mit dem explosiven Narzissmus auf den oben zusammengestellten fünf Ebenen betrachtet werden.

1. Die frühen Verletzungen des Reizschutzes

Wir wissen durch die intensive Forschung über frühe Bindung und die destruktiven Folgen eines mangelhaften Reizschutzes und einer seelischen Traumatisierung heute ziemlich genau, dass jede Kultur durch eine stabile, schützende Umwelt für ihre Kinder unentbehrliche Grundlagen für ihren Fortbestand schafft. Aber es ist auch deutlich geworden, dass solche Einsichten das Schicksal vieler anderer Kenntnisse über langfristige Zusammenhänge teilen. Es fällt dem Menschen schwer, eine schnelle Bequemlichkeit aufzugeben, um auf lange Sicht etwas zu gewinnen. Dieser Gesichtspunkt ist angesichts kindlicher Traumatisierungen vielleicht wichtiger als überall sonst. Das verletzte, gekränkte Kind gibt nach, es zieht sich zurück, es ist nicht mehr lästig, es stört den Erwachsenen nicht mehr in seiner Illusion, dass er beides haben kann: liebenden Nachwuchs und rücksichtslose Durchsetzung seiner Interessen. Wenn dann die erwachsenen Kinder ebenfalls rücksichtslos, ausbeuterisch, egoistisch sind, ist das Elend der Eltern groß. Häufig bestärken sich dann beide Seiten in ihrer Haltung: Jede Seite kann die andere zum Sündenbock für das eigene Versagen machen. Die zahlreichen Angebote von Beratung, Kinder- und Jugendlichentherapie werden nicht genutzt, weil sie dem Stolz beider Seiten im Weg stehen.

2. Triebtätigkeit und Phantasie

Die frühen Verletzungen des Reizschutzes und die frühen, noch im vorsprachlichen Bereich entstandenen Kränkungen mindern die narzisstische Belastbarkeit und bahnen späteren Konflikten den Weg. Diese bleiben jenen Kindern erspart, die dank einer ausreichenden frühen Versorgung mit Aufmerksamkeit («Spiegelung») stärker in sich ruhen und daher angesichts einer Kränkung nicht sofort zum Gegenangriff übergehen. Sie haben die Erfahrung gemacht, dass es in einer solchen Situation sinnvoll ist, erst einmal das eigene Leid auszudrücken und dem Gegenüber Raum für seine Antwort zu geben.

Die späte Kindheit schenkt Erwachsenen und Kindern die Sprache. Es wird jetzt möglich, sich über Kränkungen auszutauschen und Wege zu finden, sie gemeinsam zu mindern – allerdings auch in Gefahr zu geraten, sie durch verbale Attacken zu vertiefen und zu zementieren. Es wurde schon erwähnt, dass die narzisstische Störung viel mit Schnelligkeit zu tun hat: Die Kränkung muss schnell beantwortet werden, es muss schnell eine Lösung gefunden werden, es gibt schnelle Bewegungen des Rückzugs und des Angriffs. Die Funktion des Gegenübers, um solche Reaktionen aufzufangen, lässt sich mit dem Begriff des «Containment» umschreiben, den Melanie Klein geprägt hat. Es geht darin um die Fähigkeit, solche Überreaktionen in sich aufzunehmen, ohne sie zu bekämpfen oder zu entwerten. Auf diese Weise findet ein verletzter Mensch oft zu einer Möglichkeit, seine Empfindungen und Wünsche zu äußern und zu unterscheiden, ob es böser Wille, Unwissenheit oder reale Grenzen sind, die ihm im Wege stehen.

In einer Reihe von Analysen habe ich ein Störungsmuster beobachtet, das diese Situation illustriert. Ein Kind wurde, weil die entstehende Familie noch keinen Raum für es hatte, bei den Großeltern untergebracht. Es band sich an diese und zeigte, als die leiblichen Eltern es schließlich zu sich holten, seine Kränkung und Enttäuschung über den Verlust der Großeltern sehr viel deutlicher als seine Freude über den Gewinn der Eltern. Die Eltern konnten in den Fällen, die später zu schweren Störungen der betroffenen Kinder führten, mit dieser Kränkung nicht umgehen. Sie nahmen sie nicht ruhig auf, sie bedauerten nicht, was sie dem Kind angetan hatten, und versuchten nicht, wenn es einem Argument zugänglich war, ihm ihre eigene Situation zu erklären. Sie wurden wütend, fühlten sich von einem bösen, undankbaren Kind in ihrem eigenen Streben entwertet, gute Eltern zu sein und jetzt mit den von ihnen mühsam erarbeiteten Mitteln dem Kind eine Heimat zu geben.

Hier lässt sich der Eskalationsmechanismus erkennen: Narzisstisch stabile Eltern können in einer solchen Situation noch etwas hergeben, obwohl sie selbst nichts bekommen angesichts der Kränkung und Trauer eines Kindes, das sich doch freuen und sie bestätigen müsste. Auf diese Weise überbrücken sie die Situation, bis sich das Kind ein wenig erholt hat. Sie zwingen es nicht, die Großeltern zu entwerten und die Eltern viel besser zu finden, sie bestätigen sich und das Kind darin, dass es möglich ist, Familienkrisen durch Geduld und Zuwendung zu meistern. So entsteht ein Modell, das auch künftig den Umgang mit Enttäuschungen erleichtert, der schließlich unvermeidlich ist, wenn Menschen miteinander auskommen müssen.

Wenn das misslingt, bildet sich in dieser Familie eine Kultur, der es nicht mehr gelingt, Kränkungen zu tolerieren und blinde Entwertungen zu meiden. An die Stelle einer Haltung, in der die menschlichen Möglichkeiten genützt werden, sich durch Sprache und Phantasietätigkeit über eigene Kränkungen auszutauschen, werden Kränkungen sofort in Kampf und Flucht umgesetzt.

Während in der Lösungskultur Einfühlung in die Kränkung eines anderen möglich ist und Versuche sinnvoll erscheinen, sich mit ihm auszutauschen und zu einigen, herrscht in der Kampfkultur das Streben, den Gegner ins Unrecht zu setzen, ihn zu beschämen, zu entwerten, zu besiegen, zu vernichten. Gezügelt wird dieses Streben nur durch Angst vor Schmerz – wie der Strafe für eine kriminelle Aktion, der Missbilligung von Autoritäten, wirtschaftlichen Einbußen. Stimuliert wird es durch die Hoffnung auf einen Sieg. Der bekämpfte, entwertete Partner wird endlich einsehen, dass er im Unrecht ist. In Extremfällen geht diese Hoffnung auf den narzisstischen Sieg über den Tod hinaus; sie nimmt ihn als Zeichen, als Opfer, um den Gegner doch noch zu beeindrucken. Das verzweifelte Kind, das sich ausmalt, wie seine Feinde an seinem Grab weinen werden, ist der Schatten des Ich-Erzählers in Heinrich Heines Beispiel vom guten Leben.*

3. Aktuelle Kränkungssituation

In dem Beispiel oben ist die Wechselwirkung zwischen einer Kränkung in der späteren Kindheit und einer im Erwachsenenleben beschrieben. Das Kind phantasiert, dass die Erwachsenen derart mächtig und saturiert sind, dass sie über Kränkungen stehen; oft fällt es Menschen erst in einer Analyse auf, wie kränkbar ihre Eltern waren.

Die menschliche Kränkbarkeit wirkt auf viele Personen unberechenbar und rätselhaft, doch liegt das nicht daran, dass wir sie nicht erforschen und einschätzen können, sondern daran, dass sie uns kränkt. Wir sind beleidigt darüber,

* «Ich habe die friedlichste Gesinnung. Meine Wünsche sind: eine bescheidene Hütte, ein Strohdach, aber ein gutes Bett, gutes Essen, Milch und Butter, sehr frisch, vor dem Fenster Blumen, vor der Tür einige schöne Bäume, und wenn der liebe Gott mich ganz glücklich machen will, lässt er mich die Freude erleben, dass an diesen Bäumen etwa sechs bis sieben meiner Feinde aufgehängt werden. Mit gerührtem Herzen werde ich ihnen vor ihrem Tode alle Unbill verzeihen, die sie mir im Leben zugefügt – ja man muss seinen Feinden verzeihen, aber nicht früher, als bis sie gehenkt werden.» [H. Heine: Gedanken und Einfälle]

dass uns das Leben beleidigen kann, wir neigen dazu, Kränkungen zu verleugnen, sie abzustreiten, uns der Einsicht in sie zu verweigern.

Aus diesem Grund sind auch körperliche Krankheiten viel beliebter als seelische Kränkungen, was nicht heißt, dass sie uns nicht auch kränken und mit denselben Abwehrmechanismen behandelt werden wie andere, kränkende Bestandteile der Realität auch. Schon früh ist es Beobachtern der menschlichen Natur aufgefallen, dass manche Menschen viel gelassener mit Kränkungen umgehen können als andere und dass auch ein und derselbe Mensch einmal den Verlust von Tausenden von Euro durch eine gescheiterte Spekulation viel besser wegstecken kann als den Verlust einer Packung Zigaretten. Das liegt daran, dass Erlebnisse kontextabhängig sind und sehr viel mehr bedeuten, wenn wir sie mit einem Selbstobjekt verknüpfen als mit einer neutralen Person.

Im Bild der gestützten Grandiosität gesprochen: Es gibt feste Stützen, die einige Belastungen aushalten, und morsche, die gerade noch im Gleichgewicht sind. Es gibt stabile Strukturen, in denen sich die Last der Grandiosität auf mehrere Stützen verteilt, und labile, die keine Reserven haben.

So reagieren manche Menschen auf eine berufliche Kränkung – etwa das Übergangenwerden bei einer Beförderung – mit einer heftigen Depression und werden fast arbeitsunfähig, während andere das Ereignis mit einem Achselzucken quittieren und ihren nächsten Urlaub planen, in dem sie eines ihrer Lieblingshobbys weiterentwickeln wollen. Hier wird die Unterschiedlichkeit der Reaktionen verständlich, wenn die restlichen Stützen betrachtet werden. Wer alle narzisstische Bestätigung aus dem Beruf zieht und sich als Partner, als Freund, als Freizeitgestalter ohnehin versagen fühlt, der wird eine berufliche Kränkung als viel massiveren Einbruch seiner Grandiosität erleben.

Das Gleiche gilt für die Selbstobjekte. Wer viele solche

Stützen hat, wer in einem Netz von Beziehungen lebt, die er als bestätigend empfindet und notfalls aktivieren kann, der ist viel besser gegen massive Einbrüche geschützt als der Einsame, der Sonderling, der Misstrauische.

Wer hat, dem wird hier gegeben. Wer bestätigend und einfühlend mit Menschen umgeht, gewinnt leicht neue Stützen seiner Grandiosität. Er kann sich selbst mit Humor und Leichtigkeit ansehen, weil er sich sicher ist, dass ihn genügend andere gut finden und bestätigen. Wer aber nicht hat, dem wird genommen, weil er zum Beispiel den Mangel an bestätigenden Beziehungen durch humorlosen Stolz, durch zwanghafte Ehrpusseligkeit und eifersüchtige Geltungswachsamkeit kompensiert oder sich aus Mangel an fremdem Lob in Selbstglorifizierungen ergeht.

Das wirksamste Gegenmittel der narzisstischen Explosion sind nicht Disziplin, Kontrolle oder hohe moralische Ideale, sondern der bestätigende Austausch mit der Umwelt und das Gefühl eigener, kreativer Möglichkeiten, sich und seine Liebesbeziehungen zu entwickeln. Im Modell der gestützten Grandiosität ist die Explosionsgefahr am höchsten, wenn zentrale, unverzichtbare Stützen vom Zusammenbruch bedroht erscheinen. Die Explosion ist dann ein Versuch, der drohenden, passiven Vernichtung der Grandiosität durch eine ultimative, aktive Steigerung zuvorzukommen.

4. Die kulturelle Gestaltung des Werterlebens

Die Konstruktion der für sie spezifischen Grandiosität ist eine zentrale Aufgabe der Kultur. Das Leitbild des Menschen hat immer illusionäre Qualitäten. Die Kultur muss karikieren, verdeutlichen, idealisieren. Sie schafft Helden in Wort und Bild, gewinnt Macht über die Individuen, indem sie ihnen Riten anbietet, um ihre Schuldgefühle zu beschwichtigen, dass sie nicht sind, was sie sein müssten. Die christliche Beichte ist beispielsweise ein solches Ritual, in dem die Individuen sühnen, wenn sie das ihnen auferlegte Ideal nicht erreichen.

Wissenschaften wie die Psychoanalyse und die Soziologie versuchen den Menschen zu zeichnen, wie er ist, und die Grandiositäten zu untersuchen, welche die Kultur ihm auferlegt. An dem von Freud beschriebenen Wesen von schwacher Intelligenz, das den Trieben unterworfen ist und eine starke Führung braucht, um nicht zu entgleisen, ist wenig Grandioses. Wenn wir eine solche Sicht auf uns akzeptieren, dann gibt es auch nicht mehr viel, das zusammenbrechen kann oder sich durch eine Explosion vor dem Zusammenbruch retten muss.

Die moderne Zivilgesellschaft beruht darauf, dass ein Konsens entstanden ist, nicht auf die Möglichkeiten des Menschen zu vertrauen, seine Grandiosität individuell zu stabilisieren. Ein Kernsatz ist hier das «homo homini lupus» (der Mensch verhalte sich gegen seine Mitmenschen wie ein Wolf) von Thomas Hobbes, eine energische Absage an den Aberglauben von der Stärke der individuellen Tugend. Hobbes glaubt nicht mehr, dass eine genügende Zahl von Menschen in den Helden-Zustand geraten wird, um die anderen mitzureißen. Er konstruiert einen abstrakten Helden, den Leviathan der Zivilgesellschaft, der das Gewaltmonopol an die Gesetze abtritt und auf diese Weise nicht mehr die Tugend, sondern die Kontrolle des Übels als erste Aufgabe der Kultur ansieht.

Der demokratisch kontrollierte Rechtsstaat ist jene Kultur, in der wir uns überhaupt erst einmal über etwas wie den explosiven Narzissmus Gedanken machen und Strategien diskutieren, wie es möglich sein kann, ihn einzudämmen. Über Grandiosität kritisch zu sprechen gelingt nur dort, wo eine geistige Elite nicht mehr in theologischen, sondern in weltlichen Kategorien denkt. Hier wird auch deutlich, dass die explosiven Formen des Narzissmus mit einer kulturellen Situation verknüpft sind, in der Enttraditionalisierungen das Individuum in seinem Wunsch nach Grandiosität freigesetzt und ihm die bisherigen, Halt gebenden Institutionen (wie eine als «unfehlbar» erlebte, sakrale Autorität) genommen haben.

An dieser Stelle der kulturellen Entwicklung ist der Terror in die Welt getreten.

5. Die Warenwelt

Die Industriegesellschaft hat dazu geführt, dass die Welt mit Dingen überschwemmt wurde, die durch neue Formen der Energiegewinnung erzeugt wurden und die Strukturen der menschlichen Psyche umformten. Die Veränderungen des menschlichen Selbstgefühls durch seine Waren-Prothesen sind immens; ihre Erforschung steckt noch in den Anfängen. Sie wird dadurch erschwert, dass es sich bei der Warenwelt um eine neue Weltkultur handelt, die es fast unmöglich macht, einen Außen-Standpunkt zu gewinnen.

Die Prothesen des menschlichen Narzissmus steigern seine Macht, seine Reichweite, seine Geschwindigkeit, seinen Zugriff auf andere Personen. Und sie steigern auch seine Zerstörungskraft. Wer in einer traditionellen Gesellschaft etwas beherrschen will, das stärker ist als er selbst, wird immer nur die minimalen, schwer zu zähmenden, hohe Disziplin erfordernden Leistungen eines Zugochsen oder eines Pferdes kontrollieren und seiner Grandiosität hinzufügen können. In der Konsumgesellschaft genügt es, den Autoschlüssel des Vaters an sich zu bringen.

Dadurch wird die Grandiosität überstimuliert; das Selbstgefühl entwickelt sich in der Konsumgesellschaft einerseits zu realitätsverleugnenden Größenphantasien, andererseits ist es viel stärker als in traditionellen Gesellschaften durch schwere Einbrüche gefährdet. Das liegt vor allem daran, dass die festen Stützen der traditionellen Gesellschaft, die auf körperlicher Arbeit und Austauschbeziehungen zu real anwesenden Personen beruhen, geschwächt worden sind, während brüchige Stützen-Surrogate Expansionen der Grandiosität tragen, in ihrer Gefährdung aber auch das Ganze in Gefahr bringen.

Die Realität der Außenwelt hat in der Konsumgesellschaft eine unerschöpfliche virtuelle Konkurrenz in dem ständig verfügbaren Strom überoptimaler Bilder gewonnen. Wo und wann sie wollen, können die Konsumentinnen und Konsumenten schöne Dinge, schöne Menschen, aufregende Beziehungen, wunderbare Landschaften, dramatische Liebe und aufregende Gewalt herbeizaubern. Grandiosität wird als Selbstzweck präsentiert. Werbung als Produktion von Bekanntheit dominiert das öffentliche Bewusstsein so sehr, dass gut sein muss, was bekannt wird. Aufmerksamkeit ist scheinbar leicht zu haben; wer in die Medien kommt, ist allein schon deshalb grandios. Die Vorstellung, aus einer namenlosen, vom Kränkungs-Zusammenbruch bedrohten Existenz durch eine narzisstische Explosion endlich die vermisste und erträumte Grandiosität durch Öffentlichkeit zu finden, wird zu einem zentralen Risiko der Konsumgesellschaft.

Parallel dazu gibt es auch viele Produkte, welche in der seelischen Innenwelt Stützen-Surrogate errichten, deren Zusammenbruch ebenfalls die Explosionsgefahr steigert. Das sind in erster Linie die Suchtgifte. Neben sie treten Angebote von Waren, die zu einer suchtartigen Besetzung einladen.

Automobile, Computer, Waffen, mediale Systeme sind solche Stützen der Grandiosität, die das Selbstgefühl unmerklich aufblähen und mit dem menschlichen Ich verschmelzen.

Sie sind labil, die Stabilität ist virtuell – so überzeugend wie ein Stück Realität und so illusionär wie eine Phantasie. Wie einschneidend die Folgen sind, lässt sich daraus ableiten, dass in modernen «Philosophien» wie dem Konstruktivismus der Unterschied zwischen Illusion und Wirklichkeit, zwischen Wahrheit und Lüge klein geredet wird. Angesichts der halb gefüllten Flasche mag sich der Optimist die Wahrheit konstruieren, sie sei halb voll, der Pessimist die Wahrheit, sie sei halb leer. Wer aber eine leere Flasche voll nennt, ist anders zu bewerten. Die virtuellen Stützen des Selbstgefühls steigern das Risiko des explosiven Narzissmus, weil sie dem Ich häufig Steigerungen seiner Grandiosität versprechen, die nicht eingehalten werden können. In der virtuellen Welt ist jeder Erfolg blitzschnell möglich, jedes Spiel beliebig wiederholbar, bis ich der Sieger bin – wenig Wunder, dass angesichts der langsamen Erfolge, der mühsamen kleinen Schritte, der nicht wieder gutzumachenden Rückschläge die Explosion droht.

Einer der in jüngster Zeit bekannt gewordenen Amokläufer, der Apotheker und Spekulant Mark O. Barton, erschoss in Atlanta neun «Daytrader», die in den USA Computerterminals zur Miete anbieten, mit deren Hilfe ihre Kunden an der Börse virtuelles Geld verdienen und blitzschnell reich (aber auch arm) werden können. Offensichtlich fühlte sich Barton von ihnen betrogen und ausgenützt.

In anderen Fällen waren Amoktäter begeisterte Computerspieler. Die virtuelle Kontrolle über die Umwelt bringt das Risiko mit sich, dass die Fähigkeiten schwinden, mit Einbrüchen der so gestützten Grandiosität noch fertig zu werden. Je weniger feste Stützen das Selbstgefühl hat – reale Erfolge, reale Beziehungen zu geliebten Menschen –, desto mehr baut es in der Konsumgesellschaft gesteigerte Ansprüche an Grandiosität auf virtuelle Stützen. Mit jedem solchen Umbau wird die Realität scheinbar weniger attraktiv. Die virtuellen Stützen versprechen mehr und halten weniger. An dem Täter von Erfurt lässt sich dieser Prozess beobachten: Je kläglicher er in seinen Kontakten und in seinen Leistungen versagte, desto süchtiger wurde er nach Waffen und Gewaltspielen; die Explosion setzte in dem Augenblick ein, in dem die beneideten Mitschüler einen realen Erfolg – ihr Abitur – vorbereiteten.

Hunger und Liebe

> «Einstweilen, bis den Bau der Welt
> Philosophie zusammenhält,
> Erhält sie das Getriebe
> Durch Hunger und durch Liebe!»*

Nach einem Bonmot entschädigt uns die sexuelle Lust für den Verlust der Kindheit. Eros, bei den Griechen der Antike ein Gott, ist der Binder und Löser; die fleischliche Liebe drückt nach Platons Gleichnis eine tiefe Sehnsucht aus, sich mit einer verlorenen Hälfte des eigenen Ichs zu vereinigen und auf diesem Weg zu einer ursprünglichen Ganzheit zurückzufinden. Wenn daher eine Beziehung noch nicht nahe genug oder in ihrer Nähe bedroht ist, wenn wir sie unbedingt knüpfen, erhalten, uns nach einem Bruch versöhnen wollen, ist die Erotik eine große Hilfe. Das hatte sich sogar im Bürgerlichen Gesetzbuch niedergeschlagen, wo sich Partner von einem Ehebrecher oder einer Ehebrecherin nicht mehr scheiden lassen konnten, wenn sie trotz ihres Wissens um einen Seitensprung noch einmal den Liebesakt zugelassen hatten. Denn damit war alles verziehen. Und umgekehrt wissen wir, dass dauernde sexuelle Frustration, dau-

* Friedrich von Schiller: Die Weltweisen, Schlussstrophe

erndes Vermeiden der kreatürlichen Nähe und Hingebung des Liebesakts, die Menschen anfälliger macht für narzisstische Explosionen.

Der typische Amoktäter* ist ein in seinem Sexualverhalten beeinträchtigter Mann. In einem der berüchtigtsten Fälle, dem des Hauptlehrers Ernst Wagner, formte eine ausgeprägte narzisstische Unsicherheit über die eigene sexuelle Orientierung, die paranoid verarbeitet wurde, das Motiv zur Tat. Wagner ermordete 1913 seine Frau und seine Kinder. Dann wollte er die Bewohner seines Geburtsortes Mühlhausen auslöschen, weil er sich wegen eines «perversen» Sexualaktes (dessen Art nie aufgeklärt wurde) verfolgt fühlte. Die «modernen», jugendlichen, von Computerspielen und Bildschirmgewalt faszinierten Täter (wie Robert Steinhäuser in Erfurt) sind fast immer in ihrer sexuellen Entwicklung beeinträchtigt.

So gibt die Amok-Forschung einer Theorie Substanz, die oft abgelehnt wurde: Freuds Vorstellung von Eros und Thanatos, vom Lebens- und Todestrieb. Wer sich Eros nicht hingeben kann, gerät in den Bannkreis des Todes. Einer Oberflächenpsychologie klingt das zu düster, und dem technischen Verständnis von Wissenschaft käme es entgegen, im Gehirn solcher Täter eine Anomalie zu finden. Aber wenn wir uns weder vor dem Pathos scheuen, noch an voreiligen Konkretisierungen festhalten, können wir tiefer in die Dynamik der narzisstischen Explosion eindringen und erkennen, wie viele ihrer Grundstoffe in unserem Alltag vorkommen.

Immer wieder wird in der Analyse narzisstischer Explosionen deutlich, dass die Anlässe Kränkungen sind, wie sie sozusagen jeden Tag vorkommen: Misserfolgserlebnisse, das Scheitern beruflicher Erwartungen, Zurückweisungen in der Liebe, am Arbeitsplatz. Um die Explosion zu verstehen, muss

* Lothar Adler: Amok – Eine Studie. Berlin 1999

das Schwinden der Gegenkräfte, der Mangel an Prozessen untersucht werden, welche normalerweise die angesammelte narzisstische Wut wieder abführen.

Die wichtigsten Gegenkräfte sind:

1. Befriedigende Beziehungen. Hier spielt die Sexualität eine wichtige Rolle, weil sie die Macht hat, im orgiastischen Geschehen alle anderen Erlebnisse von Hass, Angst, Scham und Wut aufzulösen. Eros bindet an das Leben und löst erstarrte Strukturen auf.

2. Kreativität. Wer sich im Zustand der Kränkung einem Geschehen zuwenden kann, das in irgendeiner Form produktiv ist, in dem etwas wächst, geschaffen oder erhalten wird, ist vor der destruktiven Entgleisung geschützt.

3. Humor. Fanatiker sind immer humorlos, das heißt unfähig, sich selbst mit einer anderen Einstellung als selbstgerechtem Ernst wahrzunehmen. Wenn sie einmal witzig sind, richtet sich das gegen ihre Feinde, aber es lockert nicht die eigene Perspektive auf die Welt. Echter Humor ist immer mit einem Abstand verbunden, in dem die *eigene* Position relativiert wird. Humor stellt das eigene Schicksal in einen Zusammenhang, der über das beschränkte Ego mit seinen Ansprüchen an Ernst, Respekt und Grandiosität hinausreicht.

Aus diesem Grund haben es die Träger hierarchischer Positionen und die Vertreter eines einzigen Gottes so schwer mit dem Humor. Sie stehen für etwas Absolutes, wo uns doch der Humor belehrt, dass es dieses Absolute nicht gibt. Die Vorstellung vom absoluten Recht, von der uneingeschränkten Macht einer eigenen Idealvorstellung steigert die Gefahr einer Explosion, einem undurchlässigen Gefäß vergleichbar, in dem sich Sprengstoff sammelt.

Der explosive Narzissmus und das Opfer der Sexualität

Wie kommen Menschen dazu, sich der Kraft des Eros zu berauben, die so hilfreich sein kann, der narzisstischen Kränkung zu begegnen? Nach einem lateinischen Sprichwort friert die Liebe, wo es an Brot und Wein mangelt. Psychologischer gesagt: Es sind die Sicherheitsbedürfnisse, die Angst vor Einsamkeit und tödlichem Hunger, welche in unglücklichen Fällen dazu führen, dass Eros nicht als Lebenspendende Kraft gesehen wird, sondern als eine Macht, welche Menschen in das Nichts hinausstößt, wo sie in Kälte und Dunkelheit erfrieren. Dann wird die Sexualität gefürchtet und gemieden. Sie bedroht die Sicherheit. Sie macht Angst. Die nun entstehende Frustration, der wachsende innere Druck und das Versagen der normalen orgiastischen Entlastung wecken weitere Aggressionen; diese lösen noch mehr Ängste aus.

Diese Angststeigerung tritt vor allem dann auf, wenn die Erotik an eine Symbiose gebunden bleibt. In diesen Fällen wird nur ein Gegenüber als genügend liebevoll erlebt, das als Selbstobjekt dient. Ein solches ist genau so, wie ich es brauche, und interessiert sich garantiert für nichts und niemand anderen mehr als für mich. Es ist eine wichtige, aber prekäre Stütze der Grandiosität.

Die Gefahr der narzisstischen Explosion hängt mit einer Überforderung der Innensteuerung des Verhaltens zusammen. Verinnerlichte Kontrollen, in einer mobilen und individualisierten Kultur notwendig, sind immer durch Auflösung und Regression gefährdet.

Ingenieure wissen seit langem, wie wichtig es ist, zwischen festen Bauteilen, etwa den Stahlbögen einer Brückenkonstruktion, Dehnfugen offen zu lassen, die es dem Material erlauben, zu »arbeiten«, das heißt sich je nach der

Außentemperatur zu vergrößern oder zu verkleinern. Durch die Dehnfuge wird die Brücke stabilisiert; in der Voraussicht von Bewegung kann sie fester sein als in der Abwehr von Bewegung.

Dieser Vergleich ist nützlich für das Verständnis stabiler menschlicher Beziehungen. Auch hier ist es gefährlich, die Dehnfugen zu vernachlässigen, um ganz sicher zu gehen, dass sich nichts bewegt und alles garantiert so bleibt, wie ich es mir vorstelle. Wenn Eltern das Bild ihrer Kinder und Kinder das Bild ihrer Eltern starr festhalten, wenn sie die Familienbindung zementieren, dann kommt es mit hoher Wahrscheinlichkeit zu destruktiven Brüchen. Wenn sie hingegen Fugen offen lassen, dann gelingt es beiden Seiten in einem konstruktiven Sinn, dranzubleiben, sich dort zu unterstützen, wo es in gutem Austausch gelingt, dort getrennte Wege zu gehen, wo es für die unterschiedlichen Bedürfnisse nötig ist.

In den Fällen des Sexualopfers, die ich analysieren konnte, ließ sich in der Regel eine starke, unbewusste Sehnsucht nach einer Symbiose nachweisen. Die Sexualität funktionierte nur so lange, wie die Illusion dieser Symbiose bestand. In dem Augenblick, in dem sie aufgegeben werden musste, wurde auch die sexuelle Beziehung erschwert, manchmal gänzlich unmöglich gemacht.

Damit geraten die Betroffenen in eine Spannung, die sie kaum mehr auflösen können und die ihr Leben in vieler Hinsicht belastet und gefährdet. Ihre Fähigkeit, Kränkungen zu verarbeiten, mindert sich, ihre Belastung steigt. Psychosomatische Störungen, Panikzustände und Depressionen signalisieren, dass die entstehende Frustration und unbewusste Wut nicht mehr ohne Symptombildung gebändigt werden kann. Einige der Patienten erkrankten an Krebs, viele litten an häufigen Infekten wegen einer beeinträchtigten Immunabwehr, die sich oft aus wachsendem innerem Stress ergibt.

Das Sexualopfer entspricht in vieler Hinsicht einer narzisstischen Implosion, welche einer Explosion den Weg bahnen kann. Die Verbindung zum Leben wird geschwächt. Daher fällt auch das Opfer des Lebens leichter, es gibt keine Gegenkraft gegen die unerschöpflich scheinende Macht der Kränkungen.* Der Tod verspricht eine Wiederherstellung der verlorenen Symbiose und der ersehnten Grandiosität. In Dokumenten über die Selbstmordbomber in Palästina wird deren fromme Keuschheit gepriesen. Die Angst vor der Sexualität in eine grandiose Tugend umzumünzen, war schon immer ein Privileg der Religion. Sexuelle Befriedigung ist ein gesunder Rausch, eine tiefe Lust, die uns dem Animalischen mehr annähert, als es narzisstischen Vorstellungen von Erhabenheit und Reinheit teuer ist. Wer sie sucht, gewinnt ein Stück Abhärtung gegenüber jenen Idealansprüchen, welche Kränkungen vertiefen und einer narzisstischen Explosion den Weg bereiten. Wem sie fehlt, dessen Freude am Leben ist ebenso geschwächt wie sein Vertrauen in einen zyklischen Wechsel von Gefühlen, Stimmungen, daher auch dem Schmerz von Kränkungen.

In festen Beziehungen, aus denen die Sexualität verschwindet, lässt sich oft ein Teufelskreis aufdecken. Der enttäuschte und gekränkte Partner zieht sich zurück, er kann seine erotischen Wünsche nicht mehr durch die Eiswüsten bringen, in die sich seine Kränkungsaggression verwandelt hat, um die Beziehung nicht zu verlieren und den Partner oder die Partnerin nicht zu zerstören. Jetzt wird dieser Rückzug beklagt, seine Liebe entwertet, was seine innere Kälte noch frostiger macht.

* Es ist genial beobachtet, dass Hamlet, den Shakespeare den berühmten Monolog («Sein oder Nichtsein») über die narzisstischen Motive zum Selbstmord sprechen lässt, in seiner sexuellen Identität ungefestigt ist – er hat «keine Lust am Weibe, und am Manne auch nicht».

Der Betrachter hat nicht selten den Eindruck, dass die Erotik bei gravierenderen narzisstischen Störungen so tief unter den Trümmern einer zerstörten Grandiosität liegt, dass es kaum mehr möglich ist, sie aufzufinden und zu klären, ob sie beispielsweise eher auf das eigene oder auf das andere Geschlecht gerichtet ist.

Auch Kulturen sterben, wenn ihre Zukunftsaussichten zertrümmert werden. Libidoverlust und Todessehnsucht sind Reaktionen auf kulturelle Sackgassen. Die sexuelle Liebe bindet den Menschen an die Zukunft: Aus ihr entspringen Kinder, wer Verantwortung für sie übernimmt, benötigt die Vorstellung, dass das Leben weitergeht.

Die Steigerung des explosiven Narzissmus durch sexuelle Versagung ist ein in Terror-Organisationen gepflegter Kunstgriff. Das galt für die Assassinen und gilt für die Tamil Tigers oder die fundamentalistischen Trainingsgruppen der Hamas. In den Pamphleten, die Märtyrer indoktrinieren, finden sich immer Paradiese; manchmal erheben sich christliche oder jüdische Kritiker über den Islam, indem sie ihm ein sexualisiertes Paradies vorhalten, in dem ein gnädiger Gott dem todesmutigen Helden so viele wunderschöne Jungfrauen zuführen wird, wie er sich wünscht. Woher hat der Gott diese Frauen? Es ist eine ketzerische Frage, die aber in die Dynamik der typischen, charismatischen Sekte zurückführt, in der ein Anführer alle Frauen monopolisiert und die jungen Krieger durch Versagung und Verheißung sexueller Befriedigung manipuliert.

Charles Darwin und später Sigmund Freud haben eine Monopolisierung der Frauen durch den Anführer der Urhorde beschrieben. Sie wurden oft für diese Darstellung verspottet, als seien es nur ihre eigenen Phantasien, die sie in die Vorgeschichte projiziert hätten. Aber ein Sexualmonopol für den charismatischen Gründer, verbunden mit einer Keuschheitsaufforderung an jugendliche Gläubige, ist inzwischen von den Beobachtern terroristischer Sekten so oft beschrieben worden, dass der Spott gegen die Urhorde auf die Spötter zurückfällt.*

Die real existierende Urhorde ist keine Phase der menschlichen Evolution, sondern ein Produkt des explosiven Narzissmus. Die Schar der Anhänger, die sich vom Charismatiker missbrauchen lässt, stimuliert seine Grandiosität, ohne sie zu festigen. Er braucht die Expansion bis an die Grenze, an der er auf Hass und Verfolgung trifft, um ein Spiegelbild seines eigenen Hasses und seiner Wut zu finden, die stets in Gefahr sind, sich gegen ihn zu richten, wenn er keine Feinde mehr findet.

Psychoanalyse zwischen Containment und Therapie

Die Psychoanalyse ist keine reine Wissenschaft, sondern eine praktische, die in das Leben derer eindringt, die sie betreiben. Sie ist ein merkwürdiges Ding zwischen Poesie und Wissenschaft, praktischer Philosophie und psychologischer

* Der amerikanische Psychoanalytiker Vamik D. Volkan hat die Geschichte solcher Charismatiker untersucht, die Männer und Frauen zu einer verschworenen Gruppe sammelten und einen explosiven, apokalyptischen Narzissmus predigten. Er fand bei David Koresh (bürgerlich Wayne Vernon Howell), dem Anführer der Sekte, die sich in Waco verschanzte, ebenso wie bei Jim Jones typische Gemeinsamkeiten, unter anderem eine massive frühe Traumatisierung, hohe Intelligenz, die Fähigkeit, männliche und weibliche Identifizierungen in sich zu vereinen und den Anspruch auf alle Frauen der Gemeinschaft ebenso wie die Kontrolle über alle sexuellen Beziehungen in ihr. Vgl. V. D. Volkan, Religiöser Fundamentalismus und Gewalt, in: Schlösser/Gerlach (Hg.): Gewalt und Zivilisation, Gießen [Psychosozial-Verlag] 2002, S. 165 f. Auch Charles Manson, der in Hollywood ein Blutbad inspirierte, war ein solcher Charismatiker.

Forschung. Sie ist anders als andere Wissenschaften, was viele Kritiker dazu führt, sie zu misshandeln.

Richtig daran ist, dass tatsächlich viele analytische Einsichten auf einer sehr persönlichen und damit schmalen Erfahrungsbasis ruhen. Aber wenn wir uns darauf einlassen, die menschliche Subjektivität zu erforschen, ist nicht mehr eine breite Basis, sondern eher eine möglichst nach allen Seiten offene und zugleich in die Tiefe gehende Methode vonnöten.

Hier ist die Psychoanalyse unersetzlich, weil sie eine Haltung entwickelt hat, sich auf eine Person einzulassen und in ihre Geschichte, ihre Wünsche, ihre Gedanken, ihre Dynamik, ihr Selbstgefühl, ihre Hoffnungen und Ängste tiefer, geduldiger, weiter einzudringen, als es üblich ist. Nur Künstler, Romanautoren oder Filmemacher erreichen Vergleichbares, allerdings ohne das der Psychoanalyse innewohnende, oft auch scheiternde Streben, das subjektiv Gefundene, Erfundene möglichst sachlich zu beschreiben.

Diese Qualität gewinnt die Psychoanalyse durch die Verbindung von Forschen und Heilen: Indem der psychologische Experte alles, was er an Einsicht in die Psyche seines Dialogpartners gewonnen hat, diesem möglichst gründlich und umfassend vermittelt, macht er diesen zum Komplizen in einem gemeinsamen Unternehmen, welches das Wissen beider vertieft und die sonst unweigerlich auftretenden Ermüdungserscheinungen bekämpft. Ohne diese praktische Aufgabe, die beiden Beteiligten immer wieder Glücksmomente vermittelt und Lösungen beschert, würde die Analyse an der Oberfläche bleiben.

Die wirkliche Arbeit, die Erkenntnis des Analytikers beginnt erst dort, wo die exakte Wissenschaft aufhört und Illusion oder Indoktrination dennoch nicht Platz greifen: im Dialog mit einem Gegenüber, in der Suche nach einer lebensgeschichtlichen Wahrheit, die nicht objektiv sein kann, weil es Objektivität in einem Subjekt nicht gibt, aber auch nicht beliebig ist, wie es Konstruktivisten unterstellen, denn sie wird durch den analytischen Prozess zwischen zwei Menschen validiert, die sich bereit gefunden haben, sich an einer gemeinsamen Wahrheitssuche zu orientieren.

Das ist keineswegs unmöglich, auch wenn es nicht immer gelingt. Und es ist ebenso defensiv wie unnötig, wenn sich Analytiker damit verteidigen, nur wer eine Analyse absolviert habe, könne die Analyse verstehen. Das ist so sinnvoll wie zu sagen, nur wer eine Beethovensonate spiele, könne sie genießen.

Die analytische Art, sich möglichst vorurteilslos in die menschliche Innenwelt zu vertiefen, Inhalte als Symbole zu nehmen, Metaphern zu entwickeln und wieder aufzugeben, Bilder mit Abstraktionen zu deuten und abstrakte Modelle bildhaft zu füllen, hat ihren eigenen Rhythmus und ihre eigene Faszination. Sie führt uns zu einem Wissen, das wir anders nicht gewinnen werden.

Indem die Analyse erforscht, was einen Menschen krank macht oder sein Verhalten selbstzerstörerisch werden lässt, entwickelt sie immer auch ein Stück Heilung. Es ist eine Heilung durch Orientierung, wie wir etwa einen chronisch Vergifteten dadurch heilen können, dass wir ihm zeigen, wo er das Gift aufnimmt, wo er von ihm verschont bleibt und wie er es, wenn er es aufgenommen hat, schneller wieder ausscheiden kann.

Explosive Resonanzen

Das wichtigste Ergebnis der psychoanalytischen Betrachtung des explosiven Narzissmus liegt vielleicht darin, dass sie uns hilft, einer Ansteckung zu widerstehen, wie sie in der Politik oder in den Medien so schnell um sich greift. Wer Apokalyptiker bekämpft, beginnt dann selbst vom drohenden Untergang der Zivilisation zu sprechen. Wer entwertet wird, beginnt selbst zu entwerten. Vernunft begrenzt einen Glaubenskrieg; Gegenglaube stimuliert ihn.

Fast alle Menschen, die an einer narzisstischen Störung leiden, haben aus leidvoller Erfahrung und in der Identifizierung mit zahlreichen Angreifern gelernt, ein Gegenüber zu verletzen, es in seiner Würde zu beleidigen, zu demütigen, in seine Wertvorstellungen einzudringen und dort möglichst viel Schaden zu stiften. Sie verhalten sich im Innenraum ihrer Bezugspersonen wie der Terrorist in dem von ihm bekämpften Staat.

Wer begreift, aus welchen Kränkungen, welchem Leid, welcher Scham und Schuld heraus er derart angegriffen wird, wird die eigene Kränkung mildern und einordnen können. Er sieht in der Entwertung seiner Person ein Naturphänomen, wie Regen oder Wind, die negativ auf ihn wirken, ihm aber keine Phantasien von Scham und Schuld aufnötigen.

Wer einige Erfahrung in der Behandlung narzisstischer Störungen sammeln konnte, hat immer auch viele Stunden damit verbracht, Menschen zuzuhören, die bereits durch einen Nadelstich tödlich verletzt werden, während sie selbst die Degenstöße gar nicht merken, die sie bereits im Kampf gegen Nadelstiche austeilen, von denen sie noch gar nicht wissen, ob diese sie treffen werden. Er hat sich daran gewöhnt, nicht wertend, sondern ökonomisch zu argumentieren: Ob es die Zeit und Kraft lohne, eine kleine Kränkung mit einem Rachefeldzug ungewissen Ausgangs zu beantworten?

Im kleinen Raum des Behandlungszimmers ist er so ein Vorbild für die großen Räume einer Auseinandersetzung, die unsere Zukunft retten oder vernichten kann. Werden wir sie ökonomisch, im Sinn des sparsamen, vernünftigen Umgangs mit begrenzten Kräften führen können? Oder explosiv, in der Hoffnung, durch eine grandiose Anstrengung – eine grandiose Vernichtung in Kauf nehmend – die Welt genau so zu machen und zu haben, wie es uns unsere Größenvorstellung gebietet?

Literatur

Adler, Lothar: Amok. Eine Studie. München (Belleville) 2000

Anderson, Benedict: Die Erfindung der Nation. Zur Karriere eines erfolgreichen Konzepts. Frankfurt (Campus) 1993

Aust, Stefan und Schnibben, Cordt (Hg.): 11. September. Geschichte eines Terrorangriffs. Stuttgart (DVA) 2002

Balint, Michael: Therapeutische Aspekte der Regression. Stuttgart (Klett) 1959

Barber, Benjamin R.: Coca Cola und Heiliger Krieg. Erg. Neuaufl. München (Scherz) 2001

Barboza, Stephen: American Jihad after Malcolm X. New York (Doubleday) 1994

Begin, Menachem: The Revolt. Story of the Irgun. Jerusalem (Steimatzky) 1977

Behrenbeck, Sabine: Heldenkult und Opfermythos. Mechanismen der Kriegsbegeisterung 1918–1945. In: Linden/Mergner, a. a. O., S. 143-160

Breuer, Stefan: Anatomie der Konservativen Revolution. Darmstadt (Wissenschaftliche Buchgesellschaft) 1993

Brockhaus, Gudrun: Schauder und Idylle. Faschismus als Erlebnisangebot. München (Kunstmann) 1997

Butollo, Willi et al.: Kreativität und Destruktion. Formen posttraumatischer Bewältigung. Stuttgart (Pfeiffer bei Klett Cotta) 1999

Carlton, Davir und Schaerf, Carlo (Hg.): International Terrorism and World Security. London (Croom Helm) 1975

Dyer, Joel: Harvest of Rage. Why Oklahoma City is only the beginning. Boulder (Westview Press) 1997

Eksteins, Modris: Tanz über Gräben. Die Geburt der Moderne und der Erste Weltkrieg. Reinbek (Rowohlt) 1990

Elias, Norbert: Studien über die Deutschen. Frankfurt a. M. (Suhrkamp) 1989

Erdheim, Mario: Kriegsräusche und Untergangsängste. In: H.-J. Althaus et al. (Hg.): Der Krieg in den Köpfen. Tübingen (Tübinger Verein für Volkskunde) 1988, S. 47–52

Fest, Joachim: Hitler. Eine Biographie. Frankfurt a. M./Berlin (Ullstein) 1987

Flatten, G. et al.: Posttraumatische Belastungsstörungen. Leitlinie und Quellentext. Stuttgart (Schattauer) 1999

Freud, Sigmund: Zeitgemäßes über Krieg und Tod. In: GW X, Frankfurt a. M. (S. Fischer) S. 323–356

Freud, Sigmund: Briefe an Wilhelm Fließ 1887–1904. Frankfurt a. M. (S. Fischer) 1986

Funcken, Liliane und Fred: Rüstungen und Kriegsgerät im Mittelalter. München (Mosaik) 1979

Gay, Peter: Kult der Gewalt. Aggression im bürgerlichen Zeitalter. München (C. H. Beck) 1996

Giernalzcyk, Thomas: Lebensmüde. München (Kösel) 1995

Goebbels, Joseph: Vom Kaiserhof zur Reichskanzlei. Eine historische Darstellung in Tagebüchern. München (Eher) 1934

Herzl, Theodor: Altneuland. Leipzig (Hermann Seemann Nachfolger) o. J. (ca. 1903)

Hodgkinson, Peter und Stewart, Michael: Coping with Catastrophe. London und New York (Routledge) 1998

Hoffmann Bruce: Terrorismus. Der unerklärte Krieg. Frankfurt a. M. (S. Fischer) 2001

Hohl, Joachim: Zum Symptomwandel neurotischer Störungen: Sozialhistorische und sozialpsychologische Aspekte. In: Heiner Keupp und Helga Bilden (Hg.): Verunsicherungen. Das Subjekt im gesellschaftlichen Wandel. Göttingen (Hogrefe) 1989, S. 103–124

Horn, Klaus: Die insgeheime Lust am Krieg, den niemand wirklich will. In: Peter Passett und Emilio Modena: Krieg und Frieden aus psychoanalytischer Sicht. Frankfurt a. M. (Stroemfeld/Roter Stern) 1983, S. 59–78

Jünger, Ernst: Der Kampf als inneres Erlebnis. In: Sämtliche Werke Bd. 7. Stuttgart (Klett) 1980 (Orig. 1922)

Kakar, Sudhir: Die Gewalt der Frommen. München (C. H. Beck) 1997

Kaplan, David E. und Marshal, Andrew: The Cult and the End of the World. London (Hutchinson) 1996

Kind, Jürgen: Psychodynamische Aspekte von Suizidalität. In: Thomas Giernalzyk (Hg.): Suizidgefahr. Tübingen (dgvt-Verlag) 1997, S. 75

Krause, Rainer: Affektpsychologische Überlegungen zur menschlichen Destruktivität. In: Psyche 9/10, 2001, S. 934–960

Krause, Rainer: Zur Psychologie repressiver Utopien. Saarbrücker Hefte 79/80, 1998, S. 35–42

Krause, Rainer: Allgemeine psychoanalytische Krankheitslehre, 2 Bände. Stuttgart (Kohlhammer) 1997/98
Linden, Marcel van der und Mergner, Gottfried: Kriegsbegeisterung und mentale Kriegsvorbereitung. Berlin (Duncker & Humblot) 1991
Mann, Thomas: Betrachtungen eines Unpolitischen. Frankfurt a. M. (S. Fischer) 1956 (Orig. 1919)
Mann, Thomas: Gedanken im Kriege. In: ders.: Essays Band 2. Frankfurt a. M. (S. Fischer) 1977 (Orig. 1914)
Mentzos, Stavros: Der Krieg und seine psychosozialen Funktionen. Frankfurt a. M. (S. Fischer) 1993
Mernissi, Fatima: Die Angst vor der Moderne. Frauen und Männer zwischen Islam und Demokratie. Hamburg (Luchterhand) 1992
Naipaul, V[idiadhar] S[urajprasad]: Eine islamische Reise. München (dtv) 2001
Peukert, Will-Erich: Geheimkulte. Heidelberg (Carl Pfeffer) 1951
Ramachandran, V[ilaynur] S. und Blakeslee, Sandra: Die blinde Frau, die sehen kann. Rätselhafte Phänomene unseres Bewusstseins. Reinbek (Rowohlt) 2001
Ranke-Graves, Robert von und Raphael Patai: Hebräische Mythologie. Über die Schöpfungsgeschichte und andere Mythen aus dem Alten Testament. Reinbek (Rowohlt) 1986
Reuter, Christoph: Mein Leben ist eine Waffe. Selbstmordattentäter. Psychogramm eines Phänomens. München (Bertelsmann) 2002
Rojahn, Jürgen: Arbeiterbewegung und Kriegsbegeisterung. Die deutsche Sozialdemokratie 1870–1914. In: Linden/Merner, a. a. O., S. 57–72
Romocki, S. J. v.: Geschichte der Explosivstoffe. Berlin 1895, Nachdr. Hildesheim (Gerstenberg) 1976
Schlör, Joachim: Krieg ohne Krieger – Krieger ohne Krieg. In: H.-J. Althaus et al. (Hg.): Der Krieg in den Köpfen. Tübingen (Tübinger Verein für Volkskunde) 1988, S. 131–140
Schlösser, Anne-Marie und Gerlach, Alf (Hg.): Gewalt und Zivilisation. Gießen (Psychosozial) 2002
Schmid, Alex P. et al.: Political Terrorism. A New Guide. New Brunswick (Transaction Books) 1988
Schmid, Alex und Graaf, Janny de: Violence as Communication. Insurgent Terrorism and the Western News Media, London (Sage) 1982
Schmidbauer, W.: »Ich wusste nie, was mit Vater ist!« Das Trauma des Krieges. Reinbek (Rowohlt) 1996

Schramm, Wilhelm von: Schöpferische Kritik des Krieges. In: Ernst Jünger (Hg.): Krieg und Krieger. Berlin (Junker und Dünnhaupt) 1930, S. 33–49
Sofsky, Wolfgang: Zeiten des Schreckens. Amok, Terror, Krieg. Frankfurt a. M. (S. Fischer) 2002
Theweleit, Klaus: Männerphantasien. 2 Bände. Frankfurt a. M. (Stroemfeld/Roter Stern) 1977/78
Toller, Ernst: Eine Jugend in Deutschland. Reinbek (Rowohlt) 1963
Van der Kolk, Bessel A. et al. (Hg.): Traumatic Stress. Grundlagen und Behandlungsansätze. Paderborn (Junfermann) 2000
Verhey, Jeffrey: Der »Geist von 1914« und die Erfindung der Volksgemeinschaft. Hamburg (Hamburger Edition) 2000
Vischer, Friedrich Theodor: Auch Einer. Eine Reisebekanntschaft. Leipzig (Insel) o. J.
Volkan, Vamik D.: Das Versagen der Diplomatie. Zur Psychoanalyse nationaler, ethnischer und religiöser Konflikte. Gießen (Psychosozial) 1999
Woodcock George (Hg.): The Anarchist Reader. Glasgow (Fontana) 1970
Zuckmayer, Carl: Als wär's ein Stück von mir. Erinnerungen. Frankfurt a. M. (S. Fischer) 1959